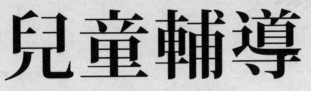

兒童輔導與諮商

Guidance and Counseling
for Children

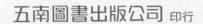

五南圖書出版公司 印行

自序

　　「兒童輔導與諮商」不在諮商師考試範疇之中，卻是諮商師在實習與正式執業之後，需要具備的專業能力之一，況且現在諮商社區化，許多私立的心理診所如雨後春筍般出現，而其服務的主要族群就是兒童與青少年，尤以兒童為大宗；兒童之所以是目前諮商社區化服務最多的對象，是因為家長們很關心兒童身心健康與福祉，因此若孩子在校有情況，除了找級任老師或該校的專業輔導教師協助外，或許就會向外求助於醫師或是諮商師。

　　目前我國有三十個諮商訓練研究系所，但是不一定會開設兒童／青少年等不同發展年齡的諮商課程，畢竟一般的諮商師訓練皆設定以成人為對象，反而是設有大學部心理或輔導系的學校有兒童或青少年的輔導諮商課程。當然接觸實務、研討會或藉由研讀或督導，也可以讓自己對兒童及青少年族群更了解，本書就是基於這樣的需求而撰寫。之前作者曾經出版過《小學生諮商》（2012）一書，時隔近十二年，這本《兒童輔導與諮商》有較新的資料與思維，希望能夠讓閱讀性更高、也更實用！

目　錄

第一章

與兒童工作的必要考量

　　從精神分析學派的佛洛伊德開始，就為兒童治療開啟了先鋒，佛洛伊德甚至認為成人時期的許多不適應徵狀和疾病與兒童期的創傷有關（Daniels & Jenkins, 2000, p. 23）。與兒童當事人工作和一般成人不同處在於：兒童通常被視為是較無能／權力的特殊族群，在諮商中所獲得的掌控感、影響其個人人際與社會等脈絡，傳統的權力差異在諮商過程中會改變（McWhirter, cited in Daniels & Jenkins, 2000, p. 127）。與兒童工作的必要先備知能要特別注意，因為兒童是未成年、無法定行為能力，所以諮商師若要與此族群工作，就需要保護與維繫其安全、進一步協助其身心健康和快樂成長，因此有一些需要謹慎留心的部分，以免造成傷害。

　　首先是有關專業倫理的部分，需要知道如何保障與維護兒童福祉，第一是「不傷害」。許多倫理議題與法律有關，因此學校輔導教師，或是服務對象為兒童的諮商師，需要熟悉一些重要通報規定（如所謂的「高風險／脆弱家庭」）以及我國的一些相關法令，像是性別平等法、家暴法、少年事件處理法等，一則可以做為教育或教學之用，處理危機事項時可援用，而在與家長、教師或學生做諮詢時也可能需要；另外，對於危機個案或是通報流程要很熟悉，也注意不要獨力作業或承擔責任，先諮詢督導、同事或上級長官；在舉／通報之前，要以兒童福祉或影響性先做審慎評估，處置方式以「最少的傷害」為優先。再則，要了解兒童發展階段特色與可能出現的議題，才能用適當的方式與兒童互動及工作。此外，還需要深入了解目前兒童身處的世代與環境脈絡，因為其所面臨的挑戰與十年前迥然不同！諮商師身兼數職（如是專輔教師又是諮商師），可能在維持獨

立作業、同時又要與同事關係保持良好的情況下，有較多面向需要考量（Sherman, 2015, p. 138）。

一、與兒童工作的倫理議題

　　兒童是未成年，是一般國家或社會保護的對象，助人專業也不例外。一般專業倫理考慮的面向（Welfel, 2010, p. 5）是：有足夠的知識、技巧與判斷力，運用有效的處置；尊重當事人的尊嚴與自由；負責地使用專業角色所賦予的權力；行爲表現可以提升公眾對專業的信心；並且將當事人福祉列爲專業人員最優先的考量。許多倫理議題的違反不是刻意爲之，而是不經意，或是考量不周所致，也因此特別要覺察與留意，若遭遇任何覺得不對勁的事，就要請教督導或資深同事，以免問題擴大。輔導教師或諮商師所服務的族群是未成年人，就有許多的倫理細節需要注意，以免違反專業倫理而傷害了當事人或引起家長提告，這也提醒輔導教師或諮商師：除了要留意助人專業的倫理議題外，還有可能涉及的相關法律知識，而法律人與督導就是最重要的諮詢對象。以下是最常見的：

（一）擔任兒童諮商師的能力

　　與兒童工作的能力與資格是最重要的條件。學校輔導教師不一定是輔導諮商本科系畢業，即便是本科系畢業，也未必具有輔導兒童的能力。目前許多國小輔導教師是修習輔導學分或教育學程出身，或許本身沒有接受系統性的教師養成訓練（如以前的師專或師院），因此不熟悉教育現場與所服務的族群，或是即使熟悉，卻無足夠因應的輔導或諮商專業能力。社區諮商師經過刻意的學習、累積的臨床經驗，或許對於兒童輔導或諮商較爲熟悉，但是一般的諮商師訓練機構／學校，卻是以成人爲對象的學習居多，倘若要針對與兒童族群的工作，就需要額外的課程與訓練（像是兒童諮商、遊戲治療、沙遊、身體律動、表達性藝術治療等），另外，還欠缺的是人類發展的知識。再則，國內較少針對兒童諮商特殊取向治療課程（如音樂治療、遊戲治療等）的系統訓練，頂多有些系所只是提供了一學

期或一學年的入門課程，光是完成課程並不表示有資格與能力做這個治療，還需要臨床實習與督導，以及經驗的累積。

所幸，目前大都會區在甄選國小輔導專任教師時，基本上會設兩個階段，一是筆試、二是臨床實務演練（由輔導教師或諮商師扮演個案），稍補不足，但是因為有些學校專輔老師只有一位，需要負責該校所有輔導事務，還是有許多挑戰需要克服，各縣市定期提供的團體督導可以有助於挑戰個案的研討，但是次數通常過少、不切實際，也未能解燃眉之急！因此需要靠與兒童工作的助人專業者，自己積極努力，自行定期聘僱督導討論或有同儕督導、參與繼續教育、研讀書籍與研究等，要不然很容易「做而後不足」，無法發揮效能！

輔導教師或是諮商師使用新的技術（包括自己研發或試驗的一些方式），或是對當事人很新穎的技術（如空椅法），都要了解其使用利弊，並明確讓當事人了解為何使用、目的為何？而不是以技術為主，卻不知為何使用！在諮商輔導所擔任授課教師，最常被學生問起的都是「技術在哪裡？」「要如何使用？」殊不知諮商人要先學習的往往不是技術，而是認識與了解自己、為何以諮商為生涯方向？先學習做人，然後再學做諮商師。

輔導教師或諮商師若是遭遇到自己不曾碰過的議題，通常會試圖處理或解決，然而有些議題可能不是諮商師能力所及（如家暴事件），參與實務訓練、閱讀相關書籍或研究、請教督導，或是轉介給其他專業人士可能是選項之一。有些諮商師擔心督導或是上級的評量與印象，不敢真實請教，甚至只是與當事人一直在原地打轉，也不做進一步動作，這樣不只損害了當事人福祉，也違反專業倫理。

（二）保密與限制

兒童會因為社會汙名（社會大眾對於求助行為或求助者的不良印象），或是將諮商師當成另外一位權威成人的緣故，而不願意進入諮商（Daniels & Jenkins, 2000, p. 46），即便諮商師是助人專業人員，所站的位置可能與一般成人不同，但仍不免有這些疑慮與擔心。兒童會擔心輔導

教師與班導或轉介的老師彼此互通訊息，因此不敢說實話，諮商師要明白當事人之疑慮並做適當說明，而保密的例外情況也要清楚解釋並舉例，其他就由當事人做決定。此外，在與教師討論當事人情況時，也要在私下、無他人的場合，不要當著當事人或其他學生在場的時候，以免引起學生疑慮或不必要的誤會。

　　若是師長需要知道諮商內容或進度，也要先問兒童哪些可以說、哪些不說？有些需要讓師長知道的事件或內容（如家暴或可能持續的傷害），也要讓孩子清楚，同時說明要如此做／不做的原因（如不要繼續受害）與可能後果。

　　諮商師在做危機處理時，也要明確告知當事人他／她將如何進行？當事人可以隨時提問，諮商師也要確切回答，如同前項的知後同意。解釋何謂保密或是保密的例外，最好都用實際例子說明，因為兒童可能會有不同的解釋與了解，像是「若有人受傷」，兒童可能會將自己跌到的傷口展示給諮商師看，因此諮商師的舉例說明就很重要，況且倫理的許多情況都是在諮商過程中持續需要監控與留意的（知後同意），不是一時說明完畢就了事！

　　諮商師是成人，不管是年齡、經驗、能力或地位都勝過兒童，「權力的差異」也是諮商師需要考量的重點（Daniels & Jenkins, 2000, p. 136），在尋求與提升尊重兒童自主性的同時，也要考慮到可能的危險（如沒有訓練卻去行動），要在告知或說明清楚的情況下做詳細討論（Daniels & Jenkins, 2000, p. 50），以免造成憾事。當事人是學生，而諮商師或輔導教師是老師（有所謂的專業權力或是評分權力），學生即便不喜歡或不想，也不敢表示出來，諮商師所受的訓練就是要為當事人著想，在其他師長只想到行政後果（如不在時限內通報會受罰）時，只有輔導老師／諮商師會考量到當事人立場、協助其發聲，並做最好、公正的決定。當然有些家長不會為孩子的最佳利益考量，諮商師也要注意揭露訊息的多寡（Sherman, 2015, p. 99）。

　　家長可能因為孩子需要接受諮商或治療，而將其視為是對「家長的攻擊」（Daniels & Jenkins, 2000, p. 40）或不適任。當事人與輔導教師／諮商

師晤談，可能會擔心老師、同學的眼光與看法，輔導教師除了事先與相關人員說明，並請其協助保密之外，也需要與當事人討論他／她的擔心或害怕、該如何因應或處理（像是「老師想要了解你／妳在學校過得好不好？」），甚至做預演練習等，也好讓學生知所應對，同時減少諮商被汙名化的可能性。家長有其法律賦予的親權，當然也要保護孩子的安全，因此即便孩子接受諮商協助，也會想知道內容與進度。諮商師要尊重孩子的隱私權，同時也要顧及家長的擔心，而孩子不管年紀大小，諮商師都要平等尊重看待，什麼資訊該讓家長知道，或是有保密的例外，也都要讓孩子知悉或先徵詢孩子同意。

　　學生的資料或晤談紀錄基本上是屬於學生的，因此會有誰可以接近這些資料，都先要讓當事人知道。有時候可能家長有親權之爭，或是有虐待等情況發生，學生或輔導教師／諮商師有可能上法庭作證，需要透露的訊息可以預先讓學生知道，以減少學生的疑慮或焦慮。此外，還有與其他機構或人員，因為當事人特殊情況（如脆弱家庭、法律議題或危機事件）需要與其他人員（如其他教師、身心科醫師、護理師、社工、資源教師或觀護人等）合作、共享資料的部分，也要提前與當事人討論，讓當事人了解事情始末，與做這些動作的原因及理由，並同時回應當事人的問題。諮商師會擔心：萬一因此而破壞了治療關係，會不會對當事人更不好？其實關係都是建立在信賴上，只要說明清楚、展現足夠的坦誠，當事人是可以接受的。

　　雖然在國小階段，兒童與輔導老師共處同一校園或社區，平日雖無授課關係，但是萬一在校園或是社區遇見，還是會有些尷尬，況且許多學生對於見輔導老師、接受輔導，還是擔心汙名化，因此輔導教師也有必要與學生說明，若是在輔導室或諮商所外巧遇，打不打招呼的決定權在於學生，倘若學生願意打招呼、老師也會回應，可能就說明彼此關係是該生學校老師。事先的演練也可以減少焦慮，這也是基於保密與尊重當事人自主權的原則。

　　在輔導／諮商團體中，保密的確很重要，但是兒童有時候基於天真無知或是懾於成人的威權，或許會吐露一些團體中的內容，除了提醒參與兒

童保密的重要性之外，舉例說明或藉由適當的角色扮演，可以讓兒童學會因應的方式。

　　學生若是轉學，或是到另一學習層級（如國小上國中），相關的輔導資料可能就沒有隨之到新學校，若是在新學校有問題出現（如行為偏差或是情緒用藥情況），新學校的相關人員可否諮詢前一個學校，以了解並因應後續的處理？會不會影響保密或是學生權益？這也都是可以討論的範疇。倘若諮商或輔導實習生擔任兒童諮商業務，也要讓兒童了解他／她的相關資訊會有督導知道，但是若需要錄音、錄影，則是除了兒童當事人之外，也須取得監護人的同意。

（三）知後同意

　　由於諮商師服務的對象是未成年學生，諮商服務往往需要經過兒童之監護人同意才可進行，這一點可以先了解校方如何處理？一般說來，有些學校在學生入學之初，就已經請家長簽同意書（包括學校提供的各項諮商服務），有些學校認為諮商是教育之一環，學校提供的任何服務都屬於教育範疇、不需家長同意，有些學校是在進行活動前（如個諮或團諮）請家長簽字同意，若家長不同意，就不能提供服務。倘若諮商師認為諮商服務是必要的，不妨與家長坦誠溝通，將利弊得失說明清楚，更重要的是要站在家長的角度，了解他們的關切與擔心為何，然後做適當解釋與釐清。有時候輔導老師較年輕，可能無法說服家長讓孩子接受諮商服務，不妨請輔導主任或是校長一起出席家長諮詢，或許較具說服力。

　　兒童的知後／情同意權很容易被忽視。在第一次諮商時，就要清楚讓當事人知道，哪些資訊需要與家長或師長分享？而不是在當事人發現之後才告知。有時候兒童會擔心讓家人（如家暴）或師長（如老師不喜歡我）知道，諮商師都要清楚釐清自己會怎麼做，有時候即便兒童不願意透露，但是基於保護兒童的立場，諮商師還是要打破保密、盡責履行。諮商師有時候只記得監護人或轉介人知的權利，卻忘記我們真正服務的對象是兒童本身，因此有關於兒童需要知道的事情都需要告知、不可忽視。一般情況下，可以詢問兒童哪些事可以讓老師或家長知道，或是哪些事不想讓長輩

們知道的？若有緊急或危機事項，需要打破保密原則，就先告知兒童，讓他們有所準備。諮商紀錄是屬於兒童的，哪些內容可以記下來？哪些不需要？記錄有誰會看到？這些也都需要讓兒童知道或事先知會。有時兒童會關注諮商師在記錄什麼，諮商師可以展示給學生看，或是概要陳述給當事人聽，也可以進一步詢問兒童，哪些資訊可以讓家長或老師知道？哪些不需要寫上去？適度的尊重很重要。當然，兒童是否了解諮商的知後同意，沒有絕對的原則或規定（Sherman, 2015, p. 111），諮商師要以不傷害、為兒童最佳福祉做考量為優先。

有些情況下，為了保護當事人安全與福祉，必須打破保密原則，像是會危及當事人人身安全或是有懷疑的危機情況（如家暴、性侵或性騷、家庭失能等）需要通報，也要讓當事人知道接下來會如何處理？可能受到的影響為何？儘管有時候當事人並不同意（因為可能變成告密者或是讓情況更為嚴重，如家暴），諮商師還是有義務與責任讓當事人了解可能的詳情及後續處理。或許諮商師的考量會是通報之後影響治療關係，然而最重要的思考依然是減少傷害，維護當事人的福祉。

一般行政人員和教師或許就是按照章程行事，但是輔導教師／諮商師在面對通報時，會有較多考量，像是：通報後的好處與壞處？有誰會知道？也都儘量與當事人商議與做說明，不是隱瞞當事人，這就是諮商過程讓當事人參與決定的重要性。

若要進行實驗性質的處置方式或新技巧，則需要讓兒童與監護人知道此方式之進行細節、可能危險、其他處置選項，以及是否自願（Smith, 2003, cited in Prout & Prout, 2007, p. 35）。儘管兒童被轉介來做個別諮商或團體諮商的情況很多，諮商師／輔導教師若要尊重兒童有退出的自由，或許會影響到轉介人的期待（如希望兒童不要在教室干擾上課或他人），或是兒童（學習或改善）的權益（如接受諮商可以改善兒童的行為或維護其受教權），那麼就需要諮商師發揮專業知能、運用適當策略，來達成目標！

（四）界限問題

輔導教師與一般教師角色不同或有衝突，因此需要謹慎行事。有些學校要輔導教師上課或帶班，其實就嚴重影響輔導教師的職權，也容易混淆角色與分際，增加輔導工作的困難度。儘管現在許多國小有專輔教師的配置，但是少數主校政者還是沒有清楚的概念，將專輔教師視為一般教師，這不僅讓輔導教師在面對當事人、工作項目與自身定位上覺得模糊，一般人對他／她的期待也會有落差。因此主校政者的正確觀念、支持輔導工作的態度與表現，還有專輔老師對自己工作與角色的定位清楚及堅持，都是成功輔導工作所必須。

一般教師有評分權力，加上有較威權的位置，也以一個標準來要求所有學生；而輔導教師則是站在與學生同在、平權的立場，較沒有位階或權威的態度；因此倘若輔導教師又兼一般科任教師，其立場就不容易區分（不管是學生或是輔導教師都可能覺得困難），在處理學生議題上就會有難處。輔導教師在處理學生問題時，會較站在學生的位置、考慮學生的情境，與一般行政人員或是教師不同。

在學校的輔導教師或諮商師，還需要與行政團隊互通有無與合作，因此若是太堅持自己的專業職守，跨界合作就會艱難，也較難取得相關的資源與支持。畢竟學校單位許多的業務或活動是需要彼此配合、同心協力的，像是班級老師若發現學生出狀況，可能會先自行處理，與家長合作，倘若成效不彰，可能進一步諮詢輔導室教師的意見或協助，而輔導教師或許與家長較不熟稔，需要級任老師從中協助，若還需要說服家長、取得理解與合作，還是需要就教於／仰賴級任老師或其他行政人員（如主任或校長）的斡旋或提供資源，因此輔導教師或諮商師在學校的定位，就要在有原則之餘、不忘彈性和變通。隨著角色而來的還會有責任問題，輔導教師與各處室的關係越好，責任的分攤或歸屬就較容易處理。

界限裡面包括雙／多重關係，多一層關係就多一些複雜度。輔導教師在與學生工作時，學生也較難將其角色做轉換（如教師與輔導教師的雙重關係、角色衝突），會將其當作是一般威權的教師，還會擔心教師之間的

互通訊息（保密的考量）。因此在建立治療關係上要多費心，而關係是持續在建立的，當事人也會偶爾測試與諮商師的關係。當然，也可能是兒童將輔導教師或諮商師視爲與一般教師不同，認爲與自己關係較爲親近，輔導教師或諮商師就要注意關係界限的拿捏，要不然很容易讓兒童失去信任。偶爾的跨界（boundary crossing）是可以允許的。諮商師與兒童之間的界限也需要有彈性，要不然太缺乏人性，因此若需要偶爾的「跨界」行動（像是參加兒童的慶生會或是畢業典禮），要記得回歸自己原來的位置即可，因爲還是要諮商師／輔導教師負起踩住界限的責任。

　　諮商師個人議題或反移情會影響諮商關係或效率，這也是需要注意的界限問題。諮商師也是人，面對年紀較小的當事人更可能會有反移情、投射的議題（尤其是做遊戲治療時），有時對於當事人過度投入、有時卻不喜歡當事人，這些都反映了自我議題或未竟事務未做處理，而讓其浮現在諮商關係中。若諮商師自己沒有覺察，極有可能會妨礙治療關係，甚至會傷害當事人（要注意我們的對象是兒童）。此外，面對兒童當事人時，諮商師很容易就展現成人的姿態或威權，甚至是教導的成分多於輔導或諮商；當然，相反地，也可能過度同理當事人處境、甚或回想到自己的童年經驗，容易陷溺情緒中，較難做出專業思考與處置。還有，諮商師／輔導教師可能與當事人有師生或親友關係，或是經由親友轉介而來的當事人，而當事人可能是輔導教師的權責或服務族群，這樣的情況也會發生，若是當地有其他社區或私人心理診所可以提供轉介，自然很好，倘若沒有這些候補／連結資源，諮商師就需要想辦法讓彼此的關係不影響治療或當事人權益。自我議題怎麼解決？諮商師的自我整理、找諮商或治療師、進修、參與討論或課程、書寫記錄與反思、找督導或同儕督導等，都是很好的管道。

　　另外，現在科技發達，也幾乎人手一（手）機，兒童或許不了解諮商關係的性質，想要留 line 或手機連絡，諮商師或輔導老師若直接拒絕，或許不通人情，也可能會影響治療關係或效果，這就需要事先與服務單位商議好、要如何因應，以前是留學校的電話號碼或是電郵地址，現在有些學校並無官方 line 帳號，因此若學生或家長有需求，需要如何做？也是可以

先做預備，以免措手不及。

外展服務（outreach）是很重要的，諮商師也不能只是待在諮商室或輔導室裡工作，而是需要走出去，甚至進入社區，因此維持與服務對象或相關人士的關係很重要，但是會不會因此影響界限的規範（跨界或違反界限），或是讓自己很難自處，可以事先與相關人士（如上級長官、輔導主任或社工等）商量、做決定，必要時要請教有經驗的人士或與督導商議。

與兒童工作還有一個重要的界限議題就是「觸摸」。一般在臨床工作上對於觸摸較有禁忌，也需要分外小心，畢竟身體是一個人最重要的身體界限，但是由於兒童本身年紀較小，觸摸對其可能有重要意義或功能，因此與兒童工作的同時，對於觸摸或觸摸方式，也都要很明確知道其目的。

心理學的諸多理論，像是依附理論，都特別強調嬰兒與主要照顧人的同頻互動，除了餵食、遊戲之外，身體的碰觸與撫摸對人類的身心發展及功能十分關鍵（Golly, Riccelli, & Smith, 2017, p. 143），倘若缺乏適當的觸摸（如輕搖、擁抱），可能會成長受阻、無法自律（Ardiel & Rankin, 2010, van der Kolk, 2014, cited in Grobbel et al., 2017, p. 121），甚至造成往後的攻擊行為、人格缺損（Field, 2002, cited in Golly et al., 2017, p. 135），或是無法與他人建立有意義的關係（Green, Myrick, & Crenshaw, 2013, cited in Golly et al., 2017, p. 135）。當然，兒童期遭受違反身體界限的傷害行為（像是性或肢體暴力），也可能導致成年後的反社會行為（Trickett, Negriff, & Peckins, 2011, cited in Golly et al., 2017, p. 135）。

臨床上，當事人若曾經受過身體創傷，基本上對於觸摸是很警覺，甚至抗拒的，然而觸摸卻也是療癒過程的一部分（Golly et al., 2017），因為觸摸是有力的感官，有溝通功能、也具有療癒之潛能（Grobbel, Cooke, & Bonet, 2017），對於發展缺陷或遭受創傷者有其必要（Nowakowski-Sims & Gregan, 2017, p. 80）。

既然與兒童工作，觸摸有其必要性也具療癒效果，但也很可能違反專業倫理（如涉及權力、信任、安全與控制）（Halley, 2007, Rose and Philpot, 2005, cited in Whelley, Raasch, & Sutriasa, 2017, p. 97），因為兒童較為脆弱、需要保護，因此諮商師與兒童工作時若需觸摸，最好先取得其同

意，也需要非常謹慎！

碰觸的贊成與反對意見（Tolan, 2003, p. 153-154）

贊成意見	反對意見
• 碰觸某人有自然的療癒力量，若否認當事人的期待就是一種剝奪。 • 有些當事人說被碰觸或擁抱，讓他們在探索不愉快或痛苦的經驗時會感到安全。 • 當事人迷失在過往的痛苦中時，諮商師的碰觸可以展現出治療關係「當下」的現實。 • 不敢碰觸可能與諮商師本身的害怕有關（像是自己的性慾或被他人誤解），而非當事人的需求或希望。 • 許多當事人被剝奪了適當碰觸的機會，而諮商師的碰觸可以協助他們發展出在被他人碰觸時的正常反應。 • 對一些當事人而言，諮商師的碰觸可以是當事人被接納的有力證據。	• 治療關係中的情緒就已足夠，肢體的碰觸不必要。 • 許多當事人發現碰觸是侵犯性、讓人驚嚇，或是有虐待意味的。 • 對於已經處在脆弱狀態的當事人，諮商師的碰觸可能會擊潰他們。 • 有過不好被碰觸經驗的當事人，可能不會對諮商師說。 • 諮商師可能為了滿足自身「再保證」、「讓事情變好」，或是被視為溫暖的需求，而使用碰觸或擁抱。 • 擁抱可提供立即的安撫，因此也就阻擋了當事人體驗痛苦、沮喪或孤立感的機會。 • 當事人可能誤解擁抱的意涵而控告諮商師。 • 諮商師的碰觸可能模糊了界限，而引發當事人的亢奮感受，或期待與諮商師發展友誼。 • 倘若諮商師的碰觸是當事人生命中唯一的身體接觸，當事人或許會希望在治療關係之外延續這樣的關係。

（五）不強加價值觀在當事人身上

諮商師是成人（或許是一位陌生的成人），即便是助人專業者，也可能不小心就濫用權力或操控（Sherman, 2015, p. 71），有時候則是基於教育者的角色，不免會有一些預期的擔心或是提醒，因此要特別注意自己的權力與位階，不要讓

> **知識窗**
> 與兒童在諮商過程中，應該有一些「界限」或「限制」的設立，這些界限主要是依據「現實」與「安全」的原則（Smith-Adcock & Pereira, 2017, p. 110）。

兒童未蒙其利、先致其害。固然專輔教師或服務兒童的諮商師還兼有教育的角色與功能，但是還是要注意勿將自身的價值觀強加在當事人身上，畢竟兒童是從家庭中來，仰賴家人甚深，許多的價值觀或是對錯判斷也自其原生家庭而來。教育者的角色或許還要注意到是非曲直，但是不需要由諮商師以直接的方式來修正或教導，因為這樣或許會擾亂了兒童的判斷，也可能會讓當事人在家人面前難為。但是諮商師可以用舉例或是列出選項的方式，讓當事人看見更多的可能性，甚至是讓當事人從同儕身上看到不同的典範與參照。

　　兒童出自家庭，受到原生家庭的教養與濡染，或是有信仰宗教的浸潤，而形成其對於事、物、人或世界的看法和相信，諮商師願意去清楚其思考背後的可能脈絡，也是了解兒童與其文化的重要途徑，比較需要釐清或探討的或許是：兒童較成熟之後，會有自己的信念或靈性選擇，或者是生活中的其他學習與經驗，讓其思考到原生家庭價值觀的另外可能性，這些或許會與原本相信的（如茹素）有所扞格、進一步影響其學習或是生活。兒童自身可能也有一些信念或是價值觀（如阿德勒所言的「基本邏輯謬誤」），倘若這些信念或價值觀導致其生活不順利，諮商師可以協助其看見其他的選項，或是將其信念做一些修改，有時候是需要運用嘗試、實驗、家庭作業等不同策略來達成。

　　倘若諮商師認為兒童需要了解某些常識或知識，以為判斷之準則，也可以運用不同媒材（如電影、短片、故事、繪本等），或是與當事人討論、協助其做更有智慧的思考與決定。像是當事人認為功課第一，因為家長希望他／她能夠爭取最好的成績，甚至作弊也無妨，諮商師即便不同意這樣的價值觀，但是無法僅用說服的方式來矯正其信念，或許可以與兒童討論「爭第一讓他／她獲得與失去什麼？」也可以協助兒童換位思考，想想在他人立場的感受如何？其他的選項又如何？隨著兒童成長，許多的是非黑白已經不是那麼涇渭分明、容易判斷，因此養成其蒐集必要資訊、分析思考與明智做判斷的能力才更重要！

（六）多元文化議題

　　每個人都是一種文化，有不同的成長經驗與背景，兒童自然也不例外。諮商師本身需要常常自我覺察與檢視相關議題，像是文化、性別、階級、種族、性傾向、個人價值、偏見與信念（Prout & Prout, 2007, p. 45），還有當事人能力、體型、外表、障礙程度等。學生的家庭背景、經濟、語言、種族不同，自然形成不同的文化，因此在面對每一位兒童當事人時都要謹慎，留意刻板印象的可能影響。就如同許多年前，有位大二學生在附近社區做課業輔導，發現一位國小三年級原民同學竟然不懂得已經教會他的一道數學應用題，題目是「將一個披薩分成五塊，吃了兩塊還剩幾分之幾？」原來題目的意思他都懂，只有「披薩」二字不懂，大二學生聽了好心疼，後來索性買了一小個披薩犒賞他做對題目！一般人容易「習以為常」，認為自己知道的別人也一定知道，但是這樣的「一概而論」，卻很容易因為經驗值或是文化不同而有錯誤歸因與解讀！

　　另外，成人文化與兒童文化有偌大差異。輔導教師是成人，使用的語彙或許不一定能讓兒童了解，但是兒童可能因為懼怕權威或是面子問題，而不敢承認或說實話，導致教師誤解其意。家長的社經地位或是資源、兒童的能力與智慧高低，也可能讓諮商師會有先入為主的成見，而影響了對待孩子的態度。城鄉差距也是另一個可能因素，都會區兒童所玩的或感興趣的，與非都會區的兒童或有差距。新住民、原民、外省、移民或是台灣其他族群，不同族群有其文化特色與重要價值，或許與漢族文化有不同，都需要予以了解及尊重。了解兒童的次文化與所重視的事物、還有目前的流行趨勢，也是可以更貼近兒童生活的不二法門。

　　多元文化還涉及到送禮的問題。在國小階段，有時候家長或是小朋友為了表達感謝，可能會有送禮的動作。家長送禮（如我國的三節禮：春節、端午、中秋），諮商師可以說是自己職責所在而婉拒禮物，畢竟教師收禮會讓兒童或家長擔心對學生的不同對待（或界限問題），倘若小朋友要送禮，最好是收卡片即可，因為孩子無財務能力。諮商師／輔導教師可以回送兒童卡片，表達謝意之餘，順便褒獎孩子的進步／成就與對他／她

的期許／祝福。

（七）結束諮商關係的相關議題

　　雖然每一次與兒童晤談或是團體輔導／諮商，都要好好開始、好好結束，結束的動作也是展現了生命的現實與過程，是很重要的生命教育及潛在教育，每一次的晤談或團體若能好好結束自然最好，而在最後一次晤談或團體時，也要花較長時間做結束動作，這才是「善始善終」。因為輔導老師服務的兒童是在學校，因此許多兒童會以為輔導老師一直都會在，比較不會意識到可能見不到輔導老師的情況，但是有許多學校的輔導老師是代理性質，可能每年一換，或是學生諮商中心派來的諮商師，下學期也有職務更動、不在其原來的位置上，所以還是要有結束的準備較為穩妥，也不會有拋棄當事人的疑慮，對諮商師本身來說，也是一段關係的結束、一項任務的完成，不會有未竟事務。

　　此外，如果需要轉介兒童給其他專業人員（如身心科醫師、社工或資源教師）協助，之前要與兒童及其監護人好好溝通，同時也要跟進兒童的進度，不是將其丟給轉介出去的專業人員就可以。像是有些輔導教師會因為能力不足，或無時間心力，或是需要其他資源的有效介入，而將兒童轉介到縣市立兒童諮商中心接受協助，輔導教師在學校還是要跟進兒童的進度（畢竟兒童一天中大部分時間是在校園裡），與相關人員（包含轉介出去承接的人員）、家長等各司其職及密切合作，並持續與轉介單位／人士密切合作溝通；或是將兒童轉介給身心科醫師做診斷之後，配合醫師的用藥，必要時做諮詢，而也要同時繼續與兒童做輔導工作，因為兒童在校的時間是一天的三分之一，輔導教師可以做更多來協助兒童，回歸健康、適意的生活最重要。

　　兒童或許會好奇輔導老師／諮商師的去處？可否繼續聯絡？在諮商師眼裡的當事人是怎樣的一個人？這些也都要在最後一次晤談時好好處理，而每一次晤談也要好好開始、好好結束，不要因為當事人是兒童，就小覷了這些動作，因為每一個事件都是一個教育及學習的機會，特別是有些兒童之前可能經歷了一些哀傷或失落事件，但沒有好好處理，就可能有一些

殘留的情緒或解釋需要釐清，倘若又再經歷一次不明不白的結束或分離，可能就會誤以為被拋棄，不需要正視失落，或是情緒不重要等，對孩子的發展與未來都不是好事！兒童若要求留手機號碼或 line，就留機構官方或學校的聯絡方式為宜，有些諮商師自己有個人網頁或即時訊息，更要留意私人與治療關係的界限。

讓兒童學會處理失落或分離是很重要的課題，因為總是會有天然、人為災害或意料之外的事件發生（包括喪親、生病或是搬家等），因此每一個結束也是讓兒童學習如何接納與放手，度過悲傷失落，重新檢視自己與他人關係等生命現實，以及重新出發的機會。要結束一段刻意建立好的關係（如諮商關係）不容易，因此每一次的晤談結束，都是一個學習的契機，畢竟人的一生要經歷許多的獲得與失去，如何接納這個事實，處理自己的情緒，然後繼續走下去，都是嚴肅的生命課題。

> **知識窗**
>
> 諮商師倫理守則中的保密例外情況：當事人或其監護人放棄時；專業人員接受系統性專業督導與諮詢時；諮商師懷疑當事人有自傷或傷人的危險時；涉及法律強制通報要求時；或當事人控告心理師時。

服務兒童的重要倫理面向

注意項目	說明	解釋
不傷害當事人	諮商契約是保障當事人權益。在治療進行過程中，第一個都要考量到對當事人是否有益？	諮商師需要有敏銳的危機意識及同理心，只要直覺上懷疑當事人可能（會）受傷，就要直接仔細詢問。基本上當事人來求助、自我強度較為脆弱，許多細節也都要注意，不能傷害當事人。
知後同意	任何有關當事人權益的事都要獲得其或監護人（法律上無行為能力者，包括十八歲以下與身心障礙者）之同意。	這是保障當事人與治療師的必備動作，包括簽訂諮商契約，需要錄音、發表研究報告或論文、使用新的治療方式或技巧時，也都需要簽訂知後同意。

注意項目	說明	解釋
保密原則	不傷害當事人與其他人的情況下，謹守保密原則。	保密是建立治療關係最重要的關鍵，然而也有例外（當事人自傷或傷人、任何人受傷的可能性）需要考量，也要讓當事人知道。
雙（或多）重關係	除治療關係之外，其他有害於治療或當事人福祉的關係都不應有，因為諮商師是處於較有權力與地位的立場，關係處理不當就會造成傷害。	有些學派（如女性主義治療）對於治療之外的關係較無嚴謹規範，但是一般說來，關係越簡單越容易處理，也較不容易發生倫理議題。

　　面對有倫理議題時可以採行的步驟（Sherman, 2015, p. 129, adopted from Joyce & Sills, 2014）：

1. 將兩難處境做摘要
2. 指出可能牽涉的倫理議題
3. 找出相應的倫理原則
4. 指出衝突的價值觀
5. 檢視有無法律規範
6. 考量所有可採取的行動或不採取行動
7. 做決定前諮詢督導或尋求諮詢
8. 列出每個決定的可能後果
9. 選擇最少傷害或結果最佳的決定
10. 寫下來你／妳所考量的與督導建議的（要有日期）
11. 計畫如何支持與進行你／妳的決定
12. 採取行動

二、兒童發展階段特色與可能出現的議題

　　了解兒童的發展階段與特色，可以協助諮商師如何與兒童溝通，並選擇適當的處遇方式和策略、讓兒童可以了解與表現（Selekman, 1997, p. 22）。兒童在歷史上本來不是受關注的對象，甚至曾被視為是父母親的財產或是勞動力之一。一直到十七世紀，教育學家盧梭（Jacques Rousseau）與洛克（John Locke）強調要如何照顧兒童，十八世紀末才有專業期刊討論兒童的心理健康，而到 1960 年代中期才立法保護兒童權利（Henderson & Thompson, 2015/2015, p. 1-3）。

　　若是以兒童為輔導與諮商的對象，當然最重要的是諮商師或輔導教師要先具有了解兒童發展特色的先備知識，以及隨著發展階段兒童可能面臨的一些挑戰。有了相關的發展知識後，還需要將現今兒童身處的時代與環境脈絡列入考量，才可以進一步了解其所面對的挑戰與議題，以及該如何進行協助。在學校擔任諮商師或輔導教師者，還需要對該校與當地的文化做了解，才可能與家長或社區重要領導人士及居民做更好的聯繫及合作。諮商與輔導不是個人獨力可以為之，而是需要結合當地或是可運用的資源（包括人的資源），才可以讓改善或改變長久。

　　此外，兒童還在發育成長中，因此我們通常不會將其行為冠上「偏差」二字，而是將其視為「不適應」、表示有改善與改變的可能。諮商師與教師的立場、角色不同，教師會注意到「同中之異」（也就是不符合常模的行為或表現），而諮商師正好相反，會看見孩子們的「異中之同」，以及努力過程與善良動機，也因為看見的不同，所以處理方式也會有差異。像是教師可能看見孩子口出惡言，或是與同學起衝突，但是輔導教師或諮商師看到的可能是孩子為了維護自身權益而做的反應，動機不一樣，就應該有不同的處理方式。

　　在學校校園裡，師長們往往看到學生行為的「結果」，卻不一定會去探詢其可能動機或用意，有時只是要趕快將事情處理完，也不願意花心思去了解背後的可能因素，身為諮商師或輔導教師，就需要去看到或猜測行為的「動機」。當然，一般對於尚在發展階段中的孩子（如兒童與青少

年），在學校常用「輔導」一詞，主要是教育與引導的成分居多，本書中會將「輔導」與「諮商」交換使用。

不同發展階段的孩子，其發展任務、能力也有差別，所以還要考量當事人的「準備度」如何？雖然不需要刻意使用「童話」語言或兒童特有的表達方式，然而認識與了解他們的次文化是很重要的，要不然會有文化與價值觀上的歧異出現，也就不容易與當事人建立良好關係。兒童因為還在發展，有時候限於語言與認知能力尚未成熟，較容易以行動表示其情緒或想法，因此除了專心聆聽之外，協助其表達情緒及使用正確的情緒語彙也是很重要的，當孩子能夠以適當、正確的語言來表達自己的需求和感受，也就不需要用行動或攻擊方式來傳達，這也是諮商師可發揮的教育功能之一。少子化與科技網路日新月異的現代，除了要強調發展中的自主獨立之外，還需要拓展個人能力，包括社群的歸屬感與貢獻（Lewis, Lewis, Daniels, & D'Andrea, 2011），社群網站就是他們會使用的媒介之一，然而真正有益於兒童發展的，還是實質上的人際互動。

（一）兒童發展特色

許多家長讓孩子入學之前，會先讓兒童進入幼幼班或幼稚園，在少子化的現代尤其重要，因為只有在團體裡，才容易學會與人互動、合作、認識自我的重要功課。讓孩子學會與他人相處的人際智慧，也慢慢養成一些作息與衛生習慣，這是為其上正規學習的入門準備，也讓孩子學習去適應與調適一些需要共同遵守的規範。剛入學的兒童則是需要學習如何靜坐一段時間，這樣才可以因應接下來的學習活動。

「遊戲」是兒童期最重要的活動，在遊戲中不只可以學習到許多身體活動與技巧、社會經驗、團體規範，還可以與人互動、拓展自己的生活範圍、認識自己、培養語言能力、增加生活智慧。「遊戲」也是人類社會的縮影，孩子從自己親身體驗裡學習第一手經驗，兒童許多的跑跳體能運動，不僅刺激其腦部發育與肢體活動技能，也養成了強健身體、培養嗜好或休閒、與人互動合作、排遣無聊時光的方式。兒童從大動作到細膩動作的練習及嫻熟度，可以讓其知道自己是有能力去做一些事情的，藉此增加

其自信心，也願意去拓展經驗、探索世界。

　　兒童的認知能力持續發展，中年級之前需要具體、示範的教導，高年級以後，他們開始有抽象思考的能力，也會有驗證假設的能力，會自己去找答案，當然還是需要家長與成人的說明與指導。兒童可能礙於經驗值有限、思考不夠周密，加上語言表達能力還在發展中，許多時候會使用行動的方式來表示，不要誤解其動作，而是做進一步探索其眞正動機並做說明，可以讓兒童減少挫敗感或不被了解的難受。

　　每個兒童的各項發展或有速度的不同，只要提供其適當的方式或練習，就可以慢慢跟上同儕。有些兒童可能有發展遲滯或是情緒障礙，現在已經有更精密、迅速的方式可以篩選出來，可以提早發現、及早治療或補救，讓孩子的未來不落人後，生活更快樂。

　　兒童階段不可缺的需求（Brazelton & Greenspan, 2000, cited in Henderson & Thompson, 2015/2015, pp. 1-7, 1-8）有：1. 持續不斷的滋養關係（愛與隸屬）；2. 基本人身安全保障（安全）；3. 依據個別差異的適性發展（個別獨特性、因材施教）；4. 在（認知、肢體、語言、情緒與社會）發展上給予兒童適當協助；5. 成人在適當的期待下設限、提供架構與指引；6. 居住在穩定、支持與一致的社區內。嬰幼兒期與主要照顧者所形成的「依附關係」是健康大腦發展的基石（Richardson, 2016, p. 37），同時也是未來與人互動、建立親密關係和自我價值的基礎。

知識窗

一般兒童的基本需求有（Sharp & Cowie, 1998, p. 3）：

• 基本生理照護：遮蔽、保暖、食物、休息、清潔。

• 保護：安全、避免危險、免於肢體或性的暴力或虐待。

• 安全、引導、支持與控制。

• 愛、關心與尊重。

• 學習動力與求學機會。

• 自主與責任。

兒童（與主要照顧人）依附關係的型態與發展（整理自 Henderson & Thompson, 2015/2015，pp. 2-8, 2-10）

依附關係型態	說明
安全依附	父母親是溫暖、充滿愛和支持的。孩子長大後，會認為自己是受到喜愛、被了解的，覺得親密感是舒服的，很少擔心被遺棄或與別人太過親密。愛情關係是信任、快樂與友誼。
逃避型依附	父母是要求的、不尊重和批評的。當孩子長大時，不太信任伴侶，擔心跟別人太靠近，相信別人不喜歡他們，認為愛很難捉摸，親密關係容易產生忌妒、情緒疏離、缺乏接納。
抗拒型依附	父母親是不可預期、不公平的。孩子擔心被所愛的人遺棄，人際關係充滿忌妒、情緒起伏不定和絕望。

艾利克森的兒童發展任務（Erikson, 1997, pp. 32-33）

發展階段	優勢	發展任務
早期兒童期	意志	自主 vs. 羞愧與懷疑
遊戲期	目標	主動 vs. 罪惡感
學齡期	能力	努力 vs. 不如人

皮亞傑的認知發展階段（整理自 Henderson & Thompson, 2015/2015，pp. 2-5, 2-6）

年齡	階段	說明
出生到 24 個月	感覺動作期	用行動、身體去探索世界。
2-7 歲	前運思期	兒童的行為和思考是「自我中心」的，無法以別人的角度來看事情，也相信每個人的看法都跟他一樣。兒童與同儕之間的互動，是化解前運思期「自我中心」最重要的因素。
7-11 歲	具體運思期	有對話技巧，能逆向思考，欣賞他人觀點，在學習上需要具體的協助，能夠區分現實與幻想，但抽象推理思考有困難。
11 歲以上	形式運思期	青少年能夠以邏輯、理性抽象的思考，來把事實跟想法連結在一起，也以多重的推理來消除矛盾。其思考特徵還有一個是「想像的觀眾」（這個與他們高度的自我意識有關），以及因為有「個人神話」（因此會誇大對自己的期待），可能會做出不明智的冒險行為。

> **知識窗**
>
> 在有反應且可接近的照護者照顧下，孩子發展出安全依附的內在工作模式（internal working model），可以協助其因應社會環境（Sharp & Cowie, 1998, p. 7）。

兒童發展階段的特色與需求

發展類別	學齡期兒童	注意事項
發展任務	學習動作技能、適當的性別角色行為，與同儕相處、獨立；發展價值觀、道德與良知；建立正向自我觀念；培養基本讀、寫、算技能；了解自我與周遭世界。	兒童後期已經與同儕有發展不一的情況，女生較之男生早熟，早熟的女生受到同性排擠、早熟的男生受到同性忌妒或尊敬。
生理	國小中、高年級身體開始發育，對於性別刻板印象較嚴苛。	學齡兒童行為與情緒轉變較快，精力旺盛，也容易疲倦。
認知	• 處於 Piaget 的「具體運思期」。 • 此時期的兒童已有「物體永存」的概念；有逆向思考能力、邏輯分類觀念；會覺察到物體間不同的關係；了解數字觀念；思考具象化。	國小中、低年級生還在認知具體化階段，說明時需要有伴隨著動作示範，以明確指示或例子做輔佐，提供適當的學習資源。
情緒	• 中年級開始對自己的特色有矛盾的感受，較遵從成人指令、偶爾反權威，對電視或流行的物品感興趣。 • 高年級情緒發展較廣泛與多樣化，有時在短時間內情緒變化很快，對他人情緒有較好的判斷；有些人已經進入青春期，對未來想法較不切實際。	兒童慢慢拓展情緒光譜，也慢慢學習情緒管理。

發展類別	學齡期兒童	注意事項
行為	• 低年級：行為轉變可以很極端，精力旺盛、也容易疲倦；行為表現較有組織、安靜，可以坐得比較久、較專心；有能力為自己行為負責、也能表達自己想法。 • 中年級：表現更獨立、會與人合作，喜歡閱讀與講話，可獨力完成工作。 • 高年級：有時表現笨拙或莫名其妙，喜捉弄他人，與人競爭；有些已進入青春期。	• 兒童因為受限於語言發展，許多語言不能明說部分會用動作表達，身體出現的症狀通常與壓力有關。 • 不要將行為視為唯一指標，需要去考慮其行為背後的動機或意圖。 • 不「以言廢人」或「以人廢言」，這樣可以避免標籤化兒童，也讓其有改善的希望。
社會／人際關係	• 學校是兒童第二個接觸的社會（第一個是家庭），因此會慢慢拓展自己的交遊圈。 • 低年級視老師為權威，友伴關係不穩定。 • 中年級開始會與同性別的玩在一起，但是也會出現「男生愛女生」的傳言與戲謔，在乎他人對自己的看法與喜愛程度（以此來定義自己的價值），同儕影響力開始介入，也有明顯的「霸凌」情況。 • 高年級的女生較同年齡男生成熟，開始有「閨密」，與男生似乎變成「不同國度」的人，也對同／異性感到興趣，或有暗戀追求之舉動。	• 兒童期有時會因同儕壓力、怕自己不合群或不同而受到排擠，了解此年齡層的次文化與流行是很重要的，同時也要肯定兒童有自己的想法。 • 六歲大的兒童較自我中心，不太能與人分享物品或是輪流做些什麼。 • 七歲的孩子容易因為別人一句話就受到打擊、較「他人導向」。 • 八歲孩童重視友伴團體。 • 九歲的孩子對他人開始發展信賴感，也有反權威行為出現。 • 十歲的孩子對家人與朋友態度較正向，較遵從成人指令。 • 十一歲的孩子喜歡與同儕及長輩相處或談話。 • 十二歲時大半兒童已進入青春期，開始有自我認同的議題，想要「同流」又想要「特別」。

兒童觀點的發展（Selman, 1980; Selman & Selman, 1979; 引自 Henderson & Thompson, 2015/2015，pp. 2-5, 2-7）

年齡	特色
3-6 歲	兒童的觀點未分化
4-9 歲	採用「社會訊息」觀點，理解其他人有不同的訊息跟想法。
7-12 歲	用「反省觀點」，兒童能夠以別人的觀點來看自己的想法、感情和行動，也認同別人有相同的能力。
10-15 歲	採用「第三者觀點」，能夠超越兩個人的情況，想像以公正的第三者來看待自己和他人。

（二）兒童階段常出現的關切議題

　　現代孩童面臨的挑戰有：1. 競爭對象多，而且不是區域性的、而是全球性的。孩子不是只需要一項專長，而是能夠多項專長（所謂的斜槓人生），才有機會與他人競爭。2. 要學習得更多，而且努力並不一定成功，一本教育部訂的教科書時代已經過去，孩子要學得更

> **知識窗**
>
> 兒童許多的情緒問題都會以行為方式展現，因此會讓轉介人或諮商師誤以為是行為問題，事實上需要進一步確認，或許會有更適當的處置策略。

多，加上教改的更迭，讓孩子與師長疲於應付。3. 少子化的挑戰，倍受寵愛或溺愛，家長期待高，但也因此給予孩子許多壓力，自我中心的思考與人際關係缺乏經驗、增加學習與生活的困擾。4. 雙薪或單親家庭多，許多原本的親職功能由補習班或外人所取代；家長與孩子相處時間減少、影響力也銳減，孩子的孤單與被忽視感增加。5. 失能親職多，不少家長無法兼顧自己的親職責任，子女就無法受到應有的照顧，更甚者還有暴力與虐待情事發生；家庭結構是否完整其影響不大，主要關鍵在於功能是否發揮？況且現在離婚率增加，單親與繼親家庭也增加，還有同居不婚者，許多孩子是因為自己家庭是在「常規」之外，或是沒有得到適當的照顧與關

愛而報復自己，造成行為失序或身心疾病！6.電腦網路與手機、平板入侵生活，彷彿生活中無法脫離電腦及手機的掌控，甚至成為生活的避難所；兒童是手機的「原住民」，使用手機已經是他們的日常，就連平日的學習也與手機或網路脫不了干係，而在手機「移民」的雙親立場，就會面臨許多價值觀與管教議題；網路世代的特色是較自我中心、自我感覺良好、少同理他人、將錯誤怪罪給別人、生活上較乏自律，也的確讓人憂心。7.價值觀轉變，「速食」主義風行，兒童較無法容忍等待，許多東西或物品都要手到擒來，也不相信用功或是勞力的過程，更遑論基本功的養成；有些人希望自己是注意中心（在IG發文或蹭流量），發揮創意是佳，但是也將重心轉移（如將學習心力轉移到網路經營）。8.家長涉入過多，恐龍家長涉入學校教育，其負面影響是教師不敢管教，也少責備或要求，學校甚至變成廉價安親班，家長沒有教孩子做人的道理，學校又無法發揮固有功能，許多道德與禮儀都亂了套。9.城鄉差距大，資源分配不均，導致競爭力的M型化（極端的差距），這些當然也會影響到學生學習與生活，有資源者與沒有資源的弱勢成了強烈對比，當然也影響到孩子未來發展。學習與成就也呈M型化，有資源的家長可以有更多資源培育孩子，反之，弱勢家庭就需要靠自己或是有限的資源，造成分配不均及不公平。

目前一般學校常常發現需要關切的兒童情況有：

1. 人際議題

包括與人疏離、孤立，出現暴力與霸凌行為或成為受害者、親密關係與性傾向等，而「人際孤立」往往是心理疾病的特徵。現在許多家庭有獨生子女，家長愛護甚殷，可能使其較少同儕接觸經驗，因此一進入學校上學，就可能面臨到社交技巧與合作的問題。此外，因為只有孩子是唯一重心，也可能養成孩子較自我中心、無同理心的傾向，甚至影響到其人際發展或學習。許多兒童在年幼時就出現較不符合其生理性別的行為（如「娘娘腔」），容易遭受到同儕譏笑或欺凌，但是「娘娘腔」並不表示是「男同志」，這也是要注意的問題。少數特殊性傾向的孩子通常在極為年幼

時，就已經發現自己的「不同」，需要有智慧的師長協助其自我認同與自信的部分，同時也要教育其他同學尊重不同，並採行切合實際的做法，實踐所謂的「社會正義」（social justice）。

少子化造成學校縮編或家戶遷移，現在有越來越多的孩子面臨轉學的現實，有些家長是因為經濟需求（如到外縣市工作）或個人問題（如犯罪），

> **知識窗**
>
> 大腦要經由與他人的互動來發展，兒童若無法受到安全、關愛、注意與照護，就可能會體驗到極大的壓力或創傷，而影響其腦部之發展，若能在事後做補救，對孩子心理與腦部的改變都有意義（Vicario, & Hudgins-Mitchell, 2017, p. 70 & p. 76）。

必須讓孩子轉學，然而有更多的是孩子在學校出現問題（如與教師槓上，與同儕不合或有行為問題），家長為了便宜行事（如孩子不喜歡學校或是不喜歡某老師，但是處理起來麻煩），就迅速讓孩子轉學，殊不知這樣的方式並沒有解決根本的問題，反而讓孩子一直處在變動中，不僅威脅到其安全感，也無法交到好友，造成往後害怕與人互動，或退縮成孤單的個體，對孩子的心理層面有更大傷害。

2. 家庭問題

現在許多家庭不只是建構與組成上呈現多元，也有許多失能家庭出現，主要是親職功能失常所導致，加上少子化影響，即便是經濟上較無問題的家庭，也可能出現溺愛子女或缺乏家人互動時間的問題，導致孩子人格上及與人社交上的缺陷。年紀尚小的孩童容易受到家庭的影響，因此只要家裡出現問題，家裡面的所有成員都受到波及，而通常會在年紀小的孩子身上呈現徵狀，主要是行為上出現問題。

再則，還有家長面臨的教養挑戰。現在有越來越多的孩子在兒童期就發現有異狀，也許是因為診斷工具更精密，或許是孩子出狀況也多。倘若孩子有心理疾病或是發展上的問題，對教養人來說都是極大的挑戰，該不該帶孩子去做診斷就是一個兩難的問題，一來害怕知道真相、對教養人來說不好受，二來該如何面對社會其他人的眼光？家長當然不願意自己的孩

子生病，然而若家長本身也沒有病識感，就更不可能讓孩子獲得及時有效的協助，延誤了診斷與治療。

　　家長期待與學業表現也是孩子的壓力源。雖然許多家長都表示現在不注重孩子的學業，只要孩子健康就好，但是還是抵擋不住潮流的壓力，畢竟現代的孩子是要與全球人才競爭。教改讓孩子更辛苦，父母親也難辭其咎。到底應該讓孩子學更多、讓他／她不落人後？還是順其自然發展就好？這應該也是家長的兩難。

　　另外，經濟情況當然也會影響到孩子，尤其是貧窮家庭的孩子，甚至是家長有身體障礙或心理疾病者，對於孩子的影響就更多面，許多孩子沒被照顧到、資源不到位，反而要去照顧家長或家人，甚至為家庭經濟盡一份心力，孩子無法享受應有的童年，卻需擔負超過其能夠負擔的重責與壓力，自然無法滿足其基本和人權需求。

3. 自信與自尊問題

　　孩子的自信與自尊通常與家長的親職教育有關。家長多鼓勵與支持，願意讓孩子去做適度的冒險與探索，給予適當的成功與失敗經驗，協助孩子發展健康的人際關係與技巧，願意陪伴同時開放與傾聽孩子的意見，以身作則，提供適當的資源給孩子並監控其行為，基本上孩子就會發展成為健康、有自信的個體。孩子因為年紀尚小，因此會很在乎他人對自己的評價，尤其是女性。

　　少子化的時代，家長對孩子呵護備至，甚至凡事為其代勞，間接就養成了孩子依賴、無能的傾向，接觸外面世界之後，就較不能忍受挫敗經驗或自己不是注意中心，對其自尊與自信損傷頗大。孩子的內在衝突或自我衝突，缺乏自我知識、對環境的知識，及技巧或能力等，也都可能造成自信不足的問題，當然友伴團體的對待也是重要關鍵。孩子發展與重視同儕關係，同儕的認可對他們很重要，也會極力去迎合他人，只是儘管年級低，還是有「關係霸凌」的事件發生，許多孩子會因為同儕無法接納而放棄自己！現代的孩子由於挫折忍受閾低，有時候就無法將基本功（如安靜專心、技巧練習）習得，後面的進階式知能就更難學成！

知識窗

Ellis（1997）認為我們的非理性信念與挫折忍受度有極大關連，一般人的低挫折忍受力主要是因為：要求自己的生活要很輕鬆舒適，堅持他人對待自己要絕對和善、體貼、公正與慈愛。這些錯誤的要求或信念導致個人不能容忍事情發展不如其預想。因此，培養挫折忍受力的方式可以有（不限於此）：

• 不因一個小挫敗就喪失信心或怪罪他人及自己。
• 勇於嘗試，試過之後可以學習能力。
• 不要將焦點只放在結果上，而是可以享受過程。
• 在行動之前三思可以，不要想太多反而沒有行動力。
• 一般人做事都會受到批判，自己的評估最重要（但非聚焦在自責）。
• 願意踏出舒適圈，嘗試新的行為與想法。
• 以自己希望被對待的方式對待他人。
• 願意站在對方的立場設想。

4. 缺乏被照顧或有創傷經驗

　　相較於被忽略或未被適當照顧的孩子，遭受家暴的個案還是少數。在學校偶爾會發現有孩子常常生病、發育不及同儕、衛生習慣不良，衣著不潔或髒亂，甚至沒有穿著適當的衣物，這樣的孩子不僅容易受到同儕的排擠，對學習沒有動力，也常常成為中輟的學生，這些有可能是沒有受到適當生活照顧的孩子，我們稱之為「被疏忽或忽視的孩童」，其數目可能較之家暴受害者更多，也較難被注意到，因為大眾對於家暴（特別是肢體受虐）孩子較有警覺性所致。被疏忽孩童出現的可能性是生長緩慢或停滯、沒有依靠或被遺棄、缺乏管束或督導等，影響身體、智能、情緒、社交與教育／學習的發展及成就甚深。

　　美國伊利諾州 2006 年的統計發現，被忽視的兒童依序是：缺乏監督（如不適當監控、拋棄、鎖在外面或控制行為）、環境忽視（如不足的食

物、衣物、遮蔽或環境髒亂等）及健康照顧忽視（如無醫療照顧、發展遲滯、營養不良或障礙兒童的忽視），以美國來說，儘管有其他救濟措施，寄養家庭依然是大宗，但是由於對於「忽視」的其他定義不清楚（像是身體、情緒、醫療、教育的忽視），或是急性與慢性的區分，造成在研究文獻上的缺乏（Ford, 2007）。

有些父母親自己無維生技能，加上是親職新手，連自己都照顧不過來，何況是孩子？有些家長忙於生計、自己的事務或是生病，沒有辦法給予孩子適當的關愛與照顧，許多孩子還需要自食其力，自己照顧自己（甚至是照顧更年幼的弟妹）。在外面遊蕩的孩子其實也沒有受到適當照顧，在城鄉都會區會看到晚上在夜市、鬧區或宮廟場合遊蕩的兒童，孩子自己無法管理或家長無法約束其行動，因此就離家找尋刺激、打發無聊；未被適當監控的孩子，也無法學習內控的自律（Crosson-Tower, 1989, cited in Ford, 2007, p. 14），衝動控制或行為出現問題就是遲早的事。這些在外遊蕩、無所事事的兒童，還容易淪為犯罪的受害目標（如綁架或販售）或者成為行為偏差的潛在人選，每年台灣失蹤的兒童超過千人，這個可怕的數字就可以說明遊蕩在外的兒童是許多罪犯下手的目標。

受虐或是有過創傷經驗的孩子（包括早期的失落經驗或被傷害），容易被發現，但是缺乏照顧的孩子常常是被忽視的一群，總是在攸關性命時，才被發現！教師與其他人士常常因為「清官難斷家務事」，而不願意涉入處理，卻往往錯失救助良機，或者是做了及時處理與輔導，卻沒有後續的追蹤與提供持續支持，這樣的協助也不到位，效果不佳。

孩子的基本需求，除了維持生命的食物、遮蔽、溫暖之外，更重要是愛與關懷，倘若還有額外的傷害（如嚴格管教、家暴、虐待或性侵），如何讓孩子健康順利成長？現在的天災人禍不斷，許多孩子因為戰事無法順利長大，倘若又加上原本應該疼惜、愛護自己人的不善待，真是前途未卜！身體上的傷容易痊癒，但是心理上的傷卻往往看不見，其影響更為深遠，更甭說進行治療了！

在學校場域，這些被忽略或受創的孩子容易被發現，只要班導對於孩子與家庭常有聯繫或有足夠的了解，就可以注意到，然而級任老師一人要

負責班上二十幾位學生、力有未逮，因此與其他科任老師或輔導教師合作就很重要，也較能夠周全關照兒童，並連結相關資源一起協助。

5. 情緒障礙

情緒障礙（或情障）的孩子，其焦點都在自己的情緒經驗與相應之的行為上，如何能夠專心學習？情障的孩子無法覺察自己的突發情緒何來，加上周遭的同儕或成人不清楚他／她的實際情況，很容易就會誤會他／她，不與他／她做朋友，甚至認為他／她很奇怪、可能將其視為霸凌對象。情緒障礙的孩子通常是經由行為方式表現出來，可能也會讓成人忽略了其情緒上的痛苦，許多孩子的情緒問題較不明顯，他們之所以被轉介往往是因為其他的問題（Sharry, 2004, p. 146），像是打架、經常哭泣或焦慮、上課不專心或課業落後等。

情緒障礙主要是遺傳基因、生物性、社會或家庭等因素的交互作用而成，主要影響到孩子生活、人際、學習等方面，也讓身為父母者十分頭痛，不知如何了解、安撫或管束孩子的情緒和行為，有些家長對孩子的不適合期待或管教，也會引發孩子情緒與行為上的問題，這不是只靠資源教師或是身心科醫師就可以療癒，最好採用「多管齊下」的方式，如親職教育——讓家長執行適當管教與協助，可以有效發揮能力；醫藥輔佐——若已達診斷標準，就按時遵照醫囑服藥與回診；學習輔助——資源教師針對學生學習特性與困擾，做個別、適性協助；諮商輔導——諮商師固定與學生做遊戲治療或晤談，並教導其溝通社交技巧、挫折忍受力、同理心與自律等；同儕協助——班級導師讓全班同學認識與了解該生的情況與禁忌，以及如何使用適當的方式與其互動。

6. 學習落後與低學業成就

即便是學生學習落後，成績表現未能展現其能力，或是學習動機不強，光是靠教學或是補救教學效果有限，因為必須要先做學習觀察與診斷，看真正的問題出在哪裡，才可能進一步對症下藥、做適切的處理。妨礙學生學習與效果的因素很多，通常不是因為學生智能低下的結果，而是

其他因素的總和，像是家庭資源缺乏、家庭不睦、忽視或虐待孩子、家長不支持孩子學習等等，這些因素影響孩子學習動力，自然無法展現良好學習成果。兒童學習動機低落、不願花心思學習，或是在校人際關係不良、教師差別對待等都可能影響其低學業成就。

許多經濟弱勢的孩子雖然有社福、私人教會或基金會的協助（如補救教學、課後安親），但是依然很難跟上同儕，甚至瞠乎其後，這也影響其對自己的自信與價值，主要原因往往是除了學習動機低落與資源不足之外，還有其他因素的介入（如家庭紛擾、家長無法給予安全穩定環境或是自身健康不良）。

雖然許多的師長會鼓勵孩子朝學業以外的方向發展，像是球類運動、體操、傳統技藝、廚藝、藝術等，然而在我們這個文憑至上的社會，除非家長願意投注更多金錢與心血鼓勵孩子發展，要不然孩子還是看不到美好的未來，況且許多的技藝都需要長時間的苦練或學習，甚至也需要一些學術的基礎，方能有更多發展的可能性。然而，鼓勵孩子多方探索自己能力是正確的方向，至少養成一些嗜好，對其身心發展、人際互動、自信的展現與善用時間都有助益！

學校的課後輔導若無精心設計、因材施教，許多只是重複課堂上的教學，不能滿足學生的個別需求，其設置也是形式多於實質！家長若能夠投資孩子的學習，自然收效較高，只是經濟弱勢的家庭，其他各方面都是弱勢，犧牲下一代的學習與前途就成為必然！有些家長因為自己教育程度不高或是有身心障礙，甚至是從事勞力階級工作，對於子女的期許可能就是兩極——過高或過低，過高容易造成嚴格管教或兒虐，過低則是無法翻轉子輩的社經階級。孩子前一階段的學習會影響接下來的學習與動力，倘若在前一階段就遭遇困難、沒有解決，自然學習路上會越發艱辛！因此，「補救教學」就是必需採取的手段，然而許多安親班還是以給學校交代為主——以完成作業或是習作為目標，造成學生沒有機會就之前的不足做適當補救或重新學習，當然就影響了後續的學習，像是國語文能力會影響其他科目的學習，如果低年級時語文能力就不足，自然會影響到後來數學應用題與其他科目的學習。

7. 行為問題

　　兒童還在發展階段，許多時候無法正確地表明自己的意圖或想望，而產生行為或情緒上的問題，需要師長多多關注，師長還要注意不要將孩子的行為視作問題或偏差行為，否則可能採取了錯誤方式處理，反而無法收效！兒童持續的行為問題可能是：早期生命階段發展的障礙、特別是影響語言的發展，兒童腦部或其他生理上的重大改變，早期或既定的學習模式，生理上的因素因早期環境事件而引發持續的經驗威脅到兒童的自尊、社會與學習能力及其他障礙，讓兒童去追求不適應的行為模式（Kearney, 2006, p. 9）。通常六到十二歲國小階段的孩子，其發展階段的特色是：被期待有更高的自我控制、合作、順從，在家、學校或社交場域表現獨立（Lougy, DeRuvo, & Rosenthal 2009, p. 43）。說謊、偷竊、上課不專心、忘記或不交作業、考試作弊、違規行為、打鬧或捉弄同學等，這些讓師長或同儕不舒服的行為，或許過了一段時間、成熟些了，懂得同理他人或自律更高時，就不會再犯，比較需要注意的是持續性的問題行為。

　　行為不符常規或是與一般同儕不同，經常就會被老師盯上，因為行為是最容易被看見與關注的目標，然而有些行為卻是在師長未能監控的環境或情況下出現，像是不同形式的霸凌，這類人際關係的問題在幼稚園就已經開始出現，若到中、高年級才做處理，往往事倍功半、效果不佳，有些甚至會演變成為成年後的犯罪或反社會行為！

8. 懼學或拒學

　　「拒學」（school refusal）是指學生沒有去學校或上課的動機，或是很難整天待在教室或學校裡（Kearney, Chapman, & Cook, 2005a），早期在 1960 年代，就已經發現許多有關拒學的研究文獻。近年來，鄰國日本發現許多學生拒學，主要是因為家人之間的「界限不良」（太過緊密）（Kameguchi & Murphy-Shigematsu, 2001），而在臺灣，許多學校也發現孩子懼學（school phobia—不去學校以逃避難以忍受的害怕）或拒學的情況增加，家長或許基於疼惜孩子，擔心孩子受傷，加上目前許多學習資源

都可以在網路上取得，教育部對於不同層級的入學資格放寬（比如不需畢業，只要取得同等學力，就可以再上層樓），因此會順從孩子的心意。然而，我們絕大多數的學習是從人際中與人互動而來，網路資源不可能取代面對面的互動與交流，拒絕或害怕到學校，其實就是為自己關閉了許多學習的機會。

對於 5～9 歲的孩童而言，拒學可達的功能主要為獲取重要他人的注意，以及避免引發負向情緒的刺激（如焦慮或沮喪），也有較多的分離焦慮；等到更高年級，可能還有逃避學校或社交場合不喜歡的評估或比較，和追求學校外可得的酬賞（Kearney et al., 2005a）。目前的治療方式是以行為主義的增強策略為主，配合親職教育或家族治療（Kearney et al., 2005b），若是還有其他合併的疾病（如焦慮、憂鬱），則還需要身心科醫師協助。

拒／懼學主要是想待在家裡或是逃離學校，也就是有拉力與推力，可能是家裡（如父母爭吵或離異中）或學校環境（如轉學或換了新班級與導師）有了變化、孩子或家人生病，或是在學校發生了不愉快的事；而待在家中可能較少被要求或有挑戰情況發生，或者是孩子在家中會受到之前未有的注意與照顧（如家長之前都很忙碌，現在願意撥時間陪孩子），或是孩子之前與社區內年紀較長者為友，當然還有分離焦慮的孩子、不願意離開父母親（Sharp & Cowie, 1998, p. 91），孩子未竟的需求若因為待在家中可以獲得滿足，自然就不願意離開家。

在學業或是人際關係中的挫敗（包括霸凌），會讓孩子不願意到學校。中輟生就是一個警訊，只是我們的中輟認定是連續三天缺席，現在學生與家長的因應策略很高明，他們只要維持「不是連續三天缺席」、就可以躲過行政罰則，因此往往是學生週三來一次學校報到，就安全過關！但是學生來校時間越少、越不清楚學校的作息，與同學、老師的不熟悉度越高（同學也視其為陌路人），在這樣惡性循環下，情況當然只有更糟！我國的友善校園計畫雖然點出了重點，希望讓孩子可以在學校中安心學習，但是在執行上還是需要更縝密規劃與彈性。

拒／懼學通常沒有單一的肇因，西方國家有「在家教育」（home

schooling）的政策，然而需要挹注許多資源、不是單靠家長就可以獨力為之，許多家長在孩子進入中學的年紀，就讓他們進入正式學校學習。

兒童期較需要關切的行為（整理自梁培勇，2015）

偏差行為	特徵	行為表現	處理方式	共病（同時存在的疾病）可能
注意力缺陷／過動	注意力短暫、有衝動控制的問題	粗心、無法完成作業、無法依指示行動、遺失重要物品；扭動身體、無法靜坐、過度奔跑或攀爬、多話、搶著說話或打斷他人說話	藥物與行為治療	• 學習障礙 • 對抗行為 • 情感疾患（如焦慮、憂鬱） • 妥瑞氏症
行為規範障礙與對立性反抗	無法維持適當人際關係、無法遵循社會規範	攻擊人或動物、恐嚇威脅他人或找人打架、破壞物品或欺騙；與人起爭執、故意挑釁、暴怒或易怒、責怪他人	藥物控制、認知行為治療、問題解決技巧	• 十八歲以後診斷為「人格違常」（需要長期治療）
焦慮性疾患	心悸、出汗、發抖、呼吸短促或覺得要窒息、胸悶或胸痛、噁心或腸胃不適、頭暈、不真實感、麻痺或刺痛感、發冷或臉潮紅、睡眠障礙	過度擔心而難以控制，會刻意避開讓自己焦慮的事物或場所（如社交或空曠恐懼症）	藥物控制或認知行為治療	• 恐慌症 • 憂鬱症 • 或有藥物濫用問題

偏差行為	特徵	行為表現	處理方式	共病（同時存在的疾病）可能
分離焦慮	害怕與依附對象分離	怕孤單而拒學或去其他地方、夢魘、預計要分離時會有身體症狀出現（如頭痛、胃痛或嘔吐）	藥物治療、認知行為治療	• 憂鬱 • 焦慮
憂鬱症	其徵狀表現與一般成人或有不同	強烈情緒反應或行為改變，情緒悲傷或煩躁、行為無法靜止或活動減少、無價值感、自我批判、身體疲累或疼痛、食慾降低、失去興趣、孤立、學業表現失常、有自傷（殺）念頭	藥物與認知行為治療雙管齊下	• 焦慮 • 行為規範障礙 • 過動
選擇性緘默	沒有生理上的語言問題，大半時間不說話，在某些場合或是對某些特定人還是會說話	語言發展較遲緩、家長為人格疾患者、家人互動不良、出現在社經地位較低者	行為治療、藥物治療或社交技巧訓練	• 可能合併社交恐懼症、口吃或語言障礙
創傷後壓力疾患	遭遇重大失落或災難後的生心理壓力症候群、害怕失控	夢魘、難專注、強迫症狀、逃避、過度警覺或驚嚇反應、麻木，或失去現實感、解離症狀	藥物治療、認知行為治療、減壓團體治療	• 憂鬱 • 焦慮 • 恐慌

偏差行為	特徵	行為表現	處理方式	共病（同時存在的疾病）可能
自閉症	大腦神經功能受損，導致缺乏與他人建立感情接觸的能力	刻板行為或重複動作，與人互動時無眼神接觸、社交關係貧乏、較無感受或表情、語言能力發展遲緩或有障礙、固執	早期介入、行為治療	• 過動 • 強迫性焦慮症 • 妥瑞氏症 • 情感性疾患 • 思覺失調症
學習障礙	語言或聽力發展受損、閱讀書寫或數學學習有障礙	思考衝動、注意力缺陷、學習動機與自我概念低落、社交技能差	行為分析與治療、社交技巧訓練、適性的教育（包括電腦輔助教學）	
智能障礙	智商低於七十、適應功能受損	缺乏適當溝通技巧、容易發脾氣、以破壞或攻擊性行為來表達情緒、被動依賴	行為治療與訓練	• 過動 • 情感性疾患 • 廣泛性發展遲緩 • 刻板動作

三級預防處理事項

預防層次	第一級預防	第二級預防	第三級預防
重點	發展性或預防性	補救性	治療性
目標	協助學生或個人在生理、心理、情緒與社會成熟上的發展。	當學生行為發生偏差、學習困難時，就需要介入處理，其目的是及早做補救與修正，避免問題坐大。	當學生行為偏差與問題嚴重時。

三、當今兒童面臨的特殊挑戰

兒童在不同發展階段有一些成長議題與挑戰之外，現在兒童因為身處環境與社會氛圍不同，尤其是在高科技底下成長，網際網路發達且日新月異，就有別於之前的兒童，會面臨新的挑戰與議題。校園霸凌在科技網路的助長下更嚴重、可怕；家庭暴力不管是受害者或目睹兒，都承受著身心的重創，久久不能釋懷，影響其身心發展與生活功能；在藥物氾濫、多元包裝的情況下，兒童可能會誤食藥物，造成藥物濫用或上癮行為；社會變動多，天災人禍頻仍，兒童面臨失落經驗是遲早的事；而科技手機普及，網路無所不在，手機成為日常生活或工作的一部分，卻也可能忽略了其上癮之可能性。

（一）校園霸凌

兒童身處的環境脈絡，可能是具保護效能或危險的（Sharp & Cowie, 1998, p. 14）。孩子在學校受到同儕的欺負，不管是身體、語言、精神，或是性方面的霸凌，都可能對孩子身心造成傷害，首先是上學不快樂、無心學習，接著可能就會有行為方面的問題出現或拒學。臺灣附近的日、韓等國，因為升學競爭劇烈，加上網路發達，不同形式的霸凌現象陸續出現，而遭受霸凌的孩子常常不願意說出來，一來可能被威脅，二來會認為是自己無能才會遭受此待遇，輔導教師、學校教職員工與家長都要留意可能的徵象，俾便做適當妥善的處理，讓孩子們上學愉快、學習有成！

許多霸凌被視為「無傷害」或是「開玩笑」，因此被忽略，事實上許多霸凌受害者罹患心理疾病，有的最後採取了激烈手段來「終結」霸凌，包括自殺、殺人，因此絕對不可輕忽。儘管不少學校有霸凌通報系統，但是大多備而不用，加上實際的防治方式沒有預期的成效，學生也就不敢使用，一則怕處理無效、自己惹禍上身或遭遇更嚴重後果，二則也擔心自己成為「報馬仔」受到報復，這也是霸凌愈形嚴重的主因。校園霸凌在網路與媒體的推波助瀾下，情況只有越糟，沒有更好，甚至已經無法遏止。霸凌是人際的問題，延續到職場上也不是新鮮事！

　　男性的社會化過程中，使用暴力或權力以達工具性（如成就或升等）目標，在東、西方皆同，導致男性的校園霸凌是以肢體衝突較多，語言霸凌或行動／財務控制次之，女性被教導要善於表達、著重關係，因此會企圖壓抑攻擊衝動，轉而用間接方式為之，而關係／人際霸凌就是常態。要有效防治霸凌，不譴責、以問題解決為中心的處理方向，還需要介入環境脈絡，包括校園友善政策的確實執行、校風與班風的營造、教師班級管理的技術以及同儕社交技巧、同理心、尊重與自律深入個人內在，甚至連結居住社區的相關資源一起努力，是整個系統的經營，不能單靠學校教師或輔導教師獨力完成。

　　壓力也可能是霸凌的成因之一。一般人所經歷的壓力主要是依賴當事人的解讀、覺知或評估該事件對自己的傷害、威脅或挑戰有多少而定（Lazarus & Abramovitz, 1962, cited in Sharp & Cowie, 1998, p. 14）。兒童本身因為尚在發展階段，生命經驗不足，加上能力有限，在面對霸凌或是人際衝突時，往往不知該如何解決，可能就採取了最原始的「戰或逃」（出手防衛自己或逃跑）模式，有時候也可能驚嚇過度，凍結（frozen）（停止發育／展）在那裡！

　　霸凌是人際議題，而人際也是心理健康最重要的指標。人是社會性動物，人際關係可以讓個人更認識、了解自己，從中獲得酬賞、學習與支持，我們終其一生都在人際關係中打轉，因此不同生命階段的人際關係就很重要！倘若與人互動出現問題，不只影響到個人對自己的看法與自信，也毀損了人際間的信任，不僅不快樂，或許還會孤獨終身。人際可以是支持動力或壓力源，學齡期的孩子遭遇壓力時的徵候包括：退化到嬰幼兒時的行為（如尿床、咬指甲、吸吮手指）、退縮行為（不與人說話、明顯沮喪）、失去動力或在學校不能專心、胃口差、睡眠少、可見的行為改變、無理由地動怒、身體上的疾病（如頭痛、胃痛），以及難與同儕相處（Sears & Miburn, 1990, cited in Sharp & Cowie, 1998, p. 26）。

　　霸凌者與受害者還是少數，絕大多數是旁觀者，主要是因為：他們不知道該做什麼、擔心被報復，或是自己也可能做錯事，擔心惹來更多麻煩（Hazler, 1996, cited in Sharp & Cowie, 1998, p. 75）。旁觀者也可能因為目

睹太多而變得無感，因此不會介入（Safran & Safran, 1985, cited in Sharp & Cowie, 1998, p. 76），因此訓練學生同儕如何以語言方式支持可能的受害者（如「走開！」、「不要煩他／她！」）或身體上的支持（如站在受害者身邊或是帶領他／她離開現場），以及通報師長或成人；教育方面可以將肯定訓練、衝突解決與壓力管理納入（Sharp & Cowie, 1998, pp. 110-111）。男性往往是霸凌事件的增強者或協助者（Sharp & Cowie, 1998, p. 74），女性則是安慰受害者或報告師長者。

　　網路與手機的發達，讓霸凌更是無遠弗屆、無孔不入，更惡化了霸凌現象與其影響，日、韓學生遭受網路不實謠言攻擊而自戕的悲劇事件一直居高不下，儘管有法律規範，卻因為犯者為兒童或青少年，社會多半給予寬容或自新機會，卻無法有效遏止霸凌的擴散或減緩其嚴重性。若是遭遇網路霸凌，提醒孩子可以做的是：不予回應、阻擋及保留證據、通知網路管理者或師長、支持孩子走這段過程（Goodwin, 2016, p. 53）。由於霸凌是持續性的行為，因此追蹤與監控也要持續，若是發現故態復萌，也容易做處置。

　　目前世界各國風行「社交能力」（social competency）的訓練課程，其目的之一就是減少人際衝突、孤離感與霸凌，我國若干學校也開始這些計畫，成效仍待日後的評估。社交能力的內涵包括：1. 自我覺察——自我監控與認出情緒，建立情緒的字彙，將思考、情緒與行為連結起來；2. 做決定——監控與清楚自己的行動和結果，分辨是思考或情緒導致的決定；3. 管理情緒——監控自我語言，挑戰負面的自我訊息，認清引發激動情緒的因子，找出處理害怕、焦慮、氣憤或悲傷等的方式；4. 處理壓力——自我監控壓力徵兆，認出壓力來源，學習放鬆方式；5. 同理——了解他人的感受與關切事宜，知道不同的人會有不同的觀點且試圖解決；6. 溝通——談論感受、發展傾聽與發問技巧，分辨個人所說與所行，以及自我之解讀或評價，使用「我訊息」與其他肯定語言，避免指責；7. 自我揭露——在關係中建立信任，重視與尊重開放，在談論個人感受時適當使用評價；8. 頓悟——自我監控與認出自己和他人情緒反應之模式；9. 自我接受與正向歸因——可以認出努力與成就，對自己有正向感受，清楚自己的優勢與

弱勢，能夠自我解嘲；10. 個人責任——為自己的自律負起責任，清楚行動與決定的結果，接受自己的感受，堅持達到目標與承諾；11. 肯定——不生氣或被動地表達自己的感受、尊重自己和他人；12.團體動力——了解團體的運作，自我監控對團體效益的貢獻，與他人合作、會追隨與領導；13. 衝突解決——了解「需求」與「想要」之間的差異，使用雙贏策略進行協調（Sharp & Cowie, 1998, pp. 136-137）。輔導教師或是諮商師可以將其納入班級輔導或是團體諮商之內容，甚至與導師或科任教師協同合作、有系統地置入一般課程中。校園霸凌若是無法有效遏止，延續到職場上就是職場霸凌，這是許多人生涯發展與心理健康上的嚴重夢魘！

霸凌發生的可能徵狀（Eilliott, 1997/1998, pp. 17-19）：

- 孩子害怕走在路上或放學，或是改變平常上學的路徑。
- 孩子突然不想（搭校車）去上學。
- 孩子求家長開車送他上學。
- 發現孩子不願意上學，或說他／她覺得不舒服。
- 孩子開始逃學。
- 孩子突然學校課業表現不佳。
- 孩子回到家時，衣服或書本遭到破壞。
- 孩子很倚賴家人。
- 孩子回到家中異常飢餓。
- 孩子變得退縮、口吃、缺乏自信。
- 孩子變得苦惱、焦慮，甚至停止進食。
- 孩子嘗試或恐嚇自殺。
- 孩子哭著睡著或作惡夢。
- 孩子要求給錢，或者開始偷竊。
- 孩子拒絕說出發生什麼事。
- 孩子身上有一些傷痕，問他／她原因，他／她會說是「跌倒」或是理由含糊，甚至無法解釋。

- 孩子對其他手足施暴。
- 孩子變得具攻擊性或不可理喻。

霸凌者行為的各家解析（整理自邱珍琬，2001，頁 30-42）

學派	解析
心理分析	本我的欲求未獲得滿足，以侵犯他人來獲得壓力宣洩；壓制他人以對抗自己的無力感或無自信。
自我心理學派	自卑情結的過度補償，或朝社會無益的方向取得認可。
人本中心學派	滿足自尊的需求。
溝通交流分析學派	受父母「內射」影響、防衛自己以對抗不安全感。
行為學派	學習而來的不適應行為。
認知行為學派	對行為線索解讀錯誤。
現實治療學派	以無效方式獲得認同。
家族治療學派	家庭問題的代罪羔羊。
完形治療學派	與生命缺乏真實接觸、忽視他人感受或與他人隔離。
客體關係學派	不安全依附產生對抗他人或疏離他人之反應。

（二）家庭暴力

　　霸凌或許是從原生家庭而來或模仿的結果，也可能是因為受暴或激動情緒無法發洩，於是找較無威脅性的對象出手，因此也有必要檢視一下家庭暴力。有一項研究追蹤受暴兒童在進入青春期後，男性容易成為暴力行為人，而女性則容易成為受害者（Jankowski, Leitenberg, Henning, & Coffey, 1999）。世界衛生組織（World Health Organization, WHO）的統計（2017, cited in McCormack & Lantry, 2022, p. 1），全

> **知識窗**
>
> 成年人容易輕忽霸凌的嚴重性以及處置不當，會讓霸凌的傷害更嚴重或蔓延，當下處理之外，還需要後續的追蹤，而營造合作、支持、溫暖的家庭、校園及社會氛圍才是王道。

球每三位女性就有一名是親密關係暴力受害者。家庭暴力頻傳，不是直接受害者身心受創或有生命危險而已，其他聽聞或目睹的孩子同樣承受其可怕後果，包括暴力的代間傳遞、受害者傾向，以及自傷／殺的潛在因子，實在不容忽視。兒童是最可能的受害族群，卻因為年紀小，常常不被相信，容易對成人信賴，或是不知求助管道，因此往往是已經喪失了性命，或是嚴重傷害已造成，才被外界或相關社福、法律單位知悉，其預後要付出的代價更多！

　　家庭中發生暴力事件，對孩子的身心影響更鉅，不僅在生理上的安全需求無法滿足，同時影響其情緒行為發展，更重創其心理與心靈，不僅容易淪為下次暴力的加害或受害者，自信心低、貶低或自責，若無自療／治療介入，一輩子都無法活出正常的生活，飽受情緒痛苦與身心折磨。

　　暴力的發生是因為「控制」與「權力」，加上男／父權至上的社會氛圍，若不處理就會成為一種習慣，釀成不可收拾的悲劇。家庭暴力往往是一個家庭「祕密」，家庭裡面的人不願意向外言說，是因為「家醜不外揚」的傳統，擔心他人看法，或是家庭會因此分崩離析，而外人不願意介入，通常也是因為「清官難斷家務事」，或是認為後果不會很嚴重，也因此更會造成受害時間更長、傷害更大！家庭出現暴力最可怕的是時間很長、受害者多，除非有重大事件（如受傷、火災或死亡）發生，要不然很難被發現，有些家長可能有心理疾病，但是絕大多數家暴家庭的加害者是一般人。新冠肺炎肆虐期間，有更多家暴發生，而且以心理暴力增加最多（Koffman, & Garfin, 2020; Tuominen, Kaittila, Halme, Hietamäki, Hakovirta, Olkoniemi, 2023），臺灣本土的家暴情況也是有3%～12%增加率（Chang, Chang, Jou, Hsu, & Goh, 2023），新聞媒體也常披露家長在大街上不當管教孩子的事例，像是丟棄、不理會、罰跪、呼巴掌等，讓人怵目驚心！

　　許多家庭暴力形式是肢體暴力，但同時也有語言、心理暴力或性虐待，因此不可輕忽！兒童與青少年最容易成為家暴受害者（或目睹者），由於八成以上的施暴者是男性，因此目睹家暴的男孩成年後容易成為下一個施暴者，而女孩則容易成為下一個受害者（習得無助感）。儘管目前家暴與兒童虐待已經是公訴罪，但是國人「莫管他人瓦上霜」及「勸和不勸

「離」的傳統，甚至村里長與執法人員也都是如此的認知，不願意涉及，往往事情嚴重到不可收拾了，才插手處理，通常是悲劇或傷害已經造成，有時甚至無法補救。學校輔導教師必然會碰到類似的個案（也有「管教失當」者），不管是暴力的直接受害者或是目睹者，也都需要謹慎處理。

　　與家暴相關的情緒虐待或「忽視」（neglect）——孩子與重要他人的關係是缺席、辜負或扭曲的——也是一種虐待形式，其黑數比家暴更多，傷害甚至大於身體虐待（Cloitre, Cohen, & Koenen, 2006, Wylie, 2010, cited in Johnson, 2013, p. 84）。人與人之間有一條看不見的心理「界限」（boundary），是用來規範彼此之間的關係，要親近、要疏遠都是由個人決定，肢體與性暴力就是違反界限的最嚴重情況，傷害不是有形的而已，還有對心理、精神、自我等無形的破壞力。倘若不處理或未處理妥當，不僅危害個人身心健康、毀其一生，更可能有代間傳遞、危害下一代！

> **知識窗**
>
> 家暴主要是展現權力與控制的手段，以肢體、性侵、言語、精神、情感勒索、限制行動或是剝奪財務等威脅方式來逼人就範或是傷害；目前研究發現有暴力傾向者與其原生家庭的依附關係及腦部發展有關，但是這也非施暴者的藉口。

孩童遭受家暴的可能徵象

遭受家暴可能徵象	說明
行為出現問題	包括學業表現與動機低落，不信任或孤立自己，與人關係疏離或暴力相向，出現破壞物品或攻擊行為、強迫行為，會抱怨身上有疼痛，或害怕被觸碰，衣著不合時宜（如熱天穿長袖上衣），情緒表達失常，或是有不適齡的性行為表現，或是逃學或逃家，有退化行為等。
情緒出現問題	包括情緒不穩定、容易哭泣或悲傷，焦慮、無望，覺得有罪惡感或羞愧，低自尊，或對他人懷有敵意，有自傷行為或自殺意念、失眠或是精神不佳。
身體上出現徵狀	身上有不明傷痕、頭痛或其他疼痛症狀，或是重要部位的疼痛與不適、頭暈、噁心或有性病等。

家庭暴力的型態（通常心理／精神虐待與不同形式的虐待是並存的）：

- 肢體暴力或過度體罰（管教失當）
- 言語與精神虐待（通常肢體暴力都伴隨著言語與精神虐待）
- 性虐待（不適當觸摸、窺伺，或是性行為）
- 金錢或行動控制（像是孩子要出門就打）

> **知識窗**
>
> 遭受家暴的後遺症最嚴重的影響是自信與人際關係，也就是在家庭中最親密的關係裡讓他／她產生不信任感，因此他／她也不會信任其他的任何人，而這樣的認知會導致他／她在未來的生活中很孤單、不快樂。

（三）藥物濫用

　　藥物濫用已經是全球公共衛生的議題，尤其對年輕族群來說，越早涉入藥物的使用，其後果更嚴重，甚至可以從早期使用藥物來預測未來使用藥物的持續性及嚴重性（Varshneya, Dunn, Grubb, Okobi, Huhn, & Bergeria, 2023），許多可怕的結果是因為禁藥的使用而造成，包括（但是不限於）犯罪、家暴、疾病、生產力喪失、增加性病（包括 HIV/AIDS）感染的可能性等，這不僅損失了社會成本，也消耗了許多的社會資源，更甭論家庭不睦或破碎等連帶性影響。

　　美國的統計發現有更多男學生（9.7%）（相較於女學生，5%）在 13 歲之前試過大麻，而男性使用藥物或酒精、香菸的比例都高過女性，處方藥物的濫用更是新興的問題（Moritsugu, Vera, Wong, & Duffy, 2016, p. 246），最令人害怕的是新興的藥物「卡西酮」，一般的毒物檢測無法檢驗出來，造成許多年輕人第一次吸食就猝死（如 W 旅館女模命案），而因為製造者以不同的包裝（如軟糖、巧克力、咖啡包、益生菌）來掩飾，以注射方式使用致命率更高，連查緝單位有時都束手無策，更遑論起訴。其中的「咖啡包」內含多種藥物，主要是提升用藥者的迷幻與興奮效果（比單一種藥物有更多層次的效應），也被稱為是 cp 值高的「臺灣特色毒品」，許多年輕人或許是因為誤食或好奇而使用，然而主要因素與家庭、學校生活或長期心理健康議題被忽視有關（鄭進耀，2024，頁 162 &

166）；然而隨著嗑藥除罪化的提議，後續的矯正與治療，將是許多政府相關單位頭痛的問題。藥物進入校園也已經不是新鮮事，現在藥物以零食或是兒童容易接受的型式包裝，誤食或是不小心食用都可能造成日後的問題，兒童的無知與好奇也可能讓自己陷於泥淖或永劫不復之地，使用藥物越早，其負面影響越大，因此如何正確保護兒童與年輕族群不要涉入藥物的陷阱，避免終生遺憾，也是目前全球各國和教育界努力的目標！

學生較常出現的偏差行為（鄔佩麗、陳麗英，2010，頁 228-229）

行為種類	較常出現的行為
外向行為（有不滿情緒或壓力時，表現出對週遭環境的威脅）	如偷竊、暴力（言語與行為）、逃學或逃家、攜帶武器、破壞公物、參加幫派等。
內向行為（或是「內化行為」，將外在環境所給的壓力轉向自身）	如自卑、憂鬱、懼學、人際問題（孤立、被排擠）、自殺／傷或有自殺意圖。
影響教室常規	如干擾教學、上課不當發言、上課睡覺、說謊或作弊、不服管教、反抗權威等。
學業方面的適應	如上課表現無聊、對所學無興趣、學習或考試焦慮（甚至出現身體上症狀如腸胃不適、出疹子）、低學習成就、拒學或懼學等
其他不良習性	如有不良嗜好（抽菸、喝酒、吸毒、熬夜、上網成癮）、衛生習慣欠佳、不懂禮貌等

（四）失落經驗

　　許多孩子面對失落經驗，或許是家人分居兩地、父母離異、手足分別監護、親人入獄或死亡、同儕罹病或死亡，或是天然與人為災害不一而足！生長在目前的社會，在年紀尚輕時，就要遭受這些創痛，的確令人不忍！兒童與成人一樣，都會因為失落而經歷深層的悲傷，但是兒童卻不一定會表現出來，有時候甚至反其道而行（如嘻笑怒罵、不當一回事）。身為輔導與諮商人員，可不能就此就認定孩子沒有問題或不需要協助，而是要花更多時間與心思去探索孩子的悲傷，因為孩子從七歲開始到青少年，他們的悲傷模式就與成人相似（Sharp & Cowie, 1998, p. 42）。倘若是自殺

遺族，可能遭遇的困境有：家庭結構破壞、經濟不穩定，情緒上無法與逝者聯繫；對哀傷的家長來說，在情緒與現實生活的不能靠近，容易面臨社會孤立與背負自殺汙名，而對兒童來說，在情緒上的影響更甚，造成其在學校、同儕關係與休閒時間出現問題（Sethi & Bhargava, 2003, p. 4）！

現在的孩子遭受人為或自然創傷的機會更多，不管是親身經歷或是目睹、耳聞，也都會多少留下印記，失落經驗與死亡也在其中。想不讓孩子知道死亡的現實，是不切實際的。父母不能太害怕去檢視，甚至是教導孩子認為死亡是不值得尊重的（Seibert, Drolet, & Fetro, 2003, p. 3）。「孩子是很棒的觀察家，卻是很爛的解讀者」（Garanzini, 1987, cited in Seibert, et al., 2003, p. 3），因此直接讓孩子了解死亡，總是比讓他們天馬行空亂想要好。用孩子的日常生活經驗來教導死亡與失落，以及因應之道是最好的（Seibert, et al., 2003, p. 4）。

兒童作夢不稀奇，兒童也會從夢中尋找意義（Adams & Hyde, 2008, p. 58），若兒童遭遇失落事件，往往也會做惡夢或夢見逝者，比較令人擔心的是：夢魘沒有隨時間或兒童成熟度而消失，而是演變成不時地重複出現（flash-back），嚴重影響兒童的生活與作息。孩子也會自殺，況且現在網路資訊發達，大量自傷或自殺的資訊與手法充斥。許多孩子承受不住壓力，卻苦於沒有有效的解決之道，也可能以「一了百了」的心態、希望解脫痛苦，因此有些警訊需要辨識清楚，比如孩子常常想到死亡、將自己珍視的物品送人、混亂之後呈現平和或滿足的表情（表示已經做好決定）、飲食習慣與睡眠模式突然改變、不與朋友或家人接觸、經常有愧疚感、立遺囑，或是在校表現異常（Dyregrov, 1991, cited in Sharp & Cowie, 1998, p. 60）。

Worden（1991, p. 125）提到悲傷任務有四：1. 接受失落的事實；2. 修通悲傷的痛苦；3. 適應沒有逝者的環境；4. 重新建立與逝者的關係並繼續前行。對成人而言，也要關注到兒童非語言的悲傷表現，即便有時候兒童很讓人頭疼。成人關切孩子的實際表現是藉由傾聽、讓他們哭泣、時機對時鼓勵孩子往前、容忍與接受孩子有退化的表現，同時也要及時鼓勵與讚許孩子的韌性和堅強（Sharp & Cowie, 1998, p. 47）。

　　學校中若有失落事件發生，營造一個安全、信任、可預測世界的氛圍是很重要的（Schonfeld & Demaria, 2018）。班級導師是最重要資源，應將其列入協助人員，因為：導師較熟悉學生與其個性、教師知悉班上的風氣、教師在提供學生知識上較之諮商師要更為專業、教師知道如何協助學生以不同表達媒材來處理猝發事件，以及教師基本上是學生認識且受到學生信任的（Sharp & Cowie, 1998, p. 49）。輔導教師在處理學生失落事件時，必須要與班級導師、行政人員、家長和其他科目教師密切聯繫並好好合作，大家分工合作、各司其職，系統性的處理才能夠較為周全！

（五）網路或手機上癮

　　現代兒童一出生就與手機接觸（是手機的「原住民」），許多家長還以手機為「電子保母」，用來安撫孩子情緒或讓其分心、減少家長的親職負擔。孩子上學之後，學校也有電子書與教材，平日也以手機或電腦來聯絡或查找資訊，然而正因為如此，兒童也容易網路或手機上癮，成為另一個現代社會的隱憂。網路成癮已經是世界性的問題，美國人口有八分之一具有至少一項的問題上網行為，2008 年美國醫學會估計兒童部分則有五百萬人遊戲成癮，而亞洲國家中的中國、韓國與臺灣也極為普遍（Young & de Abreu, 2011/2013）。

1. 網路成癮可能致病因子

　　學者針對網路成癮現象提出可能的致病因子，分別是（Young, 岳曉東、應力 , 2011/2013, pp. 7-17）：

(1) 認知行為模式

　　用上網來逃避焦慮煩躁的情緒或現實，有負面思考的人常伴有自卑與悲觀，因此以匿名方式上網與人互動，藉此克服這些障礙。成癮式思考是在面臨困境時，不經邏輯思考的一種直覺，而成癮思考也需要一再練習而成為習慣。認知行為模式解釋了網路使用者形成習慣或強迫性上網，以及負面思考維繫強迫上網的模式。儘管「問題網路使用者」在衝動性上較上癮者少，但是持續地長時間、經常使用網路，會讓問題網路使用者演變成

上癮行為（Cao, Zhang, Yao, Geng et al, 2018）。

(2) 神經心理學模式

由「中國青少年網路協會」心理發展研究院院長應力所提出。成癮與大腦神經傳導物質的變化有關，而所有的成癮（如性、食物、酒精或網路）都是由大腦內相似的反應所引起。非藥物的因素在開始使用藥物，以及成癮速度上可能相當重要，而非藥物的因素與藥物的藥理作用有交互影響，造成強迫性的藥物使用。

(3) 補償假說（compensation theory）

由中國科學院（Chinese Academy of Science）心理研究所提出。像是用單一系統來評估學業表現，致使許多年輕人藉線上遊戲來尋求補償，或是尋求自我認同、建立自尊心與拓展社交圈。網路成癮的學生有較高的孤獨感、較少社會支持，藉由線上的訊息交流來彌補現實生活中的失落，有些人在社交活動不自在，在網路上表現自己或交友會較不焦慮。

(4) 環境因素

多重成癮的人最容易成為網路成癮族群，而使用網路對他們而言似乎是方便、合法又不傷身的方式。中國的教育體制也是造成青少年成癮行為的主要環境因素，加上父母親對子女的期待殷切，還有其他的環境壓力，像是離異、喪親、失業等，也都可能是造成網路過度使用的推手。國外研究也暗示了經歷過社會焦慮、憂鬱情緒或家庭衝突者，也是網路上癮的當然候選人（De Leo & Wulfert, 2013）。家長使用網路的情況也會影響孩子的網路使用是否會成為問題，而父親使用網路少，反而會讓孩子容易成為網路問題使用者，男性較之女性更容易成為網路問題或上癮者（Cao et al., 2018）。張立人（2014）提到網路成癮家庭的特徵包括：家長過度保護或過度期待，孩子太早受到電子產品的誘惑（缺少自我控制能力）、忽略親職、讓電子產品當孩子的保姆、兒童虐待或隔代教養。許多上網行為可能與工作之科技產品有關，然而卻也驅使網路使用的增加，最後就形成一種習慣，甚至成為強迫行為。

2. 網路成癮的特徵與判斷標準

　　使用網路者可分為「想要」（wanting）使用與「強烈渴望」（urge）使用兩類，後者就是上癮行為的表現（Utz, Jonas, & Tonkens, 2012）。網路成癮的核心特徵有：獨特感受——渴望上網，未上網時對網路念念不忘；情緒改變；耐受性——滿足需求的限閾提高；戒斷症狀——一旦不使用會焦慮難受；衝突與爆發——容易與人有衝突及情緒爆發，復發上網行為（Young et al., 2011/2013）。

　　診斷是否為網路成癮也來自上述特徵，主要有四個判斷準則：(1) 是否過度使用？通常與失去時間概念或忽略自己的基本需求；(2) 有無戒斷現象？當無法使用電腦或手機時，會感到憤怒、緊張或憂鬱；(3) 耐受性如何？需要更好的設備、軟體，或使用時間變多；(4) 負面效應產生，像是爭執、說謊、低成就、社交孤立與疲勞（Beard & Wolf, 2001, Block, 2008; 引自 Young, 2011/2013, p. 27）。倘若有多重上癮（如菸酒、毒品、網路）的當事人最容易有復發的可能，暗示其有成癮性人格與強迫性行為的傾向，通常會經歷以下幾個階段，而且一直循環：(1) 合理化自己的上網行為（像是書念一天好累，讓自己輕鬆一下而已）；(2) 後悔花時間上網，結果正事都沒有做；(3) 認為自己意志不堅，所以戒除了一段時間，回歸正常生活；(4) 復發，就在壓力大或情緒緊繃時，容易回復原來的上網行為（Young, 2011/2013, p. 33-35）。

　　Young（1998）的「網路成癮診斷問卷」（Internet Addiction Diagnostic Questionnaire, IADQ），檢視內容如下（依據自己半年內的情況做答，只要回答「是」或「否」即可，若答「是」的題目超過 5 題以上，就可能有問題，需要進一步做診斷與治療）：

(1) 我會全神貫注於網際網路或線上活動，且在下線後仍繼續想著上網時的情形。

(2) 我覺得平常要花更多時間在線上才能得到滿足。

(3) 我曾努力過多次，想控制或停止使用網路，但是並沒有成功。

(4) 當我企圖減少或是停止使用網路，我會覺得沮喪、心情低落或是情緒

暴躁。

(5) 我花費在網路的時間比原先想要花的時間還要長。

(6) 我會爲了上網而可能失去重要人際關係、工作、教育或工作的機會。

(7) 我曾向家人、朋友或他人說謊，隱瞞我使用網路的程度。

(8) 我上網是爲了逃避問題或是釋放一些情緒（如無助、罪惡感、焦慮或沮喪）。

3.上癮者個／特性

　　在臨床上遭遇的個案，最初都不是因爲網路上癮而前來治療，通常是因爲情緒上的問題（如憂鬱、躁鬱、焦慮、強迫症）而來求助，而再進一步評估之後才發現是網路上癮（Young, 2011/2013, p. 23）。許多家長發現孩子成績落後、注意力與人際關係出現問題、行爲焦躁或是偏差，甚至長時間把自己關在房裡。身處在網路時代，已經有許多教育者與家長發現，網路世代的孩子與他們有極大的不同，包括較自我中心、無感，甚至無同理心，對未來沒有什麼展望與期待，也不相信努力就會成功或是有成果（邱珍琬，2013）。

　　網路吸引孩子主要是因爲有趣、同儕壓力、互相炫耀（以達自我認同），以及網路可以提供的娛樂與功能，孩子面對壓力的因應策略有限，加上想要展現眞我（Beard, 2011/2013, p. 226），以及在實際社交關係較差者（Cao et al., 2018），網路就成爲一個最佳管道。使用網路溝通的好處像是增加社會支持，與朋友連繫較容易，或是產生新的情誼關係；網路提供了較爲安全的人際互動平台，也比較不需要社交技巧（van den Eijnden, Meerkerk, Vermulst, Spijkeman, & Engles, 2008），對於社交退縮或人際關係不良者而言，是彌補需求的路徑。有越來越多的研究發現：網路互動特別吸引人，對於那些想要陪伴、性興奮需求與改變身分認同的人而言，也營造了一種強迫使用的氛圍（Young, 1997, cited in van den Eijnden et al., 2008, p. 656）。

　　上癮者通常是個性較害羞、內向，或是有社交障礙的人，網路所提供的自在感、安全與效率，是特別吸引這些有心理社會困擾者的原因（Caplan & High, 2011/2013, p. 60）。也有不少研究指出：線上遊戲成癮者與孤單、較低自尊或較高攻擊性有關，而且有較多的內化問題（internalizing problems），也就是指情緒上的焦慮或沮喪，或是轉為外化行為（externalizing problems），像是吸毒、酗酒等（De Leo & Wulfert, 2013）。

　　網路使用呈現「好者更好、壞者更壞」的傾向，也就是現實生活中有較佳人際者，使用網路可增進其心理健康或人際關係，反之若是人際較差者，使用網路反而影響其心理健康與人際（Kraut, Kiesler, Boneva, Cummings, Helgeson, & Crawford, 2002; Utz et al., 2012）。此外，也有研究者提到網路上癮者被滑鼠所控制，將自己隔絕在外面現實世界的要求之外，同時也以虛擬方式替代了真誠情感與有意義的互動，這對於個人的發展有極大負面影響（Toronto, 2009, p. 131），因為只有面對面的接觸才是人們發展終生深度互動與依附關係的關鍵（Winnicott, 1974, Eigen, 1993, & Beebe, 2005; cited in Toronto, 2009, p. 119）。

　　許多師長對於孩子的溝通方面有一個較常遭遇的難題，就是如何讓孩子可以養成自律習慣，特別是上網或是使用手機時間。線上溝通（on-line communication）可能是成癮行為的主要因素（Caplan, 2002），特別是那些經常使用立即性的簡訊與聊天室功能者，而網路使用時間並不造成成癮行為（van den Eijnden et al., 2008），但若本身已經是問題使用者，使用網路時間增加，更有可能成為上癮者（Cao et al., 2018）。

第二章
常用於兒童階段的諮商理論與技術

　　與兒童工作最常使用的諮商理論與技術，往往是最能與兒童連結及建立關係的，許多諮商理論是以成人觀點出發，後來才慢慢修正至可以與兒童工作，即便目前許多諮商師都使用了「整合治療（integrative therapy）取向」，然而還是需要對最基本的諮商理論熟悉之後才有發揮之可能。本節介紹的是最常使用的理論與技術，但不限於此，因為不同學派有自己獨特與兒童族群建立關係和工作的方式。本章會以該諮商學派運用在兒童當事人的觀點與技術做簡單介紹和說明。

　　諮商或治療的最終目的是造成改變，只是不同學派對於改變的切入點不同（從情緒感受、認知或是行為），然而三者的共同點都在於治療關係。

促成改變的關鍵因素（Corsini, 2008, 引自 Henderson & Thompson, 2011/2015, p. 3-2）

促成改變的因素	說明
認知（了解自己）	了解自己並不孤單、別人也有相似問題的「普同感」，了解自己並獲得新的觀點（「頓悟」），藉由觀察與模仿他人（「示範」）學習做自我改善。
情感（愛身邊的人）	受到接納或者重要他人的無條件積極關注而「自我悅納」，當事人意識到諮商師與他人的關懷，自己也想付出愛（「利他性」），諮商師和當事人之間產生的情感連結（「移情」作用）。
行為（做好工作）	當事人能實驗新行為並且得到支持與回饋（「現實感測試」），可以表達憤怒、恐懼等情緒而且被接納（「允許表達」），在「互動與相互影響」前提下，當事人願意承認問題的存在並尋思改變。

認知、感受與行為三者的關係圖
（彼此互相影響，介入其一都能造成改變）

一、阿德勒學派應用在兒童諮商

阿德勒學派（又稱「個體心理學派」）的許多觀點是當時的先驅，Alfred Adler（1870-1937）不僅將民主平權的觀念帶入諮商，而且也是家庭治療的最先實踐者。將諮商理論運用在兒童身上時，有必要先將阿德勒學派在兒童諮商上的應用做說明。

（一）了解當事人行為與動機最重要

阿德勒認為每個行為背後都有動機與目的（Corey, 2024; Halbur & Halbur, 2006; Gilliland, James, & Bowman, 1989），因此需要了解行為背後的目的，就可以做適當的處理，這其實也呼應了「人需要被認可／了解」的需求。諮商師不是以專家身分，而是嘗試著用「猜測」的方式試圖了解當事人，多了民主平權的意味，自然容易讓當事人敞開心房，這對兒童尤其重要。兒童行為背後的動機有許多，主要是：引起注意（那麼就給予他們所需要的注意就可以）、權力鬥爭（就不需要一時不察、陷溺其權力爭鬥的把戲中）、報復（去了解與接納其受傷之經驗及感受，就可減少其因受傷而想要報復的心態）、自暴自棄（那麼就多給予小小成功經驗，增加其自信）（Sweemey, 1989），或是無聊、需要刺激興奮（接納其無聊情緒，鼓勵其做創意發揮），順著當事人所需要的做適當因應。

兒童受限於語言及認知發展尚未成熟，有時候無法精確表達自己的想

法，於是採用最直接的「行為」來表示，因此諮商師可以依據其行為之表現去猜測背後可能的動機，這樣就可以清楚了解其目的為何？一般說來，兒童行為背後的目的有：討好他人（怕失去寵愛或是擔心被排擠）、優越者（自我認同的部分，需要讓自己都勝過他人才有價值感）、控制者（擔心失控，因此主導慾強），以及尋求舒適者（不想費太多力氣過生活，因此會逃避責任、自願當老二）（Adler, 1956, Mosak, 1971, cited in Seligman, 2006, p. 80）。

了解兒童行為背後的動機示例

諮商師：「你為什麼來這裡？」

當事人：「打架。」

諮商師：「贏了還是輸了？」

當事人瞪大眼睛，然後低下頭：「應該是贏了。」

諮商師笑了：「贏了就要來這裡？」

當事人：「可是他罵我！」

諮商師：「罵對了嗎？」

當事人：「當然罵錯了！」

諮商師：「罵錯了是他的錯，你為什麼生氣？」

當事人沉默。

諮商師：「你是認為他罵得很難聽，你認為自己不是這樣（自我認同），所以才生氣？」

當事人點頭。

諮商師：「下一次如果再發生這樣的事，你會怎麼做？」

當事人：「我不會笨笨地打他，我會不理他。」

（二）提升社會興趣，人不孤單、也會有動力

人際關係是心理健康的重要指標，對兒童來說尤其是如此，孩子從他

人眼中來定義自己，也在與人互動中更了解自己。人際關係良好者對自己較有自信、價值感提升，反之不然。阿德勒提到：人會主動對社會做反應、也貢獻社會，這就是所謂的「社會興趣」（social interest）或社區感（community feeling）；「社會興趣」也是評估一個人適應的指標，適應良好的人認為自己是社會的一份子，也欣賞彼此的不同，適應不良的人則是以自己的需求為主，沒有看到他人的需求或社會脈絡的重要性（Seligman, 2006, p. 76）。

了解自己是人類社會的一份子、想要與人有連結、有歸屬感，並對整個社會或人類有貢獻（Corey, 2024, p. 117）；對於那些無法與他人有連結者，這些解讀就是所謂的「私人邏輯」（private logic），其所關注的只有個人、而不是其他人，因此他／她會退縮、孤立，而有自我陷溺（self-absorption）等不適應反應（Corey, 2024, p. 119）。社會興趣也是生命想要創發的意義與目標，知道自己有能力與價值、也有歸屬，因此想要貢獻己力己能，造成更大、更好的影響力，這就是所謂「有益社會」（social use-ful）的方向。

（三）沒有問題兒童，只有不適應的兒童

阿德勒認為兒童沒有行為偏差的問題，只有「不適應」的問題，或是「缺乏鼓勵」（discouraged）（Sweeney, 1989），而所有的問題都是「社會性」問題（social problems）（Gilliland et al., 1989, p. 44），因此只要清楚其動機即可找出適當的因應方式，具體而有效的鼓勵可以讓孩子看見自己的亮點與能力，支持孩子繼續往前。面對這些「不適應行為」的方式為：協助孩子了解不適應行為背後的目標，不讓那個不適應行為得逞，找尋其他方式來鼓勵孩子，運用班級或是同儕團體，讓孩子可以感受到友善的氛圍並參與合作（Walton & Powers, 1974, p. 7）。

阿德勒學派因而倡導正確的鼓勵方式，也就是採用「具體」的鼓勵替代炫麗無實質的鼓勵（如「妳好聰明」、「你好棒」）。具體的鼓勵一定有行為的證據，像是：「謝謝你安慰妹妹，還把玩具讓給她。」「你幫同學拿作業，真的好貼心！」正確的鼓勵會讓兒童同時知道自己行為被看

見，且受到認同，也明白怎麼做是對的（有益社會的方向），而具體、有實證的鼓勵是容易說服當事人的。每個孩子都有其優勢，只要仔細觀察，或者是詢問孩子或其重要他人，也都可以發現。從孩子進入諮商室開始，治療師就可以從孩子的一言一行中去發現他／她的強項，而且在讚美時舉出相對應行為作為佐證，孩子就可以知道哪些是屬於「可欲」行為，不僅協助他／她更了解自己、也對自己更有信心。

　　孩子需要被了解與認可，當這些需求都滿足了，他們就可以朝向對「社會有益」的方向發展，諮商師使用「猜測」的方式詢問，孩子會覺得自己被了解，接下來也較容易合作。在當事人以引起他人「負面認可」（也就是往對「社會無益」）的方向前進時，不要將其視為個人人格的缺點，而是能夠同理其為何如此做的原因（因為需要「被看見」），相信孩子之前曾經努力過，只是未達一般人設定的標準，因此肯定其潛能、換不同的方式，必定會有所效果。每個人都會犯錯，兒童自然不例外，給予修正機會是當然的，而具體有效的鼓勵、讓兒童知所遵循，在看結果的同時，也注意過程中的努力與學習，孩子才會在經驗中累積自信與能力，成為「利社會」（pro-society）的一份子！

（四）設定合理邏輯結果，管教就不用擔心

　　行為後面會產生結果，有些結果是「自然」生成，但是這樣靠自然結果的學習方式太慢，有時要付出的代價不斐，而在生活中或是教育場域上，為了讓下一代學習更多，通常會使用「邏輯結果」（logical consequence）。所謂的「邏輯結果」顧名思義就是要符合「邏輯」，也就是「合理」、符合現實。小朋友要寫完功課之後，才可以看電視，這就是「邏輯結果」的使用，如果小朋友不寫功課（行為），家長用打罵方式（結果），並沒有促使「寫功課」完成的事實，因此對小朋友來說是「不合邏輯」的，要他／她信服很難。設定符合邏輯的結果，才可以讓工作完成的同時，贏得孩子的尊重與信任。在與兒童工作時，很簡單的邏輯也可以讓他們了解，只要注意其發展階段，用適當的語言與故事說明即可。

　　阿德勒所說的「自然結果」（natural consequence）與「邏輯結果」，

經常被運用在家庭教育或是親職功能（Sweeney, 1989）以及教育現場上。所謂的「自然結果」就是不需要人為操縱，自然生成的結果，像是走路走太快容易跌倒，「跌倒」就是「走路太快」的自然結果。而「邏輯結果」就是經由人為操弄而產生的後果，像是作業沒寫完就不能玩手機。以自然結果的方式學習速度緩慢（類似做中學，需要累積經驗與智慧），因此需要輔以人為設計的邏輯結果（教導正確的方式），但是人們卻會設定一些不符合邏輯的結果，讓學習者不知如何遵循（像是沒寫作業要罰跑操場五圈）。孩子會從這些設定的邏輯中學會了解自己行為的後果，知道如何約束自己的行為，以免受到處罰或其他負面結果。

　　個體心理學派治療師認為只是行為的改變是不夠的，需要改變其覺知與社會興趣才是根本（Warner & Baumer, 2007）。阿德勒學派的諮商極具教育意味，其治療目標是（Mosak, 2005, cited in Nystul, 2006, p. 189）：1. 增進當事人的社會興趣；2. 協助當事人克服沮喪感受、減少自卑；3. 修正當事人的觀點與目標，改變他們的生命腳本；4. 改變錯誤的動機；5. 協助當事人覺得與他人平等；6. 協助當事人成為對社會有貢獻的人。而其治療過程是：建立治療關係與目標（給予適當鼓勵），評估分析與了解個人與其問題（包括家庭背景、生命型態、私人邏輯與目標、認出個人破壞行為或錯誤邏輯），再教育、頓悟與重新導向（運用解釋與面質，讓當事人對自己的生命型態有所覺察，看到行為背後隱藏的動機，也看到行為的不良結果），以及增強、評估、結束與追蹤（增強當事人的正向改變）（Corey, 2009; Seligman, 2006, pp. 78-81; Warner & Baumer, 2007），也就是說治療最後的步驟是「重新導向」（reorientation）的「行動」階段，是一個「動機修正」（motivation-modification）的工作，讓當事人可以朝向對社會有益的方向發展，並完成自己的生命任務（Gilliland et al., 1989）。就如同了解孩子行為背後的動機或是其可能的生命目標之後，諮商師接下來就是協助兒童往社會有益（社會興趣）的方向前進，讓兒童看見事情前後的邏輯性，他們自然也慢慢學會做合理的判斷，而有時候會需要使用自然結果來協助，畢竟不是每一位兒童都相信成人所言或經驗傳承，此時就放手讓他們去嘗試體驗（當然要在安全無虞的條件下），第一手的「做中

學」，感受也會更深刻。

（五）藉由早期記憶可以了解孩子的生命態度與目標

　　阿德勒學派的許多觀點都可以用來了解兒童，像是「早期記憶」、「排行」、「家庭星座」與「家庭氣氛」。諮商師可以用「早期記憶」的技術，了解兒童的生命目標可能是什麼？性格如何？與重要他人及人際關係如何？以及對世界的看法。早期記憶事件當然越詳盡越好，讓當事人儘量做回憶，然後記錄下來，通常是以當事人八歲之前的記憶為主。諮商師可以將早期記憶記錄下來，包括發生時年紀、事件（是主角還是旁觀者）、裡面參與的人物（可能與重要他人有關）、事情結果（可以一窺當事人的生命態度）以及當事人的主觀感受（可以藉由當事人的感受來了解其性格與動機），通常可以猜測的準確率約有八、九成。早期記憶可做為一種投射技術，作為個人生命意義之標記（Bitter & Nicoll, 2013），也用來評估：當事人對自己、他人、生命與倫理的信念，當事人在諮商過程與治療關係的位置，確認當事人的因應模式，以及當事人的優勢、資源與可能干擾的想法（Britter, Christensen, Havwes, & Nicoll, 1998, cited in Corey, 2024, p. 131）。

不適應行為種類（Dreikurs, 1964; Sweeney, 1989; Walton & Powers, 1974）

不適應行為	說明	處理方式
引起注意（attention-getting）	某人的行為讓你覺得很「煩」。	給予適當的注意即可。
權力抗爭（power-struggling）	某人的行為讓你覺得「生氣」。	因為兒童想要展示「誰是老大」，師長要避免與兒童直接衝突。
報復（revenge）	某人的行為讓你覺得「很痛」。	表示兒童本身曾經受過傷害，因此想要「以其人之道還治其身」，師長要去安撫兒童，同理其情緒。
我不行（inadequacy）	某人的行為讓你覺得「無望、無力」。	表示兒童之前有過太多失敗的經驗，已經沒有嘗試的勇氣，師長要常用鼓勵、漸進式的嘗試，讓他／她慢慢恢復自信。

不適應行為	說明	處理方式
刺激興奮 （excitement）	某人的行為讓你覺得「無厘頭、莫名奇妙」。	表示兒童覺得生活缺少刺激所以很無趣，師長只要明白、理解、幽默一下就可以了。

不同鼓勵方式比較

無效的鼓勵	正確的鼓勵
你 / 妳好帥 / 漂亮	你 / 妳的眼睛很亮、很有精神。
你 / 妳真聰明	你 / 妳會去想該怎麼解決這個問題，很棒！
你 / 妳好棒	謝謝你 / 妳替我拿東西！
你 / 妳是乖孩子	你 / 妳願意在那裡安靜等我，謝謝你 / 妳！

（六）了解家庭星座與家庭氣氛，可以更理解兒童

　　家庭是一個人的最初與最終，原生家庭更是個人接觸的第一個社會環境、影響深遠，年齡越小、受到家庭與環境之影響更深。阿德勒很重視原生家庭的影響，也是最早從事家庭治療的學者。他相信每個人的性格是自小就養成，孩子從重要他人的對待中看自己、也定義自己，雖然有時候會有錯誤解讀，但是這些對自己的看法就形成了「終極目標」，也影響其生命形態。

　　阿德勒與其他心理師一樣，也意識到兒童受到家庭經驗的影響甚大，他還進一步看見家庭中雙親的對待方式與營造的家庭氛圍，也會影響兒童的發展與人格，從「家庭星座」裡可以了解兒童在家中的排行 / 位置、家中成員、家長對待方式、家庭氣氛等，都可以協助了解兒童的個性、養成與在家中的地位（Sweeney, 1998/2006），而孩子總是一直在看、觀察與解讀（Corey, 2024, p. 121）。每個人在家中的地位與角色是其在家庭中與人互動的結果，孩子在家庭中也是一個主動的成員（Nystul, 2006）。家庭是影響兒童最重要的因素，了解家庭成員彼此互動的情況，知道家庭氣氛是威權、壓抑、拒絕、批判貶低、不和諧、不一致、物質主義、過度保

護、憐惜、無望或殉道者等不同的氛圍，其所培養出的兒童也會有不同的性格。

　　兒童當事人儘管受到原生家庭極大影響，但是也要看當事人自己的解讀與感受，才是塑造其人格的重要關鍵，這也說明了人是可以「選擇」的（人並非被動）。阿德勒還重視手足關係對人的影響，他提出「出生序」的觀點，這裡所謂的排行不一定是指實際的出生序，阿德勒學派稱之爲「社會心理地位」（psychosocial position）──也就是個人對於自己在家中的位置、父母親對待的態度來評定。因此，實際排行老二的可能是實質上的「老大」，如果排行老大的較不被父母親信任，或是表現較差，老大的位置就可能被接下來受重視的老二所取代。阿德勒的排行少了「性別」的因素，在中國傳統的家庭裡可能因此而有區別。從當事人不同的排行與家庭氛圍，可以藉此更了解當事人的情況與情緒、可能的想法，要進一步做介入就較能切中問題。

　　阿德勒做家庭治療，甚至從更廣的生態、社會脈絡的角度來看當事人，這也給了諮商師很好的提醒，尤其是面對兒童當事人的時候。通常因爲兒童年齡和能力有限，卻又希望可以出一份力量、協助問題之解決，因此往往會成爲家庭問題的「代罪羔羊」，若是將其他的脈絡線索放進來，不僅可以更了解兒童的行爲，在做處置時，將兒童環境中的其他資源也納入，效果更加事半功倍！這其實也說明了：即便諮商師在做個別諮商，對於年紀幼小的兒童來說，最是容易受到家庭及周遭環境的影響，往往需要同時將其所置身的環境脈絡列入考量，而不是只從兒童身上找問題或原因，這樣對問題的解決更能切中且維繫持久！

出生序與性格（Corey, 2024, pp. 122-123）（同時要留意當事人觀點與家人的對待）

出生序	性格特色
老大	保守傳統也威權、可靠、過度負責、內化雙親的價值觀與期待、完美主義者、成就傑出、占主導優勢、非常勤奮努力，口語能力較佳、較有組織、行為良好也較符合社會期待，常常是領袖的角色，會以衛護家庭為先，與長輩的關係較好。

出生序	性格特色
兩位手足中的老二	若與老大差距三歲以內，可能就會將老大當做假想敵、競爭的對手，他／她會先從老大擅長的地方下手，若是發現無法超越，就會朝不同的方向發展，而在性格上也會截然不同。 老二較會照顧人、表達能力亦佳，也常感受到競爭的壓力。
中間孩子	通常是「被忽視」的孩子，覺得家中沒有他／她的發揮擅揚之處，所以會朝家庭外發展。也因為較少被注意到，所以擁有較多的自由與創意，在外的人際關係與脈絡較佳，認為自己要認真努力才可能獲得認可、懷疑自己能力、反抗性強、有同理心，若家庭中有衝突，中間的孩子常常擔任「和事佬」的角色，然而也對於他人的批判相當敏感。
老么	么子有類似老大與獨子的特性，知道後面沒有追趕他的人之外，基本上是被寵愛的，也予取予求、我行我素，喜冒險、自由自在、具同理心、社交能力強，也有創意，但是也顯示其獨立性甚高，縱使家人對其無太多期待，但卻常是為了要與其他手足並駕齊驅。
獨生子女	較獨特、自我中心、孤單，擁有老大與么子的性格，習慣成為注意焦點，與成人關係較佳，較早熟，也很早就學會與成人合作，當自認為表現不佳時，容易出現偏差行為。

（七）從典型的一天（a typical day）了解兒童生活樣貌

阿德勒學派有個治療技巧是「典型的一天」。有時候可以詢問兒童這一天是怎麼過的，藉此可了解孩子日常作息、所做的活動與接觸的人，用在了解兒童的生活、時間管理與家人互動情況非常有效，同時若要兒童嘗試改變一下，也可在典型的一天中插入一點小改變，讓兒童試驗一下，有了成功經驗後，接下來的改變會較為容易。像是要改善兒童繳交作業的情況，不需要要求他／她在短時間內完成作業，而是將作業分成好幾小部分，讓兒童完成一小部分之後，感受其帶來的成就感，而願意持續努力，偶爾也要「限制」一下（如「你／妳可不要一下子就寫完喔！」），挑戰一下諮商師對兒童的「質疑」，在其完成挑戰的同時，給予具體、有效的稱讚，之後兒童就知道哪個方向是有益社會、也是自己可以努力的目標！

（八）將民主平權遷移到兒童的生活中

　　阿德勒是第一個提出在治療中「平權」與「民主會議」觀點的學者，因此治療關係是「平權」、對等的，沒有所謂成人的威權，治療師在與當事人晤談時是以平等、猜測的口氣，而不急著建議或指導。諮商師尊重當事人，不論其性別、年齡、社經地位或背景，展現出來的「態度」，讓當事人感受到被尊重與被平等看待，同時諮商師也很謙虛地展現自己「願意從當事人身上學習」的態度，讓當事人覺得自己的確很不錯。阿德勒在做治療時，讓當事人感受到其沒有威權的真誠關切，而且當他詢問與兒童同來的家長或教師之後，會請家長或教師暫時退場，他要給當事人有機會敘說自己的故事，而不是以成人的眼光來「定義」問題，這一點很符合其民主的態度。在學校，不管是基於實際的理由為何，老師的座位都比學生的要大（Sherman, 2015, pp. 58-59），明顯顯示出地位與權力的不均等，有時候與兒童一起坐一樣的座位，也是平等尊重的表現，兒童很需要了解諮商師是與他們一起的（Sherman, 2015, p. 55）。

　　尊重兒童當事人自我陳述的權利，並且以不批判，甚至是欣賞、鼓勵的態度面對，不僅讓當事人覺得被接納、認可，也讓其覺得自我權益被尊重，諮商師要取得當事人的進一步合作就不是難事。阿德勒所提倡的家庭民主會議，不因為兒童的年齡而將其投票權益折半，而是回歸到「人」的基本權利，這樣的民主教育也落實在個別諮商、團體諮商與家庭諮商上。阿德勒是最早進行家庭治療的一位學者，在進行治療時會先聽家長的陳述（通常是孩子的「問題行為」），接著請家長暫時離開，仔細聽孩子敘述自己這一方的故事，也從這裡取得孩子的合作，看是不是可以了解孩子行為的目的，並做適當的處置，這如同「後現代治療」將當事人視為「自己問題的專家」的理念！當孩子被尊重、接納地對待時，他／她也學會了善待自己與尊重他人。將個體心理學運用在家庭治療時，尊重每一個人的發言權與感受，讓每個人在家庭中可以有所歸屬，同時擁有自我獨立的權力，畢竟家庭的主要功能在於讓孩子有所歸屬，同時擁有自主能力。

（九）從夢的分析看孩子如何解決問題

　　阿德勒對於夢的解釋與佛洛伊德不同，他認爲夢是「情緒的工廠」（factory of emotions）（Warner & Baumer, 2007, p. 136），將夢視爲提升個人覺察的管道，而不強調夢的象徵意義。一般人在夢裡，會將自己白天所遭遇的問題做演練與解決（如同大腦之功能），因此「夢的分析」也可以是生命型態分析的一環（Mosak, 1995; Nystul, 2006）。一般來說，我們在做兒童諮商的時候，很少用到夢的分析技巧，然而有時候請當事人敘述夢境或者做解釋，也可以成爲在諮商晤談裡的一個主題，藉由說夢、釋夢，可以更了解當事人對自己的看法、生命中所要的東西，提升其主動性，也藉此協助當事人朝向對社會有益的方向努力。

二、人本學派應用在兒童諮商

　　羅吉斯（Carl Rogers, 1902-1987）的人本學派，從治療關係入手，治療師以自己作爲治療工具、提供三大核心條件，肯定每個人都有成長傾向與尊重當事人的主觀感受，讓當事人可以聚焦在當下、做最好的決定。一般學習諮商理論者會從人本學派開始，畢竟人本是諮商理論的濫觴與重要精神所在。

（一）用真誠的關係讓兒童看見自己的能力與重要性

　　人本學派創始人羅吉斯認爲：人都有自尊與價值，對自己的行爲是有知覺的，有自我實現之傾向（發揮自己所能來維持與增進自己的生活），以及是良善、值得信賴的（George & Cristiani, 1995）。人本取向以「人」（當事人）爲中心，治療師會以同理的態度，進入當事人的主觀世界（現象場），重視其情緒與內心世界，治療師以自己爲治療工具，而關係本身就是治療（Kahn, 1997, p. 13）。諮商師提供當事人對人性的關懷與理解，讓當事人因此「得力」（或「賦能」），對自己有新的了解、有新的解決能力，願意去面對新的挑戰。

人本學派諮商著重關係品質，治療師必須能夠接納與同理當事人，當事人才會相信自己有能力面對與解決生活中的挑戰。我們小時候是從他人眼中來定義自己，但是好壞標準都取決於他人、不是自己，為了要迎合他人的標準，很不自由、被動、喪失主導權。兒童因為年紀小、尚在發展中，不僅自己覺得脆弱、無能力，周遭的成人可能也認為如此，甚至不相信兒童。因此諮商師對待兒童與一般人一樣，是以平等、真誠的態度，兒童自然在被接納與認可的情況下，願意接受自己、認可自己的價值，不會因為年紀小、說話分量減少，而受到差別待遇，這也正是我們所期待的理想人際關係。運用這樣的治療關係去做自我探索，了解阻礙其成長的因素，學會遵循自己內在的標準審視自己，也就是不只協助當事人問題之解決，同時協助他／她的個人成長，有能力去因應自己目前與未來所面對的問題（Corey, 2011, p. 166; Seligman, 2006），也就是協助當事人變得更成熟、重新啟動並邁向自我實現之路（George & Cristiani, 1995）。兒童學習到尊重、疼惜自己與他人，願意與他人建立真誠有意義的關係，在這樣的支持下，就可以有更好的成長與發展！

（二）協助兒童持續自我概念的發展

我們一輩子的工作就在「知汝自己」（know yourself），知道自己是誰？生命的任務與意義為何？我們要如何成為想要的自己？羅吉斯所提的「自我概念」（self-concept）指出個人所覺知的自己與實際的自己若差距過大，這種「不一致」是導致個人適應不良的因素（George & Cristiani, 1995; O'Leary, 1999, p. 51），換句話說，就是「理想我」（ideal self）與「現實我」（real self）是不一致的。治療目標就是要當事人將「評價」的主權從外在轉回到自己身上，因為我們自小就是從他人眼中來定義自己，沒有掌控權的感覺，自我價值就很容易波動、不穩定，也造成許多焦慮與不安，當評價自己的主權拿回來之後，就會成為一個有自信、自尊的人（Gilliland et al., 1989, p. 70-71; Raskin & Rogers, 1995）。不去否認或扭曲個人的經驗，兒童也從自己的經驗中慢慢累積自我的知識與能力，其自我概念也會持續發展（Gilliland et al., 1989, p. 70-71），有能力去因應自己目

前與未來所面對的問題（Corey & Corey, 2011, p. 166; Seligman, 2006）。

　　許多的年輕人不清楚自己是誰？想要什麼？於是用網路來提升自己的聲量、刷存在感，或是不知道生命目標，而做了親痛仇快的行動（如鄭捷的無差別殺戮、企圖刺殺美前總統川普的二十歲槍手）。羅吉斯認為人都有向上向善的潛能，可以為人類社會貢獻一己之力，讓世界更美好。當一個人更認識自己，就更能掌握自己及未來，朝向自我實現的目標前進！兒童雖然仍在發展中，卻也是在能力養成、知彼知己，與周遭環境脈動的路上，儘管沿途上會有荊棘與挑戰，但是當很清楚自己的目標、能力與限制，經驗和韌性也會漸漸形塑出來化解危機。

（三）以三大核心條件充分接納與了解兒童

　　成功的治療除了關係品質、治療師的特質之外，治療師需要提供三個核心條件，也就是「無條件積極關注」（unconditional positive regard）、「同理心」（empathy）與「真誠一致」（genuineness or congruence），以不批判、溫暖、信任的態度來關切當事人與其福祉，站在當事人立場去體會當事人的感受、想法與行為，治療師同時要前後、裡外一致，展現真誠的透明度。

　　「無條件積極關注」是指以不批判、溫暖信任的態度來關切當事人所提的議題及當事人的福祉。許多人會認為「愛都有條件」——必須要付出或是做些什麼，才可以得到愛；而無條件積極關注正好相反，不需要有任何條件，就被重視與關愛，因為諮商師尊重當事人之「如其所是」（as you are），這是非常難得又珍貴的經驗，因此孩子可以在諮商師面前展現真正的自己，不必擔心被批判或責難，當然也不需要偽裝與掩飾，讓孩子恢復本心、做真正的自己。

　　「同理心」是設想自己站在當事人的立場，進入當事人的主觀世界，去體會當事人的感受、想法與作法，然後將其表達出來讓當事人知道與確認。「同理」是一種「態度」（Kahn, 1997, p. 168），是一個「與當事人同在」的過程（Mearns & Thorne, 2007, p. 70），其功能不只是傳達諮商師對於當事人的了解，也可以鼓勵當事人做更深層的探索，而羅吉斯的同理包

含了認知、情緒與體驗的層面（Kahn, 1997, p. 43）。

　　反映情緒與內容就是一般所謂的同理心，特別是反映情緒的部分，對與兒童工作來說非常重要！在其發展階段，或許還沒有足夠與適當的語彙可以確切表達他／她的真正感受，此時諮商師就需要細膩且正確地反映出其情緒，同時也讓孩子學習到情緒的表達。反映情緒可以讓兒童完整地體驗他／她的感受，也因為情緒得到宣洩而輕鬆些，一旦情緒穩定了，思路也會清晰（Geldard & Geldard, 1997, p. 62）。許多當事人被同理了之後，會有自然情緒流露，此時真正的治療才開始；兒童也一樣，需要被認出自己的感受與想法，才有被了解、接納的體驗，接下來較容易與諮商師合作。

　　羅吉斯認為正確的同理了解之所以重要，主要是：可以協助當事人認出、釐清事情脈絡之後，以象徵方式或語言表達出他們經驗的細微之處；可以讓當事人感受到被正確地了解，在接納自己的情緒時不會感到孤單，而是與另一人類更有連結（Tudor & Worrall, 2006, p. 206）。而 Tudor 與 Worrall（2006）認為同理心本身就是療癒的媒介，因為它具有釋放、肯定的功能，同時帶領最害怕的當事人重新回到人類族群中（一旦人被了解，就有歸屬感）。孩子與每一個人一樣，當被真正聽見且理解之後，就會有放鬆與自信，表現出自然的情緒，也願意與人合作。

　　「真誠一致」指的是治療師的「透明度」（transparency），讓當事人感受到治療師不是「人前人後」不一樣，也沒有虛假（偽）的面具，而是將心比心，以最真切的心來對待。強調治療師本身的「透明度」，是指治療師必須要很了解自己，而自我覺察是治療關係的一部分，因此「真誠」就是建立關係很重要的一環，需要治療師積極傾聽、進入也了解當事人的世界（正確同理），以及正確反應當事人的感受（Kahn, 1997, p. 40; Kensit, 2000, p. 346）。孩子在諮商師面前是寬心、放鬆的，也看到諮商師願意相信自己，而「相信」具有很大的力量，讓兒童可以展現真我而不畏懼，了解人際互動可以坦誠真實，且願意去嘗試、去改變，朝向羅吉斯所提的「功能完全的人」（the full functioning person）的理想——情緒健康的人，不僅對經驗保持開放，活得有意義、有目標，也相信自己與他人

（Seligman, 2006）的方向繼續努力！誠如羅吉斯（1962）認為：生命的目的在於「成為真正的自己」，而「自我接受」就是治療師可以給予當事人最有價值的禮物，當事人會隨著新體驗的自己而有建設性的改變（cited in Kahn, 1997, pp. 49-52）。

（四）「立即性」展現人際關係的實際與對兒童的觀察

「立即性」（immediacy）是人本學派所開發的一種技巧，以「行為描述」方式將諮商師所觀察的諮商現場表達出來，可用來檢視治療關係、當事人的現況與治療師的感受。羅吉斯認為當事人進入治療時，是在一種「不一致」的狀態（當事人未能了解部分的事實，因為這與他／她的自我概念有所扞格）（George & Cristiani, 1995; O'Leary, 1999, p. 51），但是兒童可能沒有覺察到。「立即性」也就是治療師自我揭露自己在諮商現場所觀察、感受到的，包含對當事人與治療關係的看法與感覺，著重在「此時此刻」（here-and-now）（Corey, 2001, p. 110），除了「自我揭露」（諮商師表露個人感受、反應或對當事人與關係的經驗）之外，還可以使用「挑戰」（用來面質當事人在治療關係中的議題）的技巧，而立即性也是提供資訊（當事人行為模式）的方式之一（Hill, 2004/2006, p. 272）。

「立即性」是用來描述當下情境中觀察到當事人的情況，以及治療關係，因此較沒有威脅性。像是：「從剛剛進來到現在，你會不時地看看門口，是擔心什麼嗎？」「提到老師時，你的表情有改變，你有沒有注意到？」「我發現你會看我一下、然後躲開，我這樣會讓你不舒服嗎？」只是描述行為或是諮商師的觀察，兒童或許也會否認，或是回應「不知道」，諮商師也不必介意，可以持續觀察，也展示了諮商師對於兒童的一些看見或是留意。

兒童或許較少經歷這樣的描述方式，但是卻也可以引發兒童的頓悟與對自己的了解，讓兒童有機會從他人眼中看見自己的行為或表現，是一個很好的參照點。當然，立即性的使用不是威權的，因為是以描述方式進行，可以減少兒童擔心被批判與譴責，接受度會較高。立即性也是與人互動可以使用的技巧之一，提供客觀的觀察與描述，作為彼此關係回饋與檢

視、改善之用。

（五）「重新架構」讓兒童從不同角度看到優勢和希望

　　「重新架構」（reframing）的使用是讓原本一個社群對於某一事件的特定解釋再作延展，協助當事人對此事件創造新的意義，如同家庭治療師 Salvador Minuchin 所言：「去拓展人們被困住的現實。」（to expand the reality of people who are stuck, cited in O'Leary, 1999, p. 37）。使用「重新架構」的技巧可以是「重新命名（或『標籤』）」的方式，或可以衍生出不同的意義與方向。以「後現代」的觀點來說，兒童受到「主流社會」的影響，往往被看見不好或是被譴責的部分，而諮商師的另一個功能是「提供當事人思考的另一扇窗。」──從不同的經驗與角度看同一件事情或有不同，甚至帶給當事人希望，同時也讓兒童知道自己是有能力做改變的。

　　重新框架除了提供不同角度的思索與看見之外，還可能轉換情緒，傳達給兒童的是拓展的視野、多元的觀點，以及彈性的思維方式，讓兒童不需拘泥於一個想法或作為，有更多解決問題的策略及方式，極具生產力與創造力！

（六）聚焦在此時此刻、不追溯過往

　　人本治療聚焦在「當下」（或「此時此刻」）與「情緒」上（George & Cristiani, 1995, p. 61），基本上不追究過往的事件，對於兒童來說，這表示有希望、有機會修正錯誤，可以繼續往前，當然並不是說經驗不重要，而是不聚焦、執著在已經發生的情境／情緒上，可以重新開始為未來努力！人本治療尊重當事人的主觀經驗與看法，較少指導性，看見當事人的能力與潛力，就是很大的賦能（Seligman, 2006）。活在當下，才能從容自在，而每個當下就是未來。對於年幼的兒童來說，未來太遙遠不可期，因此聚焦在當下而有所作為，才是最實際、可行的，我們也為自己的行為負起責任！人本治療傳達的這個生命態度，正是教育的目標。

　　成人喜歡做「歷史學家」──述說數落著兒童曾經犯過的錯誤，或是預言學家──從兒童的過往看到未來的發展，卻往往忽略了現在的當下，

才是可以把握與行動的。不管是細數過去或是預測未來，都不能帶來太大的意義與改變，因為過去已不可挽、未來又無法掌控，倒不如著重此時此刻，或許就有不一樣的將來！

案例舉隅

小莉是剛轉學過來的小四生，級任陳老師對小莉很關照，也提醒同學要善待小莉，還特別將她的位置安排在班長旁邊。小莉的母親因為吸毒入獄多次，讓小莉一直在不同的寄養家庭輾轉居住、很不安定，也一直交不到朋友，因此許多同學也覺得她很奇怪。

洪諮商師在見到小莉的第一次，就很清楚地告訴她，在這裡不用擔心會受到指責或是處罰，她也不是陳老師派來要她做改變的，只是我們有時候會想要說說話、談談自己關心的事情。她先帶小莉參觀了諮商所的一些設備，小莉在遊戲室裡停留比較久，洪諮商師就請她去拿幾個自己想要的玩具，帶著它們一起進入諮商室。洪諮商師先介紹諮商室裡的一個大玩偶熊阿雄給小莉認識，讓它坐在小莉身邊，小莉抱了阿雄一下。諮商師說小莉可以邊玩玩具、邊跟她（指的是諮商師）說話，小莉的眼睛就亮起來，很歡喜地把剛才在遊戲室裡的玩具，擺在前面桌上。

諮商師：「要不要說說妳在這個學校過得好不好？」

小莉搖頭。

諮商師：「妳要不要說說看？」

小莉看了諮商師一眼：「他們不喜歡我。」

諮商師：「他們是指？」

小莉：「像陳○○叫別人不要跟我玩。」

諮商師：「這讓妳很難過、有點生氣。」

小莉點頭。

諮商師：「還有呢？」

小莉：「我不喜歡○老師，她說我很笨。」

「我們都會有不會的事情對不對？」諮商師道：「要不要告訴我妳會什麼？」

小莉：「我會唱歌、還會畫圖。」

諮商師：「哇！這裡有紙跟色鉛筆，妳要不要試試看？」

小莉放下手中的玩具，開始在紙上作畫。諮商師在一旁陪伴，有時候問小莉畫的是什麼？小莉畫了媽媽跟她在屋子裡。於是諮商師就問起她們喜歡在屋子裡做些什麼？小莉說了煮菜、吃東西、玩疊疊樂。

諮商師接著問：「想媽媽的時候做什麼？」

小莉說以前會偷偷躲在被子裡哭，但是有一次被寄養家庭的媽媽發現了，就給她一個緊緊的擁抱，小莉說：「後來就很少哭了。」

諮商師：「被擁抱的感覺像什麼？」

小莉說：「很溫暖、很高興。」

諮商師：「有被愛、被關心，覺得自己很棒的感覺嗎？」

小莉點點頭。

諮商師：「所以小莉知道自己不快樂的時候可以怎麼做？」

小莉：「可以唱歌、找人聊天、做我喜歡的事。」

諮商師：「因為小莉是一個很棒的孩子，會解決問題、也會保護自己。」

三、完形學派應用在兒童諮商

　　完形學派重視人的完整性，主張身體、知覺、思考、情緒與行動都是有連動性的，這也吻合了我們一般所說的「身心靈一體」——身體的不適會引發情緒或精神上的不安，反之亦然！兒童情緒上或是心理上的一些狀況，往往無法確切說出或表達，只能用行動表示，因此就如同阿德勒學派揭櫫的——行為背後一定有其目的，完形學派的觀點指出了這一點。

（一）看見兒童的主動性及與人關係

　　完形學派創始者 Frederick（Fritz）S. Perls（1893-1970）將「自我」（self）視為一個有組織且不斷變化的歷程，即便在人類生存有限的條件下，依然可以自我實現，選擇如何定義自己。Perls 將人格視為暫時的現象，或一段時間經驗與互動的模式，不是一下就定型或決定，他也重視語言的力量，將日常用語放入臨床的運用與實驗上（Clarkson & Mackewn, 1993）。從這些觀點來看兒童，就不會認為某些習性或是性格是一成不變的，而是有改變的可能。

　　自我的功能就是「完形」的形成與破壞（也就是形成「形象」（figure）與「背景」（ground）），如果沒有「他人」（other）、就沒有自我，自我的產生是因為與環境或他人互動而來，因此自我也是有機體的「界限」（Clarkson & Mackewn, 1993, pp. 59-66）。完形學派相信人是一直在發展中，也一直在變化，而人總是在「關係」之中，人的存在就是持續「創意適應」（Parlett & Denham, 2007），人也具有解決問題與面對困難的潛能，由此觀之，自我是在人際中形塑而成。

　　Perls 認為人的本質是正向的（Henderson & Thompson, 2015/2015, p. 7-3），而心理健康的人是「自我調節」（self-regulation）的人，能夠在與他人互相依賴的情況下有自我支持（Clarkson & Mackewn, 1993, p. 67）；人有生理與情緒的需求，也因此自然會調整自己來滿足這些「需求」（或形象，這就是「自我調節」，一旦需求獲得滿足或解決，就會退回「背景」，直到新的需求或興趣產生，是自然循環的系統，後來的完形治療師已經將「自我調節」延伸為「自我－他人調節」（self-other regulation），主要是因為人類的需求與慾望通常與他人或環境有關聯，因此也必須要考慮到這些因素（Mackewn, 1997, p. 17），而心理困擾就是因為「自我－他人調節」長期受到干擾的結果（Perls, Hefferline, & Miller, 1951/1994）。

　　兒童的需求（形象）獲得滿足之後，退回到背景，與環境及人的接觸，可以做適當創意的調適，自然就是健康的自我調節，倘若遭遇困境、阻斷了接觸的管道或路徑，而不知如何解決，久而久之就會造成功能失常

或問題。完形學派肯定兒童的能力，也注意其該負起的責任。

（二）從接觸與抗拒接觸看兒童的適應情況

完形學派強調個體的「自我調節」功能，有機體的需求及渴望會因為其與環境的互動而按照階層組織起來（Pos, Greenberg, & Elliott, 2008, p. 85），也就是當一種需求、感受或興趣出現時，個體的平衡受到干擾，就會產生自我調節這樣的一種過程，而需求則是以與環境「接觸」或「退縮」的方式來滿足。

完形學派認為「接觸」是改變與成長的必要條件，除了五官感受的接觸之外，還有行動。所謂「有效的接觸」是指可以與自然及他人互動，但是也不失個體的獨立性。「接觸」之後有「退回」的動作，就是為了整合已經學習到的資訊；健康的功能需要「接觸」與「退回」，區隔二者的就是「界限」（boundary）。人類生活是一連串的「接觸」與「退回」所組成的（Mackewn, 1997, p. 19），舉例來說，兒童要準備考試，會有緊張與焦慮（知覺與覺察），於是花時間準備要考的範圍（覺察、動員、行動），因為全神貫注，所以會感受到自己的心跳與緊張（接觸），當考試進行中，感到興奮與自在，終於要驗收準備的成果，知道自己已經有所準備、不需慌亂，只要盡力就好（整合與同化），考完所有科目後，心情回復之前的平靜（退回）。

「界限」的功能是「聯繫」與「分離」（Corey, 2009, p. 204），如同家族治療裡面所介紹的，「界限」可以保有自我的自主性與安全，同時也有聯繫的功能，而「界限接觸」（contact boundary）就是指自我與環境之間的關係（Parlett & Denham, 2007）。兒童雖小，也需要與人連結、有歸屬，同時保有自己的自主、獨立性，而接觸受到干擾或阻礙就是「抗拒接觸」，這是可以克服的。完形學派學者視「抗拒」（resistances）有正、負面的性質，是因為個人要因應生活上的情況而產生。

我們會使用不同的「接觸型態」（styles of contact）（Mackewn, 1997, p. 28），也都會偏好某一種，而每一種接觸類型都有好壞，像「內射」（introjection——毫無批判地吸收或接受他人的信念與標準）的另一極端

就是坦白說出或拒絕，「**投射**」（projection——否認或壓抑自己的一種特質或感受，同時將其歸因在他人或是機構制度上）的另一極端是宣稱主權或精確的表明，「**合流**」（confluence——分不清自己與他人或環境之間的界限，內在經驗與外在現實之間沒有區分）的另一極端是孤單、退縮，「**反射**」（retroflection——將我們想對自己所做的，或希望對他人做，或是希望他人對自己做的「回向」給自己）的另一極端爲攻擊暴力，「**折射**」（deflection——故意岔開或是逃避、忽略內在或外在的刺激）的另一極端爲粗率、遲鈍，「**減敏**」（desensitization——是故意讓自己對身體感覺麻木，或對外面環境刺激無感覺的過程）的另一極端是過度敏感，而「**自我中心**」（egotism——用刻意反省與自我警覺的方式確定沒有威脅或危險、讓自發性減緩下來）的另一極端是衝動，因此接觸需要依據不同場地做持續不斷地修正，才能夠達到健康、良好的接觸（Joyce & Sills, 2001, p. 112）。

　　綜觀以上，可以略窺每個人接觸的方式，基本上會因應情境做適當調整，但是若偏愛某一種，可能就會產生問題，造成生活上的不便。舉例來說，兒童因爲害怕被同儕拒絕，而持續採用逃避的方式（折射），就可能無法與人做良好互動、表現出退縮或是粗魯行爲。接觸所做的就是適應環境，需要不斷做修正，因時因地而有不同的調整，而人是有能力辦到的。

（三）重視當下與直接感受，讓當事人爲自己負起責任

　　完形學派學者認爲聚焦在過去與未來，可能會阻礙當事人不願意面對當下的情境，重視當事人「現在正在做什麼」（George & Cristiani, 1995），因此治療師會問「什麼」與「如何」的問題，少用「爲何」（減少了藉口），也鼓勵當事人以「現在式」（present tense）的方式對話，不鼓勵當事人「談論」感受，而是直接感受（Corey, 2009, pp. 202-203）。

　　因爲重視直接感受，所以「立即性」（immediacy）與「實驗」（experiment）是治療師最常使用的技巧（Corey, 2009, pp. 202-203），其介入方式是建立在當下實際的行爲上，諮商師專注於當事人的姿勢、呼吸、態度、手勢、聲音與表情，要求當事人以第一人稱方式敘述，這也表示當

事人願意爲其陳述負起責任（Gilliland et al., 1989, p. 96）。完形治療師並沒有否認過去，而是讓當事人經由想像來將過去「帶到」當下來（George & Cristiani, 1995），因此實驗與行動意味濃厚，這樣才有助於問題之了解與解決，這與人本學派的觀點是相同的，只不過人本較著重對情緒感受的接納和了解。完形學派認爲「焦慮」的產生是因爲「當下」與「未來」（later）之間的落差（要離開目前的安全熟悉，對未來又擔心）（George & Cristiani, 1995），因此若能以幻遊方式讓兒童將焦慮帶到現在，或許就有更具體的方法來因應。

（四）提升覺察力是改變的開始

　　「覺察」（awareness）就是當下的經驗，也是 Perls 認爲人類自身與自己全部的知覺場接觸的能力（Clarkson & Mackewn, 1993, pp. 44-45），限制或是隔絕了覺察，常常會產生缺乏活力或是表現僵硬，而要恢復健康的自我過程，就需要將行爲與態度帶到覺察層面，而且直接「再體驗」（Joyce & Sills, 2001, p. 28）。「覺察」就是情緒健康（Henderson & Thompson, 2015/2015, p. 7-4），現在的孩子在情緒的覺察與認知上較缺乏，導致行爲出現問題，倘若讓兒童清楚自己的情緒、知所覺察與因應，相信許多的問題可以迎刃而解！「覺察」包括了解環境、自我，接受自我、也能夠去接觸，知道自己有選擇自由，而覺察就是改變之鑰，也是持續在進行的。諮商師協助當事人注意到自己的覺察過程，當事人就可以負起責任，也可以做出明智的選擇與決定（Corey, 2009, p. 206）。兒童是很直覺的，只是因爲教育或社會習染越深，漸漸喪失了這些能力。

　　以身體動作的重複與誇大、實驗或是「優勢」（top dog）與「劣勢」（under dog）的對話或扮演方式（如空椅法），可以提升兒童的覺察能力，讓他們感受到自己的眞實面向，不需要虛僞隱藏，同時爲自己所作所爲負起責任。即便是弱點（如「拖沓」）也同時是優點（如「慢點去做一件自己不喜歡的事」），不需要改善缺點，而是將其轉化成優勢（Henderson & Thompsonp, 2015/2015, p. 7-12）。夢境的演練，可以協助兒童重現痛苦或創傷情境，但同時進行有效的調適（Henderson & Thompsonp, 2015/2015,

p. 7-14）。

　　完形學派的治療目標是協助兒童幫助自己成長（Perls, 1971, cited in Henderson & Thompsonp, 2015/2015, p. 7-7），因此其過程以探索為主，諮商師要留意的是兒童的「什麼行為」以及「如何行為」（Henderson & Thompsonp, 2015/2015, p. 7-8）。兒童往往將自己視為弱勢或是受害者，但是完形學派治療師不相信兒童無能或不能做改變，從覺察到實驗、企圖做自我整合，泯除接觸或覺察的障礙，就是成功的治療（Henderson & Thompsonp, 2015/2015, p. 7-8）。像是運用空／雙椅法的實驗，可以讓霸凌者體會到受害者的感受，而且是直接體驗，其力量更大！

　　諮商師最好不要使用「應該」、「不應該」的語句（有教訓、批判之意味），也不要挑戰兒童提出的問題（像是：「你為什麼這麼問呢？」）（Sherman, 2015, p. 67）。有些諮商師很擔心當事人不再出現，所以很小心問問題，但是有些問題該問卻沒有問，也許就會讓話題不深入，甚至不得窺其堂奧。適當地使用挑戰與面質，可以收到不錯的效果，也有機會讓兒童反思自己的議題。像是：「你／妳之前曾經提到很喜歡這位同學，今天的感覺不一樣了嗎？有什麼特別事情發生嗎？」「如果讓你／妳有機會重新再試一次，你／妳會對爸爸不一樣嗎？怎麼的不一樣？」

（五）減少未竟事務、也減少遺憾

　　每個人內在都有一種與生俱來要去完成某情境、企圖尋找內在平衡的衝動（Parlett & Denham, 2007），這也是大腦的建構。在健康的情況下，一個需求或「形象」出現，能量就開始啟動，造成「接觸」，而後「完形」（gestalt）就完成（Joyce & Sills, 2001, p. 130），類似需求獲得滿足的概念，但是若沒有完成「完形」，就成為「未竟事務」，或有「殘留」（residue），這會繼續且間歇性地引起我們的注意（Parlett & Denham, 2007），也會持續影響個人與其生活。

　　有需求、進行接觸、獲得滿足之後（完形），就可以退回，但若事與願違，個人可能會在覺察或未覺察的情況下，不去理會（否認）這些未滿足的需求，甚至扭曲或替換，於是這些就成了「未竟事務」，個人

可能會有「強迫性的重複」（repetition compulsion）行為，即使環境已經改變，但是其反應沒有變，就形成一種徵狀，而未竟事務累積過多就會阻礙發展，或產生精神官能症，耗費個人太多的能量（Mackewn, 1997, pp. 23-24）。被延宕的滿足久了就成為慢性的問題，需求會被扭曲或「固著」（fixed），影響著整個人的身體、情緒與認知（或創造意義）的過程（Clarkson & Mackewn, 1993, p. 69）。

這些「未竟事務」可能出現在許多未表達的情緒之中（如氣憤、懊悔、焦慮、痛苦或遺棄），由於個人沒有完全地體會與經驗這些情緒，因此就藏身在「背景」裡徘徊，會被帶入個人目前的生活當中，影響到當事人與自己或他人的接觸。當事人在行為上會出現強迫或自傷行為，而也由於精力受到阻礙，也會呈現在身體的狀況上，而當外在資源不到位，或是個人常用的方式受阻，也會出現「僵局」（impasse），治療師的工作就是協助當事人體驗這種被卡住、挫敗的感受，也接納這樣的現實，讓當事人可以接納（與接觸）生命中所有可能發生的情況（Corey, 2009, pp. 203-204）。

兒童總是以成人為依歸，因為成人是滿足其需求的重要人物，若成人沒有給予，或是給得不夠，兒童也不太敢主動要求；許多事情兒童也無自主權決定，需要仰賴成人告訴他／她怎麼做，像是「不准哭」的限制，讓兒童無法自然表現出情緒，只好掩藏起來，或是以其他方式表現（如捶打牆壁）；或是寵物死亡，成人已經自行處理完畢，不讓兒童參與，甚至也不去理會其感受！即便只是小事一件，讓兒童可以從頭做到尾、參與／享受過程，也會減少接觸的阻礙，若這些阻礙接觸的經驗累積越多，兒童就越脫離實際與自我，也停滯了自我的成長。

案例舉隅

五年級的小俊因為出手打同學，被轉介到輔導室來。他一進門坐下之後，就將雙手環抱在胸前、不想搭理人的模樣。

諮商師問小俊：「你的手有什麼樣的感覺？」

小俊不答，諮商師繼續問：「兩隻手想說什麼呢？我很生氣、想要保護我自己？」

小俊抬眼看了諮商師一下，還是沒有回應，但是諮商師發現他環抱的雙手好像鬆了一點，於是說：「你的手好像回答了我的問題，它們比較不緊張了。」

小俊放下手，他說：「我不是要打他，他故意撞我。」

「所以你想要保護自己？」諮商師問。

小俊點頭。

諮商師又問：「有沒有你可以保護自己的其他方法？」

小俊說：「不要理他、告訴老師。」

諮商師：「還有呢？」

小俊：「告訴他不要這樣撞我、叫他小心一點。」

諮商師：「所以你有很多方法可以保護自己不被他撞？」

小俊點頭，身體已經呈現更放鬆的狀態。

「你的身體現在告訴你什麼？」諮商師問。

「我不怕他、我很強壯。」小俊還秀出自己手臂的肌肉。

諮商師笑道：「你有沒有覺得自己可以很強壯、但是不需要生氣？」

小俊點頭。

諮商師道：「下次再請你來，你可以跟我分享你保護自己或其他人的方法嗎？」

四、認知學派應用在兒童諮商

「認知學派」的基本觀點是：思考上的謬誤通常是心理疾病的肇因，因為思考上的錯誤，而引起情緒上的騷動或是行為上的失常，也就是聚焦在個人如何「解讀」事件上（Kellogg & Young, 2008, p. 43），就如同「半杯水」理論——到底是「只剩半杯」與「還有半杯」？兩者想法不同，結

果也不一樣！因此，認知學派主張改變想法或思考，就可以改變行為，目前行為學派與認知學派都接受彼此的觀點，所謂的認知也含有行為的成分，而行為也加入認知的觀點，認知學派治療師使用「家庭作業」（homework）來讓當事人練習新的行為、重新「制約」（re-conditioning）（Corey, 2001, p. 62）。認知學派治療師使用許多「教育」或「教導」的技巧，其最終目標是希望當事人也成為自己的治療師（Nelson-Jones, 2000, cited in Halbur & Halbur, 2006, p. 65）。兒童進入抽象思考期之後，他們的思考更多元、能力更佳，而之前的具體運思也給予很好的支持與助力。

（一）不合理的思考讓人陷入情緒困擾

「認知治療學派」（cognitive therapy）的創始者 Aaron Beck（1921-2021）認為：人們的情緒反應與行為是深受認知理念的影響，是我們對自己或是情境的思考、信念與解釋，也就是我們賦予的意義如何（Westbrook, Kennerley, & Kirk, 2008）？而「理情行為學派」（Rational Emotive Behavior therapy, or REBT）的創始人 Albert Ellis（1913-2007）認為人基本上是屬於享樂主義（趨樂避苦）的（Dryden, 2007），但同時有理性思考與非理性思考的潛能，理性就是增進個體幸福與生存的（是彈性、不極端、合邏輯與現實），而非理性則是妨礙幸福與生存的（是僵固、極端、不合邏輯，與現實不符）；人天生就容易有非理性的發展，但同時也有潛能去抗拒這個發展，而人的知覺、思考、情緒與行為是同時發生的（Corey, 2009; Dryden, 2007; Nystul, 2006）。人的非理性思考會讓自己陷於情緒的泥淖中，也因而產生不適應的因應行為，人的心理困擾是源自於非理性思考中的「自我困擾」（ego disturbance，常以「自我貶低」的方式呈現）與「不舒服的困擾」（discomfort disturbance，主要是非理性信念造成）兩種，只有無條件接受自我、做出有理性、合乎現實的反應，以及適當的困擾／挫折容忍度（disturbance tolerance）才是健康的（Dryden, 2007）。

問題產生不一定是非理性思考所致。對於兒童來說，其認知能力尚在發展中，因此無法思考周密、容易陷入鑽牛角尖或是困在瓶頸裡是很自然的，由於沒有解決之出路或選項，他們的自我對話與信念就會陷入邏輯的因果

陷阱，容易沮喪、焦慮，甚至用錯誤的方式企圖解決，卻引發更大的問題，因此協助兒童跳脫出思考的謬誤，具有更彈性，符合現實的想法就很重要！

我們對事情的評估方式（Ellis, 1984, Ellis & Bernard, 1986, cited in Gilliland & James, 1998, p. 236）

評估方式	舉例說明
非評估性的觀察，或只是描述事實	「隊伍這麼長，今天可能會要多花時間。」
對於事情的非評估推論	「我今天可能會因為塞車遲到。」
對於事情的正向、絕對性推論	「因為塞車，所以我跟顧客約會會遲到，但是這是很重要的顧客，我一定要趕一趕，不能讓他等太久。」
對於事情的負面絕對性外在推論	「這是什麼交通狀況？臺灣人真是太不守法了！」
對於事情的負面絕對性內在推論	「為什麼每次我有重要事情的時候都碰到塞車？害我什麼事都做不好，我這輩子大概就是這麼沒出息了！」

注：後三者較容易出現非理性思考

（二）語言的使用提供可能非理性思考的線索

　　我們經常使用的語言裡有一些強迫與非理性，像在日常生活中，我們會受到一些「一定、必須」的信念攪擾而感到不得安寧，而這些「必須」基本上是對自我的要求，如「我一定要考第一，爸媽才會愛我。」對他人的要求，如「同學一定要喜歡我，我才有價值。」與對世界／生活條件的要求，如「這不是我要的學校，我好可憐」等三種分類（Dryden, 1999, pp. 8-9），然而「必須」只是我們的期待，卻不一定是事實。「責怪」通常是最嚴重的情緒困擾，而相對地也表示我們不能接受自己的不完美，REBT 就是要讓當事人儘管不完美，仍然能夠接受自己的模樣（Corey, 2009）。

　　我們的非理性或是負面思考，可能是從周遭的一些重要他人、同儕或是媒體而來（Gilliland & James, 1998），重複無數次之後，我們自己也會灌輸自己這些想法，彷彿成了認知學派所說的「自動化的思考」，會影響我們的生活與功能，因此 Ellis（1979, cited in Gilliland & James, 1998, p. 241-242）的理情行為治療目標是：減少當事人的自我挫敗感、獲得一個更務實可忍受的生活哲學，也就是減少當事人的焦慮（自責）與（對他人與世界的）敵意，教導當事人自我觀察與評估，以確保情況改善。

　　理情行為治療就是對兒童的「再教育」（re-education）工作（Kellogg & Young, 2008, p. 44），也就是說先從當事人所使用的語言開始改變，然後才深入改變當事人的生活哲學。首先教導當事人 REBT 的情緒困擾模式，也就是 ABC——A（activating event）是「引發事件」，B（belief）是「信念」，C（consequences of emotion and behavior）是發生的情緒與行為結果，讓兒童了解其情緒困擾主要是受到非理性信念的影響，而不是發生的事件本身；接著讓兒童了解如何改變這些失功能的信念，若兒童要獲得諮商的長效，就需要在諮商過程中努力練習與執行他／她所學習到的方式（Dryden, 1999, p. 83），治療師還需要讓當事人看到其他的選項（Gilliland & James, 1998, p. 244）（下表所列的「貝克四欄」就是可以練習的方式之一）。

　　有時候成人使用的「數詞」（如「總是」、「經常」）會造成兒童許多的壓力與困擾，因此除了提醒師長們（包括輔導教師與諮商師）要注意自己的措辭之外，也可將這些數詞等做適當的改變，也可教導兒童避免使用這些用詞，以免其自我灌輸完美主義或要求，或是抱持著不適當的期待。REBT 也採用辯論來駁斥非理性的想法或陳述，其辯駁是實際、邏輯，而且有證據力的爭論（Dryden, 1999, pp. 30-31），與兒童工作不需要採用劇烈的辯論方式，而是請兒童舉出事證，或是諮商師以證據來佐證就可以。

將「一定」、「必須」的用詞做適當改變

原始句子	改變後的句子
我「一定」要考一百分	我「希望」這一次考試比上一次進步
我「必須」要讓她喜歡我	我「想要」她喜歡我
我「應該」要聽話	我「可以」聽聽別人對我的期待是什麼

注：有時候我們所使用的語句是「絕對」、「極端」的，這會產生許多額外的壓力，因此做適當的改變，也可以改變認知、減緩壓力。

「貝克四欄」示例

發生事件	當下感受	當下想法	可能有的其他想法
遲到	倒楣、擔心	萬一老師發現就糟了	老師發現也沒關係，下次注意就好
作業沒寫完	焦慮、害怕、難過	一定會被罵、被罰站	趕快補寫完就沒事了

（三）產婆式（或蘇格拉底式，Socratic dialogue）的對話，促使當事人檢視自己的觀點

認知治療過程是採用「產婆式」對話，治療師以問問題方式搜集有關當事人未能覺察的、自動思考的資訊（Padesky, 2004），先定義當事人所使用的關鍵語句，讓彼此更清楚其具體意義，然後了解當事人是依據怎樣的規則？有沒有證據可以支持？將當事人對問題的陳述視爲可測試的假設，主要目的是要當事人自己去思考，而不是因爲治療師的威權而接受治療師的觀點（Dryden, 1999, p. 60; Moorey, 2007），可以有效地鼓勵當事人重新去看自己的情況與相關的部分，也可以改變態度、感受與行爲，一般會使用四種問話：「結果如何？」「有任何證據嗎？」「有沒有相反的證據？」以及「有無其他的看法？」（Westbrook, et al., 2008, p. 92）。治療師協助當事人探索思考的全面向，與當事人一起試驗、採證，蒐集對信念支持或反對的證據（Kellogg & Young, 2008, p. 45）。兒童的思考是可以引導與教育的，訓練他們以更有效的方式檢視自己的想法，因此產婆式的

「討論」很重要，就如同英文的「教育」（educate）是「引出」之義，也讓兒童可以為自己發聲。

產婆式對話舉例

諮商師：「你知道自己為什麼來這裡嗎？」

「因為跟同學打架，但是是他先打我的。」三年級的小裕有點忿忿不平。

「他出手打你的理由是什麼？」諮商師問道。

小裕：「我也不知道。以前他會罵我，我就罵回去。」

諮商師：「他罵你什麼？」

小裕：「說我很臭屁、不會裝會。」

諮商師問：「他罵對了嗎？」

小裕：「當然不是！」

諮商師：「罵錯了是他不對，你幹嘛生氣？」

小裕：「可是罵人就是不對！」

「我同意。」諮商師回應：「下一次他再亂罵，你可以怎麼做？」

小裕：「不理他，讓他自己爽。」

諮商師：「還有嗎？」

小裕：「報告老師，還有叫同學去找老師。」

諮商師：「也可以迴向給他、還給他。」

小裕：「可是我是基督徒。」

諮商師：「對不起。那麼你想怎麼做？」

「為他禱告。」小裕說。

諮商師：「你真是善良的基督徒。」

（四）改變認知／認知重建讓兒童減少自我挫敗

我們通常會「眼見為信」（to see, to believe），畢竟是較為真實的，

但是也因為沒有前因後果，看不見脈絡，因此我們會以自己的「解釋」來決定所見為何？然而這個解釋卻很容易因為我們與對方的關係、了解程度等受到影響，兒童也是如此，所以可以說眼睛所見不一定是對的！像是當我們與某人關係不良，他／她的許多所作所為都可能被我們解讀為「不友善」或「針對我們而來」。

「認知重建」（cognition restructuring）是協助當事人以其他可行、具有建設性的想法來替代舊有的非理性想法，同時幫助當事人去監控自我陳述、指出不適應的自我對話，代之以更適合的自我對話（Corey, 2009）。成功的治療需要當事人：1. 放棄對自己、他人與世界的索求，如「我必須是完美的。」2. 拒絕評價自己，如「我總是做不好。」3. 拒絕給予他人或自己的生活條件負面評價，如「我不可能快樂。」4. 在努力達成自己基本目標的同時，增加自己的挫折忍受度（Dryden, 2007, p. 363）。治療師要讓當事人先學會區分自己的「行為」與對「自我」的評估，目標就是讓當事人可以減少情緒困擾和自我挫敗的行為（Corey, 2009），這就如同敘事治療的「外化」一樣——將人與行為分開，就有空間可以容納解決的思考。

現代人動輒「路暴」（包括球棒隊），或是與人爭執、動手，媒體上呈現的也是以社會新聞優先，給下一代展現了不良示範，也是反教育。少子化的時代，家長很珍視子女，把兒童保護得很好，孩子也較自我中心，少了經歷與體驗，對於挫折的容忍度就較低，走出舒適圈後，解決問題的能力與智慧就顯得不足，因此，現代的孩子很需要培養挫折忍受度，增加自己的韌性與耐性。挫折忍受度要如何訓練？一般說來，隨著年紀與經驗的成長，我們會開始學會妥協，也清楚世界不是「非黑即白」，而是有許多灰色、彈性空間，當然人也要有原則，不是任意隨波逐流，因此給予兒童適當的成功及失敗經驗，重視過程的努力和學習、而不一定只求「結果」，甚至教導兒童如何從他人觀點來看事物，就會讓兒童變得更寬容、思考不僵固，挫折也會化成養分。此外，鼓勵當事人直接面質自己所害怕擔心的事物，就可以克服當事人的「低挫折忍受度」（Dryden, 1999, p. 98）。

「重新框架／構」（reframing）是從不同的觀點（通常是「正向」觀

點）來看問題或看見孩子的優勢，比如對一個懶散不寫功課的孩子說：「你喜歡按照自己的方式寫作業，不喜歡別人叫你做什麼，是不是？」進一步的「重新架構」還可以看到事情的不同面向與希望，如：「你有保護自己的能力，因為你的力量很大，我相信以你這樣的力氣，可以用在更棒的地方！」也可運用「重新架構」技巧探索孩子行為的動機，像是「打人」，諮商師可以進一步詢問：「你是不是也不想出手打他，可是因為他太煩了，你告訴過他很多次他都不聽，所以你才會生氣動手？」或是使用適當的幽默，也是另一種重新架構，這都是認知重建可以使用的方式。讀者可參閱本書前面章節的「人本學派應用在兒童諮商」。

重新框架舉例

諮商師：「你知道黃老師請你來見我的原因嗎？」

「就是上課說話。」小四的阿明道。

諮商師：「你上課喜歡發言還是說話？」

阿明：「老師講的很無聊。」

「所以你就會跟附近的同學講話、打發無聊？」諮商師說：「結果就來這裡啦！」

「老師不喜歡我，我舉手她都不叫我！」阿明說。

諮商師：「你喜歡舉手發言。」

「沒有用，老師喜歡其他同學。」阿明低頭、撇嘴。

諮商師：「所以你覺得自己不被老師喜歡，有點難過、委屈？」

阿明：「應該吧！」

諮商師：「可是我覺得老師是很喜歡你的，要不然怎麼這麼注意你，還管你上課講不講話？」

阿明瞪大眼。

「班上是不是還有其他同學會講話？」諮商師問。

阿明點頭。

> 諮商師：「但是只有你常來這裡。如果老師不喜歡你，會這麼在乎你
> 　　　　　表現得好不好嗎？」
>
> 阿明：「所以？」
>
> 諮商師：「所以我們接下來的工作就是要讓老師嚇一跳，讓她看到
> 　　　　　你、更喜歡你！」

（五）家庭作業讓改變更輕易

　　Ellis 很喜歡讓當事人在諮商後有一些閱讀或是家庭作業，而家庭作業是認知學派諮商過程的核心（Dryden, 1999, p. 23）。如果作業是成功的，表示當事人用行動嘗試新的行為可以持續下去，倘若失敗了，也讓當事人看到結果並不是大災難或不可承受（George & Cristiani, 1995）。認知治療較著重於實際問題的解決，而理情行為治療則是側重於問題所引起的情緒（Gilliland & James, 1998），認知治療師會協助兒童將解讀與信念轉為「假設」，然後測試其真確性，因此可採用家庭作業來印證。認知學派的家庭作業有情緒、認知、行動或是想像的不同內涵與目的，讓兒童在進行家庭作業時會有所體會與頓悟，在改變行為的同時也改變了認知（Gilliland & James, 1998, p. 245）。因此「家庭作業」的目的不僅可以延續諮商效果，也可以讓當事人嘗試與試驗不同的行為和解決方式，通常也會讓他們在認知上產生改變（像是當初認為不可行的，結果卻可以做得到）。「家庭作業」除了要配合諮商目標，也要為當事人「量身打造」（所謂的「客製化」），同時要注意當事人當時的處境或環境是否可以讓其順利進行作業（如讓當事人訪問家長，家長卻認為是「擾民」）？最好的方式是與當事人商議家庭作業要做些什麼？倘若不成，可以用哪一種方式取代？取得當事人的合作，「家庭作業」的完成率才會提高，也才能達成當初預計的目標。

（六）從「自我指導訓練」更新自我對話與思考

　　Donald Meichenbaum（1940-present）認爲行爲的改變是內在語言、認知架構、行爲與結果的互動產物，個體不是負面思考與感受的受害者，而是實際參與其中（Corey, 2009）。Meichenbaum 的「認知行爲改變技術」（cognitive behavior modification, CBM）與「自我指導訓練」（self-instruction training）結合了認知與行爲元素，是治療上常常使用的策略與方式，其目的都在於改變當事人的「自我陳述」（self-verbalization）（Forey & Goodrick, 2001）。進行方式先是讓兒童觀察與了解自己在緊張情境下的情緒行爲反應，開始新的內在對話，也學習新的技巧，然後以「自我指導」的方式讓兒童可以對抗消極反應，也就是當事人使用積極有效的「自我陳述」（考試不是因爲我緊張，而是正常生理反應）和放鬆治療，以及對抗消極的自我陳述所採取的一系列步驟（Corey, 2009; Nystul, 2006）。嘗試用新的、正向的自我陳述（如「做錯一次，不會讓我變笨蛋」或「多試幾次，我就學會了」）來替代舊有的、負面的自我陳述，久而久之，自信心也會適度提升，至少不會每一次都將箭靶指向自己。

　　Meichenbaum 認爲當事人未能因應壓力，主要是對情境的不正確評估以及缺乏特殊技巧使然（Forey & Goodrick, 2001）。兒童在面臨壓力或抉擇時，有時會不自覺地將成人對他／她的評價內化爲自己的（其中許多都是責成與要求），因此可能會在沒有做決定之前就先自貶或放棄，如此更增添焦慮！像是讓兒童學會因應考試或壓力情況的策略，做有效的（而不是扯自己後腿的）自我陳述，讓他們在「有所準備」的前提下，去面對生活的挑戰，才能漸漸堅實自己的信念、強度與能力。

（七）閱讀、故事與經驗分享是很好的替代學習

　　Ellis 往往會介紹當事人一些回家閱讀的作業，主要是理情治療的相關資訊。諮商師可以利用教育性的繪本、故事書與影片作爲媒介，或是談話的題材，讓兒童從中學習到一些智慧或道理，甚至可以將自身投射到故事中，看到別人也有這樣的經歷而不孤單，或是效仿他人的成功經驗。女

性主義治療也有所謂的「閱讀治療」（bibliotherapy），所謂「他山之石可以攻錯」，從閱讀中可拓展經驗與視野，學習他人的經驗與智慧。此外，兒童也喜歡聽故事，但不一定要以專輔教師所經歷的故事來做引子（畢竟有年代落差），而是以他們同儕的故事來說明，更具說服力。

故事分享舉例

諮商師：「以前有個總統叫蔣經國。有一天晚上，老師去他家，發現他躲在房間裡生氣，連晚飯都沒吃，於是就去找他問，蔣經國說跟同學打架打輸了、很生氣，老師就說『那你下次打架一定會輸！』蔣經國很生氣說：『不會。』老師就說：『你連晚飯都沒吃，哪來的力氣去跟人家比？』結果呢？他就下樓去，狠狠吃了兩碗飯！」

「所以不要隨便亂生氣，要想想別人惹你生氣是要做什麼？」兒童說。

「你真的太有智慧了，一點就通！」諮商師讚許兒童。

常見的自我破壞信念（Geldard & Geldard, 2004, cited in Westergaard, 2011, p. 99）

自我破壞信念	舉例
應該、必須的信念	「我必須要跟他做朋友，畢竟每個人都喜歡他。」
災難式信念	「如果我跟這個有關係，就一定會出差錯！」
「總是」與「從不」的信念	「我常常出去也沒有出什麼問題啊！」
挫折忍受度信念	「我的老師們總是在講一些無聊的話，說什麼我以後會很有出息之類的。」
責怪他人的信念	「這不是我的錯，都是我朋友害我的！」
負面的自我知覺信念	「跟其他人相比，我覺得自己又胖又醜。」

五、行為學派應用在兒童諮商

行為取向諮商的焦點放在眼睛可以觀察、工具可以評量的「可見」行為上，此取向視人類行為受文化社會環境所制約而形塑、決定（Halbur &

Halbur, 2006, p. 54），也受到自身天生的基因影響，個人過去的歷史也非常重要（Richards, 2007）。人不是被動或全然受環境左右，健康的人是可以與他人、環境互動，且獲得正向增強者，「精熟度」（mastery）與「控制」是其特色（Richards,

> **知識窗**
>
> 有時候兒童會「認定」一些事情（如「別人不喜歡我」），但是不一定是事實，因此有必要做一些釐清與說明，舉出一些例外或是事實來佐證。

2007），而自 1970 年代之後，行為學派又加入了「認知」因素在其過程中（George & Cristiani, 1995）。因此行為主義對人的看法是：1. 沒有好壞，但是有表現不同行為的潛能；2. 能夠概念化與控制自己的行為；3. 能夠獲取新行為；4. 能夠影響他人行為，也被他人影響（George & Cristiani, 1995, p. 87）。行為主義主張個體是環境的產物與創造者，而人格是由成熟與學習而來，因此行為也可以用來解釋人格，而個人不適應行為應該將文化、時空、社會階級與情境考量在內（Corey, 2009; Gilliland & James, 1998, p. 200 & 204）。行為學派的諮商，教育與訓練成分居多——讓當事人發展出對行為的新觀點，近年來更強調當事人的主動性（Corey, 2019, p. 164），而其簡短、主導、合作與聚焦在維持問題行為的因素，有別於其他學派（Antony, 2019, cited in Corey, 2019, p. 164）。

（一）經由「再學習」來改變行為

決定一個人是否改變還是從「行為」（所謂的「眼見為信」）來判定，一般人或師長對於兒童的優窳批判也是如此，而治療基本上最後一個階段也都是「造成行為改變」。行為學派學者認為行為是「學習」而來，不適應行為當然也是，因此「再學習」就是改變不適應行為的途徑。行為主義的許多原則，也都被運用在教育或親職場域裡，行為主義治療師協助當事人：1. 改變不適應行為；2. 學習做更有效率決定的過程；3. 藉由加強「可欲行為」（desirable behaviors）來預防（未來）問題；4. 將改變的行為遷移到日常生活中（George & Cristiani, 1995, pp. 90-91），這些也正是許多師長的期待。像是正念（mindfulness）練習不僅讓兒童放鬆、專注，還可

以對覺察開放、保有熱情與善念（Davis & Hayes, 2011, Siegel, 2011, cited in Johnson, 2013, p. 109）。

　　既然是學習，因此會使用許多策略來協助兒童。很簡單的像是觀察或替代學習、模仿、演練、角色扮演等，此外，還運用示範、不同增強方式來改變與鞏固行為，進一步的行為改變技術、自我監控／管理等，這些都是可以學習運用的策略。

（二）善用增強原理讓兒童從他律到自律

　　「增強」就是在當事人的表現達成所設立的目標後，給予當事人喜歡的酬賞，讓他／她更願意表現出所酬賞的行為，對於年紀越小的孩子，具體的「原級增強物」（primary reinforcer，如食物）的吸引力較大，然而也隨著年紀與時代的不同，「次級增強物」（secondary reinforcer，如獎狀或特權）與「社會性增強物」（social reinforcer，如讚許、擁抱）的效果會更佳。增強的最終目的是希望當事人可以「自我增強」，也就是不需要仰賴外人或外物，自己在從事這些行為時自然獲得酬賞（如喜愛閱讀）。增強物的設定還可以包含「特權」或是活動的部分，曾經有一位中年級任老師，讓上午達標（如獲得五顆星）的小組可以自行決定如何運用午休時間，只要不干擾其他同學均可；另外可以用活動（如打球）或是大家一起活動（如露營）的方式當作酬賞／增強。

　　用積分式的「代幣制」（token system）也是一種很好的增強方式。家長、老師或是諮商師，可以用「積點卡」的方式讓兒童累積點數，當然事前要先做具體說明，比如怎麼做可以贏得點數（如準時到校）？而達標點數多少（如積滿五點，可以開始兌換禮物）？可以換取什麼（如設定好積滿五點、十點、十五點等，可以換取的物品或特權是哪些？明確列出或展出）？當然增強制度也要因人而異。兒童從這些不同增強制度中，體會到學習或是行為良好（如閱讀每日規定的範圍）的感受，甚至進一步激勵自己，即便增強方式已不繼續執行時，仍能維持好習慣（繼續或喜愛閱讀），這就是從「他律」轉變成（內化）「自律」的行為／習慣。

　　現代父母親較少採用懲罰，因為教育系統裡也嚴禁懲罰，然而師長該

教的還是要教，畢竟可能會影響孩子的未來。因此，如何善用增強技巧來削弱非可欲行為，進一步讓孩子能夠自我管理，就是教育重點！

（三）用行為改變技術養成新的習慣或行為

行為改變技術（behavioral modification）是採用一系列小步驟的評估與操作方式，讓兒童可以達成行為改變的目的，包括設立基準線（baseline）、訂立目標（操作性定義）行為、執行方式、酬賞與處罰、預防復發或是替代方式。行為改變如何才是成功？主要是看維持的時間而定，也就是將酬賞或懲罰等外在增強抽去之後，兒童還可以繼續改變行為（比如超過三個月以上）。行為做短暫的改變很容易，難的是如何持續下去？像是兒童若可以學得運動及閱讀，以後的生活就不需擔心。運動可以強健身體、減少不良行為、養成良好嗜好、打發時間，與同好者一起互動交流，運動還可以增加腦內啡，讓情緒保持快樂狀態，就不會憂鬱；閱讀與運動一樣可以打發時間、成為良好嗜好之一，與同好者有共同話題，還可以從閱讀中獲取許多知識、智性的挑戰，讓自己的口語及書寫能力增加，促進人際關係，還可以具有創造力與更多解決問題的能力。倘若可以將學習後的優點／效果作為努力的動力自然最好，然而許多的行為或習慣還是需要刻意的學習，行為改變技術就是其一！

當然行為改變技術的運用，還是需要有環境的支持，效果更好、也容易持久，因此重要他人的支持、陪伴與惕勵，友善環境的推波助瀾，是改變可以持續的重要因素。

（四）運用「社會學習理論」的觀點增進兒童自信與改變

人生活在人群中，除了受到物理環境的影響，最重要的是周遭人的影響。行為學派從「社會學習理論」中也得到許多啟發，而其借來的技巧包括觀察學習、替代學習、示範、角色扮演等。此外，也從班度拉（Albert Bandura, 1925-2021）所創發的「自我效能」（self efficacy——個人相信或預期自己可以掌控某個情境並造成想要的改變）（Corey, 2024, p. 278）理論中更理解如何讓改變更持久、有效。

如果兒童對於要完成的工作沒有信心，當然也會影響其接下來採取的行動，以及投入心力的多寡，因此自我效能感增加，也會更有自信去面對或處理挑戰和困擾（Forey & Goodrick, 2001）。自我效能包括幾個向度：強度（對工作困難度的預期，個人通常對越簡單的工作信心較強）、類推性（對於某種情況的精熟程度是否可以類化到其他情境的程度）與韌性（遭遇到困難挫敗的忍受度如何）。也因此，要有較佳的自我效能的條件為：有適當的成功經驗、社會模仿（觀察他人行為的結果如何）、社會說服（口頭上的鼓勵、勸導或是建議），以及生理情緒的狀態（Bandura, 1977 & 2004，引自王文秀，2011，頁 122）。我們華人社會較傾向「責成」與批判，對子女的教育與要求亦如是。給予孩子多一些試驗的機會，失敗也不需要責難，而是檢討從中的學習與優勢為何？可以改善的又如何？慢慢提高標準與目標，自我效能感就能提升。師長自身的角色示範很重要，不要說一套做一套或有雙重標準，孩子看在眼裡心知肚明。

案例舉隅

小周已經六年級了，即將升上國中，他的父母親很擔心他拖拖拉拉的個性，萬一升上國中之後，課業負擔變多，他該如何應付？因此轉介他來做諮商。

諮商師問小周來這裡的理由，他很清楚，說是父母親擔心他做事老是拖延，萬一上了國中會趕不上同學。

「你自己會擔心嗎？」諮商師問。

小周：「多多少少。」

「是多還是少？」諮商師笑道：「如果擔心最高是 10、最低是 1，你的擔心是多少？」

小周：「大概是 7 吧。」

諮商師：「可不可以舉一個你拖延的事情？」

小周：「像是我媽會叫我先把功課寫完，然後再玩手機，但是我就會先玩手機，然後時間就不夠了！」

諮商師：「所以聽起來你的麻煩還不只是媽媽而已，老師也會有話說吧。」

小周低下頭、有點難為情。

「我不是來指責你的，我以前也曾經是這樣，不過發現要付出的代價太高了！你自己一定有試過改善這個習慣的方法，可不可以說說看？」諮商師問。

小周：「我有留在學校寫功課過，但是我媽怪我太晚回家、不安全。」

諮商師：「還有嗎？」

小周：「我把手機放在客廳那裡，然後自己回房間寫功課。」

諮商師：「聽起來不錯！」

小周：「可是我後來還是忍不住把手機拿回來了！」

諮商師：「你之前試過的方式都很棒，只是有點可惜，沒有持續下去。所以要不要再試試之前的作法，只是做一點小改變，看看成功率如何？」

接下來諮商師就與小周討論如何調整執行的問題，有幾個重點：(1) 以小步驟替代大目標，比如將一份完整作業分梯次完成，一次只完成一小部分，先達最低標即可；(2) 增強制度：將小周喜愛的物品與活動作為酬賞，也可以用累積制（如玩手機時間）；(3) 處罰：作為增強的補充，若未完成最低限度的進度就實施（如沒有點心或休息時間、請媽媽收藏手機一段時間）；(4) 每週檢討與討論進度並做適當修正。

諮商師也請家長與老師加入，只要小周有進步，他們會祭出酬賞（主要是讚美與鼓勵，或是給予特權）。小周的拖延在執行一個半月後已經不是問題，而家長也發現小周少玩手機了，主要原因是他在籃球場上找到樂趣，其中之一的增強也改為打籃球。

六、現實治療應用在兒童諮商

現實治療是由葛拉瑟（William Glasser, 1925-2013）所創發，「選擇理論」（choice theory）就是現實治療的骨架（Glasser, 1998），我們都會為自己的行為做選擇。Glasser（1975）定義「現實」包括我們生存世界的限制，對當事人來說現實固然痛苦殘酷，但是會慢慢改變，「責任」則是無法滿足基本需求的表現（但是同時不能剝奪他人的權利，這就是「道德」），也因為「討論」不負責任的行為無濟於事，因此需要積極「行動」，改變才可能產生。

（一）了解行為改變的因素就容易著手改變

現實治療學派學者認為造成行為的因素有行動、感受、想法與生理等面向，只要啟動「行動」與「思考」就可以引發改變，所以讓學生可以從小小的動作或作業開始讓他願意去嘗試，或者轉換他的想法，改變就可能產生。

人類普遍的五種基本需求為：生存與孕育下一代、愛與隸屬、獲得權力、自由與樂趣，現實學派特別強調其中的「愛與隸屬」（Corey, 2009; Glasser, 1975）。對兒童來說，也需要滿足這五種需求，除了生存所需的營養保健之外，有人愛、知道自己隸屬於家庭或被同儕接納，對生活有若干掌控感，而不是都靠他人決定，得到適度的活動與選擇自由，在生活中有樂趣和快樂，就是滿足其需求，也會朝往正向成長。Glasser 認為個體失功能都是因為不滿意目前的關係而起，也就是當事人選擇了無效的方式去滿足自己的需求，但是卻造成了不滿的關係，因此治療師的功能就是引導當事人可以做更有效的選擇、採取更有效的方式來滿足自己的需求，以維持滿意的關係（Glasser, 1998; Corey, 2009）。現實學派強調有效的決定與選擇，人之所以會遭遇問題，就是使用了無效的方式來滿足需求。

（二）行為都經過選擇，也應承擔相對的責任

人的行為是經過選擇的，因此諮商師的工作是：協助兒童選擇有效的

行為滿足其需求。兒童往往是最弱勢的一群，他們不被信任、也少被聆聽，如果有成人願意仔細聆聽、接納他們「如其所是」，不僅讓兒童更重視自己的存在及價值，也提振了他們勇敢做自己，持續努力往前的動力；再則，兒童較少被給予選擇的自由，通常是成人下達指令，要他們去遵守或完成，倘若給予兒童選項來抉擇，他們會更願意負起責任，也對自己的選擇及能力更具信心。「負責任」是力量（「選擇」的力量）的展現（Lister-Ford, 2002, p. 7），也就是指當事人是一個「行動者」，而非被動的受害者。

現實治療是以「選擇理論」為基礎，認為人的每一個行為都經過自己的選擇，因此也可以在諮商過程中提出「選擇」讓學生自己做決定。像是對於非自願當事人，可能有許多抗拒行為，那麼不妨讓他／她做一些選擇，如：「你不需要在這裡待一節課，如果我們可以在五分鐘之內，把該做的做完，你就可以離開，你認為呢？」或者：「你在這裡可以不說話，或者也可以做一些事情？我這裡有一些繪本、玩具，你要不要試試？」選項中要很明顯地讓當事人可以區辨出哪一個「較喜歡」（或較具吸引力的），這樣他／她就會更容易做出選擇，而在治療過程中，也要兒童為其選擇負起相對的責任。

此外，現實學派也著重語言的使用，他們認為一般人所使用的以「外控」（external control language）的語言較多，像是「應該」、「必須」或是威脅、處罰、利誘的字眼，這些語言用在人際關係裡會造成重大傷害，因此他建議採用思考過後所「選擇」的語言，會讓彼此關係加溫、也減少損害（Glasser, 2000, p. 25）。

（三）有效選擇讓兒童更有掌控感、也更具自信

現實治療的目標有：行為改變、做更好的決定、增進重要關係、讓生活更好，以及心理需求可以獲得更有效且滿意的結果，換句話說就是可以學習做更好、有效的選擇，對自己生活更有控制感（Corey, 2009）。兒童的行為有其目的，因此人是主動的，現實學派使用「現在進行式」（如：I am depressing），來表明此含意。即便是兒童，其哭鬧背後有目的（如：

想要父母買玩具或關注），哭鬧是兒童使用的方式，要不要讓其哭鬧成為有效滿足需求的方式？就要看成人的作為與智慧。若家長妥協、買了玩具，下一次孩子還是會使用此招，因為對他／她有效；若家長不妥協，而是和顏悅色伸出手告訴他／她：「我們要去遊樂園了，你／妳來不來？」孩子自然會做出選擇，對家長來說就是有效的親職實踐，增進了親子關係，孩子也會學習到哭鬧是無效的。在諮商現場也是如此！

我們的快樂來源就是與人的關係，倘若關係不能滿足我們的需求，就可能尋求「不需要關係」或「非人」（nonpeople）的快樂（Glasser, 1998）（如藥物或成癮行為）。Glasser 相信：人們選擇某種行為而進入治療，是因為他們努力去解決目前不滿意的關係。治療師的工作是協助當事人選擇新的、促進關係的行為，去真正滿足其基本需求。因此當事人選擇的痛苦或徵狀並不重要，因為那些徵狀會讓當事人逃避真正的問題（Glasser, 1998; Glasser, 2000），諮商師了解這一點，就可以讓當事人重新選擇不要成為受害者，而是可以掌控、決定自己生命的人。

案例舉隅

五年級的阿成是老師眼中的刺，從老師的轉介單裡就可以略窺一二，因為裡面都寫滿了他的「罪狀」：從擾亂班上秩序到課業不佳，他幾乎無役不與！鍾老師約阿成來輔導室，他竟然出現了，原因無他——教室太無聊了！

鍾老師請阿成落座：「大哥，這裡有一些水及點心。」

阿成噗哧一笑：「老師，妳是開我玩笑嗎？什麼大哥？」

鍾老師說：「每個人都想當自己的大哥，想要自己作主，不是嗎？」

阿成點點頭。

「先感謝你願意來這裡。」鍾老師說：「你知道自己為什麼來嗎？」

阿成看了一眼桌上擺的轉介單：「妳不是都知道了？」

鍾老師：「我想要聽你自己親口說，因為每個人看事情的方式不同，結果就會差很多！」

阿成開始談起其他老師不喜歡他的事，連同學也有點看不起他。

鍾老師：「我相信你很清楚自己的優點以及做事的方式，只是有時候我們用自己的方式卻得不到我們要的。」

阿成安靜了一下才說：「我也想要老師、同學喜歡我啊！可是事情就這樣了！」

鍾老師：「說說你試過的方法，你是怎麼做的？」

阿成：「像是在上課的時候，我就會跟老師（回）應一下，因為同學快睡著了。」

鍾老師：「所以你想要叫醒同學，也不希望老師的課沒有人認真聽？」

「是啊，你不覺得老師會難過嗎？」阿成道。

「我如果是老師會感動耶，有個學生這麼護我。」鍾老師說：「可惜結果不是你想要的那樣。」

阿成低下頭，感覺快要哭了。

「我們來一起擬個驚喜計畫，讓你想要的可以成功，怎麼樣？」鍾老師提議。

阿成：「很難吧，我都試那麼久了，他們討厭我！」

鍾老師：「因為你用了比較沒有效的方式啊，我們現在一起連手就不同了！」

於是阿成與鍾老師開始討論可以進行的計畫，包括上課時盯著老師看，試著不眨眼多久？作業有問題，先請教較友善的同學或者來輔導室找鍾老師（鍾老師還為阿成找了一位熱心的學長來輔導室做家教）；鍾老師也請任課老師留意阿成進步的跡象（像是專注度、作業完成度、與同學相處良好的情況等）並記錄下來。另外，鍾老師與其他老師也固定撥時間討論阿成的情況，並做適度修正，執行近兩個月後，阿成的微笑變多了，他還被選為六年級的副班代。

知識窗

我們隨時都在「行為」（behaving）。現實治療所稱「全部行為」（All behavior）就是我們努力去滿足自己需求的最佳企圖，是由不可分割的四部分（行為、思考、感受與生理）所組成（Glasser, 1998; Glasser, 2000, p. 65），這四部分都是同時發生的，因此行為都是有目的的。

現實治療過程（Glasser, 1972, cited in George & Cristiani, 1995, pp. 95-96）

治療進度	說明
1. 參與或加入	溫暖與了解的關係。
2. 聚焦在行為而非感受上	強調當事人知道自己在做什麼。
3. 聚焦在當下	除非過去與現在行為有關，才需要去探索過去。
4. 做價值判斷	當事人要檢視自己所做的，並檢驗是否為負責的行為？
5. 擬定計畫	訂出具體執行計畫，將不負責的行為改為負責任的行為。
6. 做出承諾	計畫只有在當事人願意做出執行承諾時才有價值。
7. 不接受藉口	不是所有計畫都會成功，但是一旦計畫失敗，就要發展新的計畫，而不是檢討為何會失敗？
8. 去除懲罰	計畫失敗無須懲罰，只要繼續執行未來計畫便可。

現實治療的 WDEP 系統（Corey, 2001, p. 83; Glasser & Wubbolding, 1995）

W（wants, 想要）	探索當事人想要、需要與覺知的為何？
D（direction, 方向）	探索目前所做的是不是自己想要前往的方向？要如何達到？
E（evaluation, 評估）	評估當事人目前所做的是否協助其往目標邁進？
P（planning, 計畫）	發展具體現實的計畫來達成目標。

七、敘事治療應用在兒童諮商

敘事治療（narrative therapy）與焦點解決短期諮商（Solution-focused Brief Therapy, or SFBT）是屬於「後現代取向」（post-modernism）的治療，主要理念有「主體性」（每個人都是主體，都有其價值與觀點）、「意義」（意義是從人的互動中產生、也共創出來），以及「語言」（語言使用的重要性）。

後現代取向重視當事人的觀點與其內在參考架構，將當事人視為自己問題的專家，是以優勢（a strengths-based approach）為導向的治療取向：諮商過程是建構在當事人行動，與社會支持的正向改變上（Sharry, 2004, p. 11），而將焦點轉向優勢與資源的方向，正是目前助人專業與心理治療的文化轉移趨勢（Sharry, 2004, p. 9）。基本上不管是何種理論取向的諮商師，若是能夠以「正向的意圖」（positive intent）來看當事人，就可以協助當事人更了解自己，不會加深其挫敗感或無力感，這樣不僅可以讓諮商過程順利進行，也讓他／她有機會從他人角度來審視自己，對於與兒童工作的諮商師來說是最重要的。

敘事治療從 1980 年早期的紐西蘭與澳洲開始發跡，主要代表人物為 Michael White（1948-2008）與 David Epston（1944-present）。White 不以病態觀點來看當事人，也摒棄所謂的「專家」立場，強調一個人的多元身分與故事，而人的身分、價值觀與信念，都因為文化和語言而有不同。

聚焦在問題與解決的不同（Sharry, 2004, p. 9）

聚焦在問題	聚焦在解決
聚焦在了解當事人生活中的既定問題模式。	聚焦在了解當事人生活中的改變是如何發生的、有何正向的可能性。
進一步了解詳細、不想知道的過往與問題。	對目標與想要未來的細膩描述。
個人因問題或診斷而被分類。	個人比問題更重要，有特殊的才能與優勢、且有故事要說。

聚焦在問題	聚焦在解決
聚焦在哪裡錯了？無效的為何？與個人、家庭與社會的缺失或不足。	聚焦在什麼是對的、有效的，個人、家庭與社會的技巧與優勢
解讀與指出當事人「抗拒」或是回應不一致的時候	聚焦與欣賞當事人合作或回應治療問題的時候。
治療必須要耗時甚久，以造成較長久的改變。	治療可以是短期的，創造當事人生活中的最佳改變。
創傷一定會造成當事人的傷害，以後的病態是可以預期的。	創傷不一定對末來造成病態，它可能會讓人更脆弱或更堅強。治療師對於發掘當事人如何因應創傷有興趣。
治療的重心在於治療專家設計的處遇計畫。	處遇計畫是治療師與當事人憑藉著各自的專業來共同規劃（當事人是自己生活的專家，而治療師是治療過程的專家）。

（一）建構與社會建構理論看見兒童的主體性

　　Michael White 的治療哲學是從「社會建構理論」（social constructism）而來，個體不僅受到文化與環境的影響甚鉅，而所謂的「事實」也是個人經驗之後所發現的真相，我們是藉由創造自己對環境的建構而顯現出對世界的理解與意義。「建構主義」強調個人主觀的解讀，「社會建構主義」則是更強調語言、文化「互為主體」的影響，既然「意義」是在彼此互動中建構出來的，語言的使用與文化因素形塑也創造了個人在文化中的意義（Zimmerman & Dickerson, 2001），我們對世界的許多想法其實也是從與他人的對話、互動中產生，因此治療也可以變成「解構」（de-construction）的過程──讓當事人脫離被「陷溺」信念所統御的情境（intersubjective influence）（Nichols, 2010, pp. 94-96）。

　　從社會建構理論而來的觀點，說明了語言的使用與文化因素，形塑也創造了個人在文化中的意義，White 與 Epston 因而特別注重語言的使用，甚至強調治療師本身要對語言相當地敏銳，也能夠正確地使用（Payne, 2007）。兒童本身也會看、會解釋所看見的，而他們的解讀可能受到成人

或是主流社會的影響，不免失之偏頗或是有批判、責難，而與諮商師的對話可以解構原先的信念、減少這些錯誤解讀。敘事治療師的態度或觀點是治療的關鍵，治療師保持「未／不知」（not-knowing）、好奇的立場，尊重當事人是自己問題的專家，以尊重、開放、合作的態度與當事人對談（Corey, 2009; Morgan, 2000; Nichols, 2010），讓兒童減少防衛感或低下感，而是以平等的位置與諮商師對話。

（二）敘說與解釋形塑了生命意義

　　從敘事的觀點來說，「個人」是由故事所建構而成，治療師邀請當事人決定自己喜愛的故事版本，協助他們留意適合這個版本的生命經驗。每一個人也是藉由「敘說」來定義自己生活的意義，因此每個人所說的故事也決定了他們是怎樣的人、會有什麼樣的行動（Halbur & Halbur, 2006, pp. 75-76）。然而我們所敘述的故事，在許多情況下是受到文化或社會價值（「脈絡」）所影響的「主流」故事（dorminant stories），欠缺個人的主體性，也因此加重了「問題」的嚴重性。敘事治療學者認為我們的故事是多面向的（multistoried），不限於一個「主流故事」，即便一個事件也可以有不同故事產生。

　　兒童喜歡聽故事，也喜歡自己的故事，他們從故事中學習，也得到啟發、豐富生命，從自己的故事中更了解自己；每個人都是從故事當中來塑造自己與生命意義，這些被強化的故事也是提點兒童當事人的其他優勢。多元的故事讓兒童看見自己的許多面向，而不是主流社會所定義的單獨面向，自然會拓展其視野與認知，展現更多的接納和寬容，也會更清楚自己要的是什麼？成就的為何？

（三）觀點與多元身分讓兒童看見有希望的自己與未來

　　敘事治療所謂的「觀點」（perspective）代表的是看事情的方式、給予生命意義的方式，也是一種生活方式（Bubenzer, West, & Boughner, 1994, cited in West & Bubenzer, 2002, p. 358）。文化、社會與政治因素會影響在其中生活的人，特別是與權力有關的一切，滲透到個人及更廣範圍，因此

敘事治療師能夠看見主流社會的觀點對一個人生命與看法的影響（Payne, 2007）。

每一個人有不同的身分（比如同時是孩子、兄弟／姊妹、同學、好友、鄰居等），一個人不能扮演好所有的角色，但是有些角色是自己有能力做好的，一般人會受到主流論述的箝制，不能發展屬於自己的非主流故事或身分，而治療師將當事人視為自己生活的專家，認為人有技巧、能力、信念、價值觀與承諾等，協助其減少問題對自己的影響。換言之，治療師協助兒童跳脫主流社會的單一、霸權觀點（如「成績好才是好學生」），看見自己還有其他的優勢與亮點。兒童往往是被告知該做什麼（Sherman, 2015, p. 62），沒有自己的主體性，他們也習慣了如此，因此讓兒童敘說自己的故事，引導他們建構不同的故事，對他們來說很新鮮、也很重要。

敘事治療目的不只在於問題的解決，讓當事人生活更好、可以繼續前進（Payne, 2007），也希望可以改變當事人的思考與生活方式，邀請當事人預見自己喜愛的未來，藉由「再敘說」（或「重新建構故事」，restory）的方式，以新的角度與眼光來重新檢視自己關切的議題及生活（Halbur & Halbur, 2006, p. 76; Payne, 2007），也是「自我認同的重新建構」（White, 2007/2011, p. 70）。

後現代治療的幾個共通點（Tarragona, 2008, pp. 172-175）：

1. 受到不同領域（涵括了哲學、人類學、歷史、語言及文學理論）的啟示。
2. 採用社會或人際對知識與認同的觀點。
3. 注意脈絡。
4. 語言是中心概念。
5. 治療是夥伴關係。
6. 重視多元觀點與聲音。
7. 重視地方性知識（或是個人的知識）。

8. 當事人是主角。

9. 治療師的公開或透明。

10. 注重「有效的」方式。

11. 個人動能（personal agency，能夠自己做決定並採取行動）。

敘事治療師協助當事人重新建構故事的方式：

1. 運用問題來鼓勵當事人去反思不曾注意到（或被忽略）的資源。

2. 運用其他技巧來協助故事的展演（包括使用「外化問題」、深描故事、了解「特殊結局」，並創造出當事人所喜愛的其他特殊結局）。

3. 寫信或是給予獎狀激勵（也肯定）當事人的成就。

4. 邀請與當事人相關的重要他人參與（包括儀式，這些見證人可以讓當事人新的故事浮出檯面）。

（四）解構「人」與「問題」的連結、思考出解決方案

敘事治療最著名的是使用「外化問題」。「外化問題」就是不將「人」與「行為」聯結在一起（如對「霸凌別人的學生」說：「讓別人不好過這件事對你的影響是什麼？」），可以讓當事人有空間與距離去創思解決之道、不自困於問題當中，甚至是抽離出問題情境，讓當事人脫離「負面身分」（通常是主流文化所定義的），甚至創造

> **知識窗**
>
> 敘事治療讓當事人看見自己在「主流社會（或文化）」所定義的「單一身分」（如「壞學生」）之外，還有其他被忽略、漠視或是刻意壓抑的「非主流」身分（identities）（如「負責的孩子」、「貼心的姊姊」）。

出個人更多元的身分。治療師會詢及「問題」對當事人的「影響」，也會問當事人對「問題」的影響為何？將「人」與「問題」分開，協助當事人從不同角度思考問題，也就是將當事人與問題做切割，不讓「問題」成為

個人內在、不可改變的缺陷，而當事人也可以抽開距離去看自己面臨的困境，比較容易思考出解決之道。

「外化問題」可以重新發展與審視個人的優勢和資源、調整個人與問題／事物之間的關係，而展開外化的對話會開啟更多的選擇，讓當事人修改他們與外化事物的關係（White, 2006/2010, p. 46）。White（1989）曾經敘述外化問題的效果是：減少人與人之間無建設性的衝突（如手足之間的互相責難）；減少失敗的感受（因為問題並不代表人本身）；可以為彼此的合作鋪路、共同對抗問題；打開新的可能性，個人可以採取行動恢復自己的生活；讓個人可以擺脫壓力與重擔，採取更有效的方式去處理問題；以及對問題而言，可以打開「對話」的可能性，而不是個人的獨白（cited in Payne, 2007, pp. 55-56）。將「外化問題」運用在家族治療裡，不僅不將病徵或問題「病態化」，而且把問題變成家人攜手共同對抗的敵人，同時也「賦能」家庭成員可以「共同建構」（co-construct）新的故事、展現新的行為（Goldenberg & Goldenberg, 1998, p. 90）。然而要切記：外化技巧並不是用來解釋破壞性的或凌虐式的行為（如霸凌），但若是破壞或凌虐的行為所隱含的信念或假設，則是可以用外化方式處理，像是霸凌事件中的施暴者，其信念可能是「想要別人尊重我」（Payne, 2007）。

兒童很容易將問題與自己掛勾在一起，彷彿「自己就是問題本身」（的信念），因此讓兒童有機會隔一段距離、看自己與問題之間的關係，對兒童來說不僅很新鮮，也可以看見兒童掙脫困境、發現解決之道的希望與創意。

（五）以鷹架地圖（landscape）搭建對話，看見兒童的潛能

Michael White（2006/2010, pp. 86-87）利用「鷹架地圖」建構與兒童及其家人的對話，運用「潛在發展區域」的理念，協助兒童／當事人從已知、熟悉跨越到可能的世界。另外，還藉著「社會協力」（學習不是個人獨自努力的成果，而是需要大家共同協力。）協助兒童抵達新的定位。治療師要時時檢視自己的定位為何？站在「去（專業或個人）中心化、有影響力」的位置，真正以兒童為考量，而不是用成人或主流文化的思考

（Morgan, 2006/2010, p. 91）。兒童可以慢慢從自己現在的位置，與問題維持適當的距離，學習如何進展到不熟悉的領域／能力，藉由「社會協力」，學會負責任與自主自治。許多的對話都是使用兒童的語言或創意，兒童慢慢拿回對問題的主導權（自我管理），並且以行動讓問題弱化（Michael, 2006/2010, p. 35）。

（六）善用治療文件（紀錄）與重新加入會員（re-membering）賦能兒童

敘事治療運用顧問、筆記、頒發獎狀、紀錄的文件或創作的故事書（White, 2006/2010, p. 135），或是請重要他人見證兒童的故事與進步（重新加入會員），讓兒童可以記起曾有過的能力與成功經驗，厚實新的角色或身分，這些都是非常有意義的，也是其他諮商學派會借用的想法與作法。Epston（1994）認為書寫的文件或紀錄，不會像對話一樣很快就消失，而且還可以在往後重複閱讀（cited in Becvar & Becvar, 2009, p. 262），甚至是在兒童陷入生命低谷時的一根救命稻草。兒童的進步有具體證據可資佐證，還可延請兒童擔任某一議題的顧問或專家（如中輟生以「過來人」的身分，提供類似遭遇者自身體驗而頒給「如何克服中輟的陷阱顧問」）、為同儕提供角色楷模和建設性建議，甚至邀請兒童的重要他人「證實」兒童的優勢與經驗或「見證」兒童的進步及成長，對他們來說都是不可多得的禮物與給力。

敘事治療過程（Reid, 2011, pp. 154-160）：

- 傾聽充滿問題的描述。
- 命名與外化問題。
- 去發現當事人有能力的線索。
- 建構另一個可能的故事。
- 在新的故事裡，登錄證據以及加入聽眾。

知識窗

諮商師將兒童行為視為正向動機時，就有機會創造互動機會，也讓孩子了解他們自己及別人怎麼看他們（Pereira, Smith-Adcock, 2011, cited in Smith-Adcock & Pereira, 2017, p. 115）。

案例舉隅

小樺是六年級學生，最近才被選為班代。母親發現小樺洗手的行為很不正常，往往一洗就是十幾二十分鐘，勸她或是阻止她都沒有用，反而讓洗手的頻率更高。爸爸剛開始也不以為意，後來發現事態嚴重，因為她的手幾乎都紅腫或破皮了！媽媽把小樺帶來，希望諮商師可以幫忙。

諮商師一見到小樺就問她：「你知道自己為什麼來這裡嗎？」

「因為我常常洗手。」小樺低頭看自己的手。

「洗手是正常的事情不是嗎？媽媽是不是也是手髒了會洗手？」

媽媽點頭：「可是她洗太多次了！」

諮商師問小樺：「我可以看看你的手嗎？」

小樺伸出手，諮商師檢視了一下問：「會痛嗎？」

小樺點頭。

「辛苦了！」諮商師說：「什麼時候比較常洗手？」

小樺：「美術課後，放學要進家裡的時候。」

諮商師：「很好的觀察！通常你會怎麼洗手？」

小樺：「有時候就用水洗，有時候用肥皂。」

諮商師：「大概會洗多久？」

小樺：「有時候一下子，有時候很久。」

「最久大概幾分鐘？」諮商師問。

小樺：「二十分鐘吧。」

諮商師：「在洗手之前，你會聽到有聲音叫妳去洗手嗎？」

小樺：「有。」

諮商師：「男生還是女生的聲音？」

小樺：「男生。」

諮商師：「他是怎麼說的？」

小樺：「妳好髒、趕快去洗手！」

諮商師：「什麼時候他在旁邊喊妳去洗手、妳不理他的？」

「音樂或體育課，還有英語課、跟妹妹玩的時候。」小樺說。

「所以他也沒辦法叫妳去洗手？」諮商師問。

「對！」小樺點頭。

諮商師：「常常去洗手這件事，對妳造成什麼影響？」

「有時候很痛，爸爸媽媽很難過。」小樺回答。

諮商師：「在學校呢？」

「同學覺得我很奇怪，也不想跟我玩。」小樺的眼眶紅了。

諮商師：「讓妳很難過，妳也不想要這樣。」

小樺開始啜泣，諮商師把衛生紙盒推到她眼前。

諮商師：「妳剛才也說，可以不理那個聲音。我們一起來給那個聲音
　　　　　取個名字好不好？」

小樺：「我不知道要給他什麼名字。」

諮商師：「既然他說妳手髒，我們就叫他『髒先生』如何？」

小樺點頭。

「『髒先生』拿妳沒辦法的時候，妳覺得怎樣？」諮商師問。

小樺：「很高興。」

諮商師：「很想打敗他對不對？」

諮商師：「妳也打敗過他，所以我們一起來讓他不敢再來找你好不
　　　　　好？」

小樺點頭。

八、焦點解決治療應用在兒童諮商

焦點解決短期諮商（Solution-focused brief therapy, SFBT）是 1980 年間由 Steve de Shazer（1940-2005）、Insoo Kim Berg（1934-2007）及同僚在 Milwaukee 的 Brief Family Therapy Center 所發展出來的。SFBT 受到 Milton Erickson 的啟示（Murphy, 1997, pp. 31-32），包括：每一位當事人都是特殊的，採用的治療方式也應該是「適合」此當事人的特殊方式；1. 注重時間效率，因此不需要去挖掘問題的起源或歷史，而是把焦點放在「解決之道」上，同時聚焦在沒有問題的未來；2. 強調小改變，也就是小小的改變，都可以引起連漪效應、造成更大的改變；3. 實用性，運用當事人帶來諮商場合的任何可用資源；4. 強調當事人就是問題解決專家；5. 強調使用當事人所用的語言。還從「心理研究機構」（Mental Research Institute, MRI 那裡引用了幾個觀念（Murphy, 1997, pp. 34-36），像是：1. 問題過程——是日常生活的一部分，一般人都會試圖解決問題，如果嘗試解決的方法無效，也可能成為問題的一部分，除非「做了不一樣的事情」；2. 打斷無效的解決方式；3. 當事人立場——將當事人立場分為「訪客」（visitor，不認為自己有問題、也不想來見諮商師）、「抱怨者」（complainants，認為有問題存在，但是不認為自己有能力解決），與「顧客」（customer，想要改變的人）。這些觀點都非常適合與兒童的工作，要注意的是：SFBT 的許多技巧會讓人誤解是只有不同的「問法」，但是 SFBT 的諮商師重視語言的功能、創意的發揮與優勢的立場是最關鍵的。

（一）每位兒童都是獨特的，因此治療方式也要客製化

SFBT 相信每一位當事人都是特殊的，採用的治療方式也應該是「適合」此當事人的特殊方式。即便是面對類似議題的當事人，處置的方式也會不一樣，因為每個兒童都是獨特的。另外，SFBT 強調使用當事人所用的語言，就是同理當事人對於問題的看法，可以藉此了解當事人的內在架構，也傳達對當事人的尊重，當然也為建立良好諮商關係鋪路。

（二）聚焦在「未來」與「解決之道」，讓兒童有希望

　　治療師不需要去挖掘問題的起源或歷史，把焦點放在「解決之道」上，同時聚焦在「未來」，就是要當事人看到沒有問題困擾的未來，也鼓勵當事人尋思可能的解決之道，同時不將兒童「標籤化」。因此「找尋例外」（looking for exceptions，詢問「沒有問題」的「例外」情況，因為每個問題都會有例外），讓兒童重拾自己的能力／成就與希望，也可以重新將兒童導向問題解決的方向（Andersen, 2003）。即便兒童目前的表現不孚眾望，但是一定都曾經有過良好的表現或成功經驗，因此提醒他／她曾有過的光榮時刻（或能力），或是沒有問題的情況，對當事人來說，都是一種鼓勵與希望。

（三）改變是可能的，強調小改變會造成更大的改變

　　一點點的小改變，都可以引起連漪效應、造成更大的改變（所謂的「連漪效應」是「系統觀」的一部分）。焦點解決治療的目標有三種——改變對於問題的作為，改變對問題的看法，以及找出資源、解決之道與優勢（O'Hanlon & Weiner-Davis, 1989, cited in Seligman, 2006, p. 417）。目標具體、也維持簡單，會讓改變更可能發生。

　　諮商師運用奇蹟式問句（miracle questions）了解可能的諮商目標：就是「假設性的解決問句」（Andersen, 2003），奇蹟式問句通常可以讓諮商師看見當事人關切議題的潛在解決方式（Seligman, 2006, p. 419），或是描述他／她想要從治療中獲得什麼（Duncan, Miller, & Sparks, 2003）？而「量尺問句」（scaling questions）可以用在評估進度、建立信心與動機、設定小而可辨認的目標，以及發展策略上（O'Connell, 2007, p. 392），讓目標與進度更具體可見、也容易達成。「量尺問句」通常是以 1 到 10 或 0 到 10（最差到最好）的方式來詢問，可以知道當事人所欲目標、達成的程度，以及可以繼續努力的方向，兒童對於數字的回應也較佳（Berg & Steiner, 2003, p. 21）。若情況沒有改善，治療師會使用因應問句（coping questions），將焦點放在當事人的優點與力量上，例如：「你（妳）怎麼

做讓它不變得更糟？」而不是聚焦在無效的批判上。

（四）善用兒童的資源，將重要他人納進來

　　兒童的資源包括他／她的優勢與可能的支持系統，因此要將兒童的家人、師長或朋友也納進來，讓他們參與協助過程，同時可以「見識（證）」或目睹兒童的改變。家庭治療師 Michael Nichols（1995）就曾說過：「好的聽眾同時也是見證者。」（cited in Selekman, 1997, p. 36），像是可以問兒童：「如果你／妳知道怎麼跟朋友好好相處了，誰會最先發現這些改變？」此外，了解兒童的偶像或是喜歡的電腦遊戲人物，詢問其偶像會希望他／她如何（如：「如果你／妳的偶像在這裡，他／她會怎麼跟你／妳說？」），或者是某電腦遊戲人物的優勢為何？如果兒童是那些人物，他／她會如何善用這些優勢？

（五）兒童是自己的專家，將焦點放在兒童的優勢上

　　SFBT 治療師運用當事人帶來諮商場合的任何可用資源，強調當事人就是問題解決專家，把解決問題之鑰放在當事人身上，也肯定當事人為問題所做的努力與嘗試，找尋過去的解決方式，也就是知道兒童會嘗試解決問題而不是無能的。另外，治療師強調使用當事人所用的語言，也是尊重當事人的一種作法。

　　治療師帶著「不知」的態度與兒童工作，同時將每一次晤談都視為從兒童身上學習的機會，因為兒童是他們自己生活的專家（Sharry, 2004, p. 25）。身為治療師，除了要了解當事人對於真正問題的知覺外，還要以尊重的好奇心，去了解兒童所呈現問題的其他可能解釋（Selekman, 1997, p. 36 & p. 38）。

（六）無效的方式就不要繼續使用，減少固著與僵化

　　當事人也思考過解決的方法，然而有些方法即便無效，當事人還是繼續使用，此時可以尋思其他方式去達成有效結果。SFBT 鼓勵兒童「實驗」，就是讓當事人有機會去嘗試不一樣的或沒試過的，減少其防衛心與

害怕。SFBT 的家庭作業主要有兩類：一是有效的方式就持續進行，二是若無效的就做不一樣的（Berg & Steiner, 2003, p. 28）。

　　很多時候兒童因為缺乏經驗或是不知道解決問題的有效方法，所以一直採用了無效的策略，反而變成問題的一部分。像是想要引人注意的兒童，只用打架來獲得注意，卻換來不好的結果。也許可以讓兒童試試不同的方式，或許是幫助同學，同時也請老師留意兒童正向的行為，並即時予以嘉獎，兒童發現結果與之前的不一樣——「不僅獲得老師的注意，而且得到讚許。」可能就會更常出現這樣的助人行為。

（七）運用讚美與重新描述肯定兒童的努力與進步，也指出具體努力方向

　　「讚美」是焦點解決諮商裡非常重要的一環，讚美不僅傳達了治療師全程仔細聆聽，也關切當事人。SFBT 的治療過程也可分為「建構解決對話」、「暫停休息」、「正向回饋與家庭作業」的三段式，其中最後一項就是給予當事人正向回饋／讚美，而讚美與阿德勒學派一樣，諮商師會依照與當事人的接觸與觀察，給予事證的具體讚美（de Shazer et al., 2007）。

　　運用重新架構技巧或「重新描述」（re-description），也就是換個角度來看問題或事件，或是以正向的觀點來重新描述事件，這也是 SFBT 用來找出當事人優勢的好方法。像是學生說謊，諮商師可以說：「你知道要怎麼樣保護自己，讓自己不受傷害。有沒有一種情況，你可以說真話，同時也可以保護自己呢？」有時候不要只是看重結果，而是要去注意過程，也會讓當事人有不同的領悟，像是：「雖然這一次沒有得到你想要的名次，但是從你一路這麼跑下來、不肯放棄的情況看來，你是一個會堅持下去的人，我很佩服！」

焦點解決的基本理念（Connie, 2009; de Shazer et al., 2007, pp. 1-3）：

1. 如果沒壞，就不必修理。
2. 如果有效，就做更多。

3. 如果無效，就採取不同行動。

4. 小步驟可以造成大改變。

5. 解決之道不需要與問題有直接關聯。

6. 沒有問題會一直存在，總是有例外的時候。

7. 解決語言的發展不同於問題描述。

8. 未來是可以創造與妥協的。

（七）將焦點解決運用在兒童與家庭會談中，讓親子關係更親密

　　兒童年紀越小，受到家庭與環境脈絡的影響越大，加上兒童的許多行為問題，往往不是自己造成，而是受到其他相關因素影響，因此將重要他人也納進來是很關鍵的。由於兒童往往是家庭裡的弱勢族群，較少有為自己發聲的機會，因此將焦點解決應用在兒童與其家人的治療中，可以有加乘的效果。一來治療師可將兒童當作自己問題的專家，同時讓家人有機會看見兒童處理事情的智慧，有時候還可以將兒童當作諮詢顧問，請教其解決之道，往往會有意想不到的收穫（Selekman, 1997, p. 79）！

　　針對家庭的評估，治療師可以問：家庭成員對於問題的定義為何並作釐清，從引出家庭故事的同時來創造意義，評估兒童的系統中家人想要的改變為何，創造新的家庭故事以找到解決之道，和改變的可能以及合作擬定與執行計畫（Selekman, 1997, p. 33）。治療師往往很難讓家長相信孩子的「問題」行為與家庭或家長有關，因此許多家長都是站在「來訪者」（來看看到底怎麼一回事）或「抱怨者」（抱怨孩子的問題或做家長的辛苦）立場，如何取得家長的合作，讓他們改變立場、成為消費者或顧客，就是治療師的能耐了！

　　此外，家長也可以從諮商師的角度重新看見孩子的亮點，而諮商師可以示範如何稱讚兒童，例外問題、量表問題與奇蹟式問題的使用，都可以是賦能親職的作法。

「問題導向」與「焦點解決」的比較（Reid, 2011, p. 132，加上作者的看法）

問題導向	焦點解決
從問題開始	導向解決方向
過去	現在與未來
原因	多元描述
「為什麼」的問題	「如何」的問題
發生了什麼事	你想要什麼
頓悟／治癒／成長	賦能／得力／成長
深度	表面
諮詢取向	合作取向
哪裡錯了	做對了什麼
當事人從諮商師那裡學習	諮商師從當事人那裡學習
長期且痛苦的	短期、較輕鬆的
解決方案由治療師決定	解決方案適合當事人
專家的語言	尊重並使用當事人的語言
抗拒	合作

案例舉隅

三年級的小宋因為與同學爭執、不小心打到同學，而被轉介到輔導老師處。周老師請小宋進來，但是小宋杵在門口不願意踏入，於是周老師就在門口與小宋談。

「謝謝你來。」周老師說。

小宋沒有說話。周老師繼續道：「我在裡面有準備水跟一些餅乾，你可以坐下來，我們說說話。」

小宋遲疑了一下就走進來。很好奇地看看周遭，周老師說：「你要不要參觀一下？」小宋搖頭。

小宋坐下後，周老師就把水與餅乾放在他伸手可及之處：「請用。」

周老師問：「你知道自己為什麼來這裡嗎？」

小宋搖頭。

「你以前沒來過這裡？」周老師問。

小宋：「我想要去上課。」

周老師：「好，因為鄭老師希望我跟你談一談，所以可不可以我們就
　　　　　聊個兩分鐘，然後你就可以回去上課？」

小宋點頭。

「告訴我，你做得很好的事情是什麼？」周老師問。

小宋：「我會保護妹妹。」

「還有呢？」周老師再問。

小宋：「我會留點心給妹妹。」

周老師：「哇，你是一個會照顧妹妹的好哥哥呢！」

「因為妹妹很小。」小宋回答。

「除了妹妹，你還會保護誰？」周老師問。

小宋：「我的朋友。」

周老師：「怎麼保護？」

小宋：「有人說他壞話，我叫他不要這樣。」

「今天發生的事也是這樣？」周老師問。

「對。」小宋點頭。

周老師看看鐘，然後說：「跟你約的兩分鐘到了，我可不可以下一次
再跟你約時間聊？」

小宋也起身：「好，但是不要在電腦課跟體育課的時候。」

「我記下來了。」周老師指指自己的頭。

周老師跟小宋一起走到門口，周老師說：「小宋，謝謝你今天來。你
是一個守信用的人，鄭老師要你來你就來了。我還發現你是一個愛護
妹妹的好哥哥，會保護妹妹、還留點心給妹妹；你也會保護朋友，不
喜歡別人亂說朋友的壞話。」然後順手把一些餅乾放到袋子裡交給小
宋：「這是給妹妹的。」周老師說道。

八、家族（庭）治療應用在兒童諮商

　　一般輔導教師與諮商師的訓練裡較缺乏家族治療的訓練，然而在實務工作現場，卻發現有其重要性。專輔教師在接觸兒童族群時，要有生態觀，時時刻刻提醒自己：許多孩子的行為問題不在孩子本身，通常孩子只是呈現家庭或社區問題的徵象而已，因此要將眼光放大、放遠，從孩子所處的環境與脈絡去進行了解（生態系統觀），可以較容易發現問題的影響因素、可運用的資源，以及有效的處置方式。就兒童來說，有更多的重要他人參與（即便是年幼的孩子）、治療效果更佳（Sharry, 2004, p. 12）！

　　孩子通常是家裡最無力的弱勢，因此許多孩子會成為家庭問題的代罪羔羊，所以要解決真正的問題還是要讓父母親或其他重要他人出席與協助，讓他們了解孩子的情況。然而我國雖然家人關係緊密，家長常常礙於「面子」或「家醜」的問題，不願意承認問題的存在，甚至會認為只是學校老師多事！有時候即便孩子已經有極為嚴重的問題（例如「強迫症」），父母親卻還是堅持己見，不願意出席，也許承認自己有錯是很難的，只是因此卻讓孩子受罪，真是於心何忍？諮商師若是碰到這樣的情況也極為頭痛，通常退而求其次的方式就是邀請家長出席，以諮詢者的方式提供意見。

　　沒有一個問題是單一的原因造成，很多時候是許多因素糾結所釀成。家庭需要維持其平衡，因此只要有新的資訊或情況出現，就會經過一些震盪與調整，以恢復之前的狀態，這是「系統觀」的理念。兒童年紀小受到環境的影響大，特別是家庭的影響力，也因為自己能力不足，卻又身為家庭的一份子，倘若家中出現問題（如父母爭吵），兒童會認為自己「應該」出點力、協助解決，然而他們可能嘗試某些行為（如在學校打架），卻意外發現結果不錯（彼此爭吵的父母親一起前來關心），他／她可能就誤以為自己替家庭解決了問題、看到了所欲的結果（雙親和好），於是就繼續使用，殊不知這樣可能只是轉移了焦點，真正的問題還是沒有解決，這裡的兒童只是家庭問題的「代罪羔羊」（或「被認定病人」，identified patient, or IP）而已，除非真正的家庭問題獲得解決，要不然兒童就會持

續這樣的「生病」或「無效」的行為。兒童的問題通常並不是個體自身所產生，而是受到所處脈絡或環境的影響，加上自身的發展特色使然（如語言表達或思考尚未成熟）。也因為孩子通常是家庭問題的「代罪羔羊」，不是問題本身，因此輔導教師或諮商師真正要解決根本的問題，還是需要追本溯源、協助家庭處理問題，這樣子才能真正解決出現在孩子身上的困擾或偏差行為。

家族治療的理論還給了治療師一個很有趣的思考：不要哪壺不開提哪壺。兒童被轉介來見諮商師時，心理上其實已經有一些假設（像是認為自己是「不好的」或「有嚴重問題的」，認為諮商師跟其他成人一樣，要對自己說教或指責），倘若諮商師真的如其所願地表現了這些預期的行為，可能無助於了解當事人的感受與想法，及問題解決的可能性。諮商師的角色不是以「達成轉介人的目標」為依歸，而是需要多從當事人的角度來感受與思考，進一步解決問題或改變現狀，因此諮商師或輔導老師還是要留意自己的位置與專業角色，不要重蹈前人腳步、成為「另一位」譴責者。

孩子深受不可見的家庭系統影響其發展與行為，系統觀的諮商師往往會看見孩子無效或破壞的表現，事實上是想要處理家庭生活的功能性行為（Sherman, 2015, p. 99）。諮商師帶著系統觀的思考，會願意去了解兒童所遭遇的情況、貼近兒童，著力於治療關係的經營上，看見兒童的優勢，或許在兒童被了解與認可的同時，他／她的行為與態度已經開始改變，也有意願去解決目前的困境。

（一）生態系統觀協助我們看見影響兒童的脈絡因素

家庭不能自外於周遭的環境（鄰里、社區、學校、社會、國家與世界），況且現在科技進步、天涯咫尺，像是近年的新冠病毒已經造成全球幾百萬人的死亡或失能，其影響還在持續中。全球經濟景況不佳、物價上漲與通貨膨脹，造成許多國家瀕臨破產、許多人失去工作，而人口老化與少子化是世界需要面對並解決的重大議題，個人不能自外於周遭環境與全球脈絡可見一斑。

家庭也在這樣的大系統之中，因此有時候輔導教師面對兒童，也要將

這些大脈絡的變數考量在內。許多孩童因為家長工作關係，不是常搬家、無法交到朋友，就是家長無業或被資遣在家，孩童反而成為家長情緒的出氣筒，導致家暴的產生，新冠肺炎流行期間，家暴案件陡增，不少人因此婚姻裂解，而「家庭暴力」往往是持續最久、最難被發現的，一旦發現可能就非死即傷！「家暴」是「控制」與「權力」的問題，牽涉到傳統的性別關係與位階；遭受或目睹家暴的孩子，男性容易淪為「加害者」、女性容易成為未來的「受害者」，而暴力也會因為模仿而持續傳承下去，影響其一生。

家族治療師之所以重視「系統觀」，主要是見到當事人無力去控制家庭中發生的狀況，常常淪為受害者（Nichols, 1992, p. 11），尤以兒童為然。「系統觀」強調「牽一髮而動全身」的「漣漪效應」，因此只要家中有人發生問題，不一定是個人的因素所造成，而是需要將整個家庭系統納入考量，同樣的，若家中有一位成員發生問題，只要有其他家人參與治療，就有機會將所學或是有效的方法帶回家做執行、促成改變，而這樣的改變也會牽動其他人的改變。因此家族治療師認為孩子出現問題或徵狀可能是（Corey, 2009, p. 412）：1. 為了家庭而有其功能與目的；2. 家庭不小心讓這個徵狀持續下來；3. 家庭無法有效運作，特別是在轉換期（如孩子成長或家長外派工作）時發生；4. 也可能是世代傳承下來的失功能模式（所謂的「代間傳遞」）。

穩定的家庭系統（Becvar & Becvar, 1998, 引自 Taylor, p. 9, 2004/2007）：

- 能夠改變或有彈性。
- 家庭如同個人，也會經歷發展階段，因此也有一些危機需要處理。
- 家庭要同時是開放與閉鎖的系統，才可以有效管控。
- 家庭成員應被視為獨立的個體，但同時也需要歸屬感。
- 溝通就是回饋。訊息的交換可以維持系統的能量。
- 由許多次系統所組成，也要靠彼此間的互補與支持。

（二）從界限與結構評估兒童的人際關係品質與健康程度

　　每一種關係之間都有一條隱形（或是心理）的「界限」（boundary），就像是個人的房間只允許哪些人進入（或像是狗狗尿尿占地盤一樣），就是依照個人之喜惡或與他人親疏遠近的關係來決定。人與人彼此之間即便再親密，也都有其界限，而這個界限的彈性則是由互相所認定的親密度來決定，是很主觀的，身體就是我們最後的界限。華

> **知識窗**
> 家庭有生命週期（家庭成形、小孩幼年時、學齡孩子、青少年孩子、成年孩子、家人生病或是失業等生命事件發生時），所以要發展不同的新功能來因應不同發展階段的變化（Mitrani & Perez, 2003）。

人家庭在一般情況下是母親與子女關係較親，也就是說界限較為彈性（或謂「可滲透性較高」），而子女與父親之間的界限就較為僵化（或謂「可滲透性較低」）。界限是希望可以維持個人的獨立性及與人的隸屬性。界限的兩個極端是「僵化」與「糾結」，前者是指人與人間的界限清楚分明，可以維持個人的獨立性，但是卻犧牲了彼此的親密，後者是指人與人間的界限模糊，雖然保持了親密，卻犧牲掉了個人的獨立性，一般的家庭都介於兩者之間。當然，每個人與不同人的關係不同或是因時因地產生變化，因此界限也不同，所謂的健康界限則是指界限的「彈性」。

　　家人之間的關係界限不清楚／融合或是僵化，也會讓孩童無所適從，產生可能的問題行為。像是父母親常常爭吵的家庭，家長會刻意拉攏某個孩子（可能形成「三角關係」）以對抗另一方，這就是親子之間界限模糊，或者有孩子認為父母親不愛他／她（界限太僵化），也可能向外尋求關注。不少父母親將自身的婚姻問題與孩子分享，孩子會覺得無法同時對雙親忠誠，同時孩子也沒有處理雙親問題的能力，因而倍感焦慮。

　　「界限」也可以指家庭與外面世界的關係。開放系統（open system）是持續與外在環境互動的，會因刺激而反應，也會主動創造改變，這也說明了家庭系統需要持續不斷變化與做調整，健康的家庭系統不僅維持平

衡、也尋求改變的必要性。倘若家庭是一個閉鎖系統（closed system），拒絕任何新資訊的流入或做適當改變，最後可能淪為滅絕，然而若是全然開放，也會一團混亂。因此，一般的家庭都是介於以上兩個極端（開放與閉鎖）之間。

結構是家人一致、重複、有組織、可預測的互動行為模式，是肉眼看不見的一套功能，也是家庭經過長時間發展而成。「家庭結構」指的是家庭次系統的組成方式，以及受到界限規範的次系統間的互動如何（Nichols, 2010, p. 102 & p. 169），也包含權力位階。我們從家人進入諮商室、進入順序以及坐的位置，就可以大略知道家裡誰是權力最高的、家人之間的可能關係如何，在進行諮商時，可以使用這些觀察為基礎做更多的了解。有些家庭治療師會先讓家人互動一下，然後在一旁觀察一段時間後再進入，這也是蒐集資料的一部分。像是若父親先進入諮商室，孩子與母親一起進來、坐在父母之間且依靠在母親身邊，而父母親的座位隔了一段距離，治療師就可能猜測：父母親以孩子為關切重心、但彼此較疏離，母親與孩子關係較佳。

（三）次系統協助我們忖度家庭功能與家人關係

既然家庭是一個系統，底下有不同的「次系統」（subsystems，如夫妻、親子、手足）。「次系統」是整個系統的一部分，可以在系統內執行特殊功能與過程，以維持系統的整體性。次系統之間要有適當的界限，可以用來維持次系統間的聯繫與保持次系統的獨立。次系統間會彼此影響，而每一個家庭成員都同時分屬於不同的次系統，這些次系統可能是依其在家庭內不同世代間、性別、興趣、角色或功能而組成，如果任何一個次系統失功能，就會引發整個家庭系統的反應（Goldenberg & Goldenberg, 1998, pp. 27-28）。倘若家長不合或親職功能不彰，當然就會影響親子或是手足次系統及整個家庭運作；而一個孩子出現行為問題，也會引發整個系統的變化，換句話說，就是系統失衡，需要重新做調整。

案例解析

案例：

小圓的專輔老師很擔心小圓的家庭狀況，她說小圓一家十幾口人，但是都睡在同一房間的一個通鋪上，小圓已經四年級了，身體開始發育，她很擔心小圓會成為家庭內性侵害的潛在對象，因為專輔老師在同一社區已經接觸過幾樁類似案例。一旦發生家庭內亂倫事件，不僅毀了孩子的一生，一個家庭也毀了！專輔老師勸過小圓的父母親，希望他們可以讓小圓與同性別的姊姊們另外睡一間，或是家裡做隔間，但是父母親卻認為專輔老師撈過界、想太多！

解析：

專輔老師不需要獨力承擔，儘量先去找可用的資源或商量的對象（如督導）。專輔導師可以先與附近的學諮中心主任或社工請教，有沒有其他的辦法可協助小圓目前的情況？也能與校長商議，有無資源（如小圓家長之親人或當地的信靠人士）可協助出面來建議家長「暫時」解決住宿隔間的問題，再則是家長的約束與控制（親職教育），還有經濟問題（家庭無多餘空間）也要解決。若可以得到該部落或村里長的協助，有適當的扶助與安置，或許可以舒緩家庭壓力與潛在問題。

（四）家庭的平衡功能與因應變化，影響在其中生活的個人

家庭的發展階段中也暗示著家庭可能的變化，而家庭發展階段裡包括家庭本身的發展週期、家長本身的發展階段，以及不同子女的發展階段。家庭是一個系統，有自我調節（self-regulation）的功能，即便在一個家庭裡，也不是只看見所

知識窗

家庭中出現最大的問題還是「溝通」。如何兼顧互賴與自主、親密與獨立、誠實與關切等等，也是家庭治療師採用溝通治療學派觀點的主要因素。

有成員而已，還包括個人的經驗、彼此之間的關係，即使是個人的心理問題，也是在與人互動中呈現出來（Nichols, 2010），因此只要系統中任

何一個環節出現問題，都會影響到整個系統的運作。系統會發揮「平衡」（homeostasis）的功能，讓系統回復到之前的狀態（Nichols, 1992, p. 28），就像家人間的互動，會依循一些慣例或規範，其目的就是要維持可以預測的穩定狀態。系統觀強調家庭有「平衡」的傾向與功能，同時也意味著家庭會抗拒改變，諮商師若只是輔導兒童做改變，但是兒童回到家裡會碰到極大的阻抗，因為家人不習慣或不喜歡兒童的改變（以系統觀來說，家庭就需要採取因應措施），所以效果不彰，因此盡可能將家庭成員納入諮商，改變會更容易、阻抗就較小。

家庭的成員會與外界接觸，也會帶來新的訊息（如到同學家外宿、擁有手機、家長無薪假或失業），而家庭成員本身的發展變化（如進入青春期或中年），都需要家庭針對這些變化做因應，倘若家庭無法調適或是因應變化／壓力（不管是來自家庭內或外），可能就會造成失衡的問題；測試家庭的強度，主要是面對危機或挑戰時。

（五）評估三角關係的可能性，可以讓大家歸位

一旦家中有兩人衝突，卻又無法解決時，就很自然會將第三者拉進來，以減少壓力或平衡權力，形成所謂的「三角關係」（triangle），以穩定家庭關係或權力。「三角關係」不一定是壞的，有問題的是將「三角關係」變成一種習慣，因此毀損了彼此原來的關係，問題不僅沒有獲得解決，還會延續情緒問題（Corey, 2009, p. 415）。

家庭中有人覺得自己的力量小、常居於劣勢，於是就會找另一位家人來對抗有力量的另一方。像是母親如果認為自己影響力小、父親總是主導者，因此吵架時就會拉大女兒一起對抗父親（「妳看妳爸是怎麼對我的！」），形成一種類似的權力平衡，久而久之，就形成一種關係的連結（稱之為「聯盟」）。大女兒是孩子輩，不應該被動介入雙親的戰爭之中，這不僅踰越了親子關係的界限，也讓大女兒受到「忠誠度」的拉扯（不知道該向著母親還是父親），而且也無法真正解決問題（夫妻之衝突）。三角關係也是一種界限的違反，無法讓家庭中每個人做自己，或在自己的位置上；孩子不應該是家長爭戰的籌碼，被動拉入三角關係中，會

損其自信、陷入情緒的漩渦中。

主要的家族治療學派與其觀點

家族治療學派	主要觀點
經驗家族治療	• 奠基於人本取向的立論。 • 相信人有選擇的自由，是自我決定的。 • 治療師聚焦在當下（此時此刻）。 • 留意家中個別成員的主觀需求與情感經驗，同時也催化家庭過程。 • 聚焦在家庭中個體的個別性，同時讓家人可以更有效溝通。
結構家族治療	• 家庭是一系統，其下有不同的「次系統」（如配偶、親子、手足等），這些次系統間有其權力位階。 • 運用「家庭圖」（geometric map）來看每個人的行為與其全家族結構及關係，每位家庭成員的行為影響家庭中其他人的行為、也受其影響。 • 個人的問題植基於家庭互動模式。
策略家族治療	• 治療師研發不同策略，減輕當事人的症狀或是問題。 • 聚焦在當下，認為當前的問題是家中成員持續重複的行為而產生的。 • 「徵狀」就代表問題的一種解決方式（生病或出現問題的人並不是「非自願性的受害者」）。

十、表達性藝術治療與其他媒介之應用在兒童諮商

表達性藝術治療包含舞蹈、音樂、創作、詩詞、繪畫、遊戲與藝術等。藝術治療是植基於藝術（想像、遊戲與自我表達）的互動，可以表現出人類存在的團結、慶祝、悲傷等因素（Richardson, 2016, p.

知識窗

策略家族治療學者認為問題發展主要是：（一）不適當的解決方式形成「正向回饋圈」，讓困難變成慢性問題；（二）問題出在於不一致、不相合的位階；（三）問題的出現是因為家人試圖在暗地裡保護或控制另一人，因此癥狀或問題是有其功能的（Haley & Richeport-Haley, 2007, cited in Nochols, 2010, p. 147）。

xi & p. 4），藉由藝術可以表達出自己的感受、身體知覺與想法，而且要靠個人的解讀，因此站在「容許」（permission）的立場很重要（Richardson, 2016）。本章先闡述使用最多的遊戲治療，然後將其他表達性藝術治療與媒介擺在後面章節介紹。

（一）遊戲治療運用在兒童諮商

遊戲是兒童發展過程中社會化的環節之一，藉遊戲來認識世界、體驗生活，也學習未來進入社會的準備。遊戲本身是自發性、有趣、自願且無目標導向的，由於兒童經常無法使用語言互動，遊戲就成為自我表達的象徵性語言且具有溝通功能，可以表達兒童的經驗與反應、對經驗的感受，以及需求、期許、對自我的覺知等（Landreth, 2012）。心理學家Winnicott 相信治療師若能夠與兒童玩耍，甚至享受玩耍的樂趣，自然就能夠有效地與兒童工作（引自 Selekman, 1997, p. 23）。遊戲是兒童表達自我的媒介／管道，是兒童的象徵性語言，藉由遊戲可以讓他們表達自我及情緒、體驗，甚至做自我修正和療癒，遊戲也是兒童成長與發展的必需。

遊戲之所以重要是因為（Henderson & Thompson, 2015/2015, p. 17-1）：1. 是有趣、愉快的活動；2. 自由的選擇、沒有束縛；3. 可以提升靈性並活絡思考；4. 喚起自我表達、自我知識、自我實現和自我效能；5. 釋放壓力、排遣寂寞；6. 增進與人的互動；7. 刺激創造性思考；8. 鼓勵探索；9. 調節情緒；10. 提高自我感；11. 是一種學習和成長的方式；12. 對兒童具有獨特意義。

為何以遊戲為媒介？主要是因為許多孩子不喜歡直接與權威人士或成人面對面說話，遊戲可以讓他們的焦慮鬆懈下來，也增加趣味性，孩子手上若是可以玩弄一些物品，也比較容易對諮商師或輔導教師的問題作回應。一般說來，我們對於男性女性的社會化不同，我們鼓勵女性多說話、多表達，對男性則是不鼓勵言語表達，也較允許男性沉默，因此在諮商或輔導過程中，當事人若是女性，也許坐下來談話比較容易，然而若當事人為男性，在許多情況下，直接面對面說話會讓他們覺得不自在，所以透過遊戲或活動，可以讓當事人更容易開口、也減少焦慮。因此，遊戲治療可

以：克服兒童的抗拒，協助溝通，滿足兒童探索及掌控的需求，建立自尊與能力，鼓勵兒童能夠有創造性思考、解決問題，宣洩情緒，發洩與釋放一些負向經驗及感受，角色扮演學習新的行為以及發展對他人的同理心，用想像力去理解痛苦的現實、以遊戲來實驗改變的可能性，在遊戲中形成隱喻，學習如何面對自己的矛盾與害怕，從不同的觀點看事情，與諮商師形成正向依附關係，學習去增進與他人的連結，促進人際關係技巧，享受遊戲樂趣，擁有正向情緒，征服發展過程中的恐懼，而競賽式的遊戲可以幫助其社會化和發展自我強度（Henderson & Thompson, 2015/2015, p. 5-19, p. 17-4）。

美國遊戲治療協會將遊戲治療定義為「系統化地使用理論模式來建立人際互動的過程，在此過程中，受過訓練的遊戲治療師使用遊戲治療的力量，來幫助當事人預防或解決心理社會的問題，並且達到最佳的成長與發展」（Henderson & Thompson, 2015/2015, p. 17-3）。遊戲治療依照不同理論有不同做法，基本上許多諮商師與輔導教師若未受過遊戲治療的專業訓練，不能執行遊戲治療之實務，較常使用以遊戲為媒介來做治療，也就是以遊戲方式與當事人建立關係，或是以遊戲方式達成資訊收集的目的，而不是以治療為目的。

選擇遊戲媒材的標準首先是能引起興趣且幫助兒童表現創造力，可以促進諮商師與兒童的關係，能鼓勵兒童表達想法及情感，使用起來無特定規則和傳統，堅固、不易壞，能協助治療師洞察兒童世界，提供兒童試驗真實生活的機會，提供兒童一種能被接納的方式去表達不被接受的想法及情緒（Landreth, 2002, cited in Henderson & Thompson, 2015/2015, p. 17-14）。使用遊戲的種類繁多，像是想像、說故事、戲劇、音樂、藝術、玩偶等方式，都可以做適當的使用與介入（Henderson & Thompson, 2015/2015）。

並不是所有的兒童都適合接受遊戲治療。一般說來，若兒童能夠忍受／建立／運用與成人的關係，能夠忍受／接納一個保護的環境，能夠學習新的因應技巧，獲得新的領悟，具有嘗試動機的潛能，而其注意力和認知結構可以參與遊戲治療，符合這些條件的兒童才適合做遊戲治療（Anderson & Richards, 1995, cited in Henderson & Thompson, 2015/2015, p. 17-7）。

　　有效的遊戲治療師必須接受適當的專業訓練，了解兒童發展階段與任務，欣賞孩子且以尊重、禮貌的方式對待，具幽默感懂得自嘲，開朗及喜歡樂趣，自信、獨立、自主、開放、誠實，願意接納，願意使用遊戲和隱喻的方式做溝通工具，有彈性且有能力處理模糊狀態，和兒童互動時感到自在舒坦，有能力設定限制和維持個人界限，以及自我覺察能力（Kottman, 2001, pp. 12-13, cited in Henderson & Thompson, 2015/2015, p. 17-7）。

　　遊戲治療階段可分為：1. 建立關係——兒童在關係中覺得被接納及被了解；2. 釋放——透過遊戲的宣洩作用來釋放情緒、解除壓力；3. 重新創造——兒童開始探索自己的重要事件和人際關係，這些事件和關係是引起不舒服的想法及情緒的來源；4. 重新體驗——兒童開始了解過去事件和現在想法、行為與情緒的連結；5. 解決——兒童能夠表現出了解並嘗試各種解決方法（Orton, 1997, cited in Henderson & Thompson, 2015/2015, p. 17-8）。

遊戲治療的目標：
（Kottman, 2001, p. 114, cited in Henderson & Thompson, 2015/2015, p. 17-3）

- 增加自我接納、自信和自我信賴。
- 促進關於自我和他人的學習。
- 探索與表達情感。
- 鼓勵做出好決定。
- 給予機會去練習控制和負責。
- 探索對問題和關係的另一種觀點。
- 學習和練習問題解決及人際關係技巧。
- 增加情緒字彙和情緒概念。

（二）不同理論取向之遊戲治療目標各異，也都能協助兒童關注的議題

不同學派的遊戲治療目標也有不同，像是精神分析的遊戲治療是要去解決兒童內在的矛盾與衝突，以及展現出來的症狀；個人中心遊戲治療協助兒童發展自我內在評價及解決問題的能力；阿德勒學派的遊戲治療強調減少沮喪，增加社會興趣，認識自己的長處並改善行為；認知行為遊戲治療的目的是將非理性想法轉變成理性的；完形遊戲治療嘗試讓兒童復原，以整體的方式來成長（Henderson & Thompson, 2015/2015, p. 5-19, p. 17-4）。

遊戲治療的基本技巧有：使用簡潔、適合兒童年紀的語言與兒童互動，使用「追蹤」來反應兒童的非語言行為（藉由傳達兒童正在做什麼來保持與兒童的連結），內容重述（檢視兒童所說的內容以表達對兒童的關心及了解），把責任交回給兒童的策略（如：「你覺得……」，可以建立其自我信賴、自信、責任感、成就以及掌控感，協助其做決定），鼓勵兒童能夠去嘗試，使用兒童的隱喻（保持兒童故事的原貌，沒有加入諮商師的意義解釋），用關係式回應來確認兒童想和諮商師接觸的意圖（如：「你正在猜想我在想什麼？」），設定限制的技巧（是為了兒童的安全，增加其自控感及自我責任）。適當的限制包括：保護兒童不傷害自己或他人，避免兒童在遊戲情境中遭受危險，維護遊戲情境的玩具和遊戲媒材，以及在排定的時間內待在遊戲治療室裡（Henderson & Thompson, 2015/2015, p. 17-16）。

遊戲治療的基本原則（Axline, 1947, 引自梁培勇，2006，pp. 146-147）：

- 治療師必須和兒童建立溫暖、友善的關係。
- 治療師必須接受兒童真實的一面。
- 治療師與兒童的關係中要具有寬容的感受（讓兒童能自在地表達自身的感受）。

- 治療師要能夠敏銳地辨識出兒童表現出來的感受，且以兒童領悟到的方式將這些感受回饋給兒童。
- 治療師必須尊重兒童能夠把握機會解決自己問題的能力。
- 讓兒童帶領、治療師跟隨。
- 治療師對治療的進度不能太急切。
- 治療師訂下一些必要的限制（其目的是要讓治療能夠符合眞實的生活世界，以及兒童在治療關係中應負的責任）。

---

1. 兒童中心的遊戲治療：讓孩子做自己

　　諮商師使用兒童中心遊戲治療時，以情緒及言語表現出完全與兒童「同在」的態度，也就是開放自己去面對兒童的經驗，同時釋放一些重要訊息，如：我在這裡、我聽到你的話、我了解你，以及我關心你（Landreth, 2002, cited in Henderson & Thompson, 2015/2015, p. 6-17）。

　　遊戲室的玩具必須能夠引起兒童的創造力和情緒表達。諮商師可以選擇多用途的玩具（如堅固耐用，並能用來探索生活、測試限制、發展自我和提供學習自我控制的機會）。諮商師接納兒童時，兒童會更熟悉自己的內在價值，因此諮商師創造一個安全場所，讓兒童在沒有干擾、建議、解答和解釋的環境下遊戲。諮商師不指導，也很少問問題，只是用反應的方式來跟隨（或「追蹤」）兒童的遊戲，像是：「你正在敲打。」即使被兒童要求也不做任何評論（Henderson & Thompson, 2015/2015, p. 6-17）。遊戲治療就如同戲劇的創作，在諮商關係中，諮商師示範著接納、接受和開放的態度，伴隨著傾聽及聽見、教導與學習、指導和接受、積極參與、安靜觀察、面質及放下等技術（Moustakas, 1997, cited in Henderson & Thompson, 2015/2015, p. 6-18），協助兒童釋放及表達情緒，進而接納、肯定自己。

　　兒童中心的遊戲治療進程包括（Kottman, 2004, cited in Henderson & Thompson, 2015/2015, p. 6-18）：兒童使用遊戲表達負面情緒；兒童使用遊戲表達矛盾的情緒（通常是害怕或生氣）；兒童使用遊戲表達負面情緒，

但焦點轉移到特定的目標（如老師或是諮商師）；正負向的矛盾情緒回來了，但現在是指向父母、手足或其他人；正向情緒說服兒童去適當地表達負向情緒。

非指導性的遊戲治療原則：
（Axline, 1947/1989, cited in Sherman, 2015, pp. 95-96）

- 治療師與孩子發展一個溫暖、友善的關係。
- 治療師接受孩子如其所是。
- 治療師在關係中建立一個「容許」的感受。
- 治療師可以認出孩子正在表達的感受，也反映給孩子知道，讓他們有所頓悟。
- 治療師對孩子解決問題的能力保持深度尊重。
- 治療師不試圖引導孩子的對話或行動。
- 治療師在治療過程中不著急。
- 治療師只設立一些必要的限制，讓治療停留在現實世界裡。

---

2. 阿德勒學派遊戲治療：讓兒童看見自己的價值

　　阿德勒學派的諮商師嘗試去發現兒童的生活型態，並探索他們的私人邏輯，幫助兒童做決定，並決定生活型態的哪些部分要保留及改變。阿德勒學派假設被轉介來的兒童是受挫兒童，因此其遊戲治療目的就是降低兒童的挫折感。一般的目標就是幫助兒童連結他人，相信自己有能力和自信，認為自己是有價值和重要的，諮商師也要建立兒童的勇氣來探索新的經驗及面對挑戰（Kottman, 2003, cited in Henderson & Thompson, 2015/2015, pp. 11-25~11-26）。

　　遊戲治療的階段目標包括：建立一個民主、同理的治療關係；探索兒童的生活型態，並標記出兒童的信念、態度、目標、情緒和動機；解釋兒童的生活型態、錯誤的信念和自我挫敗的目標與行為；幫助兒童洞察自己且採取行動去改變行為和態度（Kottman, Bryant, Alexander, & Kroger, 2008, cited in Henderson & Thompson, 2015/2015, p. 11-26）。

3. 完形遊戲治療：協助兒童自我覺察和表達

完形學派關心個人發揮整體的功能，因此鼓勵感覺、身體、情感、心智的發展，用一種比較有創意的形式來表示。兒童以象徵性的方法表達自己的生活經驗，不僅有助於自我解釋、也提高其自我覺察能力，遊戲也給了兒童學習和安全冒險的機會。完形學派所謂的「接觸」是指個體有能力可以完全用自己的感受跟外界進行最好的互動，因此，完形遊戲治療包括一些感官以及情感的活動與體驗，治療師協助兒童了解自己做了哪些事情？這些事情是如何進行的？如此，才能夠有效提升兒童的自我覺察（Henderson & Thompson, 2015/2015, p. 7-15）。

完形遊戲治療可以讓兒童嘗試的活動（Carmichael, 2006, cited in Henderson & Thompson, 2015/2015, p. 7-15）有：請兒童畫出他們的感覺或想法；讓兒童看某一件物品，畫出它帶給他們的感覺，也可讓兒童畫出對故事、戲劇或音樂等情緒的反應；讓兒童畫出或用黏土描繪對立的兩個極端（如快樂／傷心、生氣／冷靜、愛／恨）；讓兒童創作他們生命路線圖（標示出生命的高低潮）等。

4. 認知行為遊戲治療：協助兒童修正錯誤想法、減輕困擾

合併認知和行為療法，經由遊戲活動協助兒童解決問題。認知行為治療提供結構性與目標導向的活動，讓兒童以非結構及自動自發的方式來參與。諮商師選擇一些技巧來修正兒童的認知錯誤，以減輕困擾症狀。此遊戲治療是短期、指導性和問題導向的治療，治療關係是教育與合作的。治療師以兒童的言語為基本資料，使用聚焦的問題來揭露兒童的想法，並用遊戲技術以及語言／非語言的溝通，協助兒童參與治療及改變行為。諮商師與兒童共同設定治療目標，一起選擇遊戲媒材與活動，治療師也重視兒童的想法、感覺、想像和環境（Henderson & Thompson, 2015/2015, pp. 13-17~13-18）。

認知行為遊戲治療對於憤怒問題、選擇性緘默、憂鬱、注意力不足過動、遭受性虐待兒童及焦慮兒童等有相當不錯的療效，治療師強調當事人

對自己行為改變的控制、熟練和責任等主題的重要性。治療過程包含：治療師透過對兒童的同理心和接納，讓兒童感到安心，同時使用放鬆技術和言語的讚許；給予兒童機會去經驗和測試與情緒有關的想法；兒童檢視這些扭曲的非理性想法，學習分辨理性和非理性的想法來改變知覺；治療師示範合乎兒童需求的調適及因應技巧，間接傳達了認知的改變和適應行為（Knell, 1998, cited in Henderson & Thompson, 2015/2015, pp. 13-18~13-19）。

遊戲治療可能會遭遇的挑戰（梁培勇，2006）：

- 兒童不願意進入治療室（分離焦慮）。
- 兒童因為陌生情境而不願進入治療室。
- 兒童進入治療室後不玩、不說話。
- 兒童批評遊戲室的設備和玩具種類。
- 遊戲室規則何時呈現？
- 治療師要不要陪孩子玩？
- 治療師要裝輸嗎？
- 兒童要帶玩具回家。
- 兒童在時間到時不願意離開。
- 兒童說下次要帶朋友一起來玩。
- 兒童要帶自己的玩具來。
- 要不要收拾玩具？
- 兒童的測試行為。
- 兒童破壞和玩壞遊戲室的玩具。
- 兒童會問治療師私人的問題。
- 兒童要求治療師送禮物給他。
- 兒童要送東西給治療師。
- 兒童遲到。
- 兒童帶吃的東西進治療室。
- 兒童要求治療師替他向父母和老師表達意見或解決問題。

- 進行家庭訪問或學校訪問。
- 錄音錄影。
- 幻想、真實與說謊。
- 沉默的意義。
- 諮商師的修養。
- 定義遊戲治療的主題。
- 治療師同時擔任親職或兒童手足的治療師。
- 曾經中斷又出現的當事人。
- 治療師的做與不做。

（三）其他媒材運用在兒童諮商

　　一般的諮商師所接受的訓練，即便有「遊戲治療」這一門課，但是不能因此而成為遊戲治療的專家，需要經過系統性的學習與實習且得到認證之後，才可以執行遊戲治療師的業務。倘若沒有遊戲治療師的訓練，諮商師或輔導教師還是可以運用其他媒材來蒐集資料、建立關係及協助兒童。

1.表達性藝術治療（expressive arts therapy）與創作媒材，讓孩子抒發、表達與處理情緒和困境

　　表達性藝術治療是 Natalie Rogers（1993, 2011）將其父 Carl Rogers 的理論運用在藝術治療中，來增進個人成長，並運用了動作、繪畫、雕塑、音樂、書寫及即興創作來達成自我成長、自我療癒與自我探索等目的。Natalie（1993）認為每個人都具有創意，創意本身是有轉化與療癒意涵，有助於個人成長、意識提升、自我覺察、了解與頓悟，感受與情緒可以經由創作得到宣洩或轉化，創作也可引導我們進入無意識狀態、表達出我們之前不知的自我面向。藝術可以彼此刺激與滋養、讓我們進入內在的核心生命能量，連結生命力量（內在核心或靈魂）與其他生物體，發現個人的完整性，以及與宇宙萬物一體的感受（cited in Corey, 2024, pp. 217-218）。

　　如果說遊戲是孩子的天性，繪畫可能是孩子的第二天性，然而並不是

每個孩子都喜歡畫畫。兒童的語言能力尚在發展中，因此若能夠以其他媒材協助治療師了解孩子與其相關訊息，自然是最好，繪畫就是其一。繪畫可以表達出語言所未能表達者。歷年來專業者研究兒童繪畫，都聚焦在投射測驗與性格的面向上，近年來除了以繪畫作為評估之用外，還將其作為孩子解決問題、表達感受與想法，或是協助他們修通困擾他們的處境、記憶或情緒之用（Maclchiodi, 1998, pp. 17-18）。一般說來，繪畫具有舒緩壓力和正向的療癒經驗（Maclchiodi, 1998, p. 45），孩子在畫圖時最好讓他們專注、不要問問題或說話，等到他們完成之後，可以請他們分享主題、繪畫的內容與感受。治療師的角色就是站在「不知」的立場，觀察兒童作畫的過程，同時參與、陪伴、見證創作成品或作為接收兒童感受的容器（在看到孩子有強烈情緒的反應時，回應給他／她）。與孩子維持適當的安全距離，讓他們可以放心創作，這樣的正向人際關係是具有療癒性的（Maclchiodi, 1998, pp. 46-47）。在兒童創作時與其說話的目的在於：協助他們將想法、感受、事件與世界觀，藉由藝術與說故事方式表達出來；協助治療師更了解孩子的想法、感受、信念及對事件的觀點與感覺，以便提供最好的介入處遇（Maclchiodi, 1998, p. 48）。

　　黏土與其他手作媒材也都可以發揮創意與療效。黏土可以讓兒童將想像的事物具象化、發揮創意，還帶有故事性；潑墨畫或是水彩潑灑、剪紙、黏貼或是使用玩偶、手偶、面具或是玩具，也都可以讓兒童表現、說故事或回答問題（Maclchiodi, 1998, p. 53）。

繪畫與兒童（Malchiodi, 1998）

功能	注意事項
• 用來作為治療的輔助 • 協助兒童表達語言所不能表達的 • 是正向、療癒的經驗 • 協助兒童解決問題 • 表達感受與觀點 • 處理面臨的情境 • 處理記憶 • 處理困擾他們的情緒	• 給予足夠的時間讓兒童可以專注 • 可以陪伴在一旁，但不需問太多問題（可能會干擾兒童創作） • 讓兒童說明他／她的作品 • 安排無壓力的安全環境，不需受到一些行為的要求（如禮貌、整潔） • 讓兒童做自己的專家 • 治療師以「不知」（not-knowing）的立場來涉入

2. 以遊戲或比賽（games）為媒介

　　一般的諮商師用遊戲作為建立關係或是晤談的媒介是常有的，可以營造較為輕鬆的氣氛，讓兒童將注意力放在手動操作或遊戲中，減少焦慮感或壓力，也可以與兒童建立關係、在遊戲中對話，在遊戲中觀察兒童、蒐集相關資訊，甚至利用遊戲建立孩子的自信與規範習慣，同時也可以藉由遊戲進行潛在教育（如孩子較不遵守規則或是以自我為中心，就可以與他／她一起玩需要遵守規則的遊戲，如跳棋或象棋）；另外，男性兒童社會化的結果，還是不太喜歡面對面的晤談，從活動中建立治療關係或邊玩邊談話，是較容易被接受的方式。用遊戲做中介，減輕兒童的壓力，正式或非正式的遊戲或比賽本身就是好玩的，可以協助兒童在身體、認知、情緒及社交上的發展（Geldard & Geldard, 1997, p. 156）與學習（Shaefer & Stone, 2020）。兒童本來就是喜歡遊戲的（成人也不例外），遊戲或比賽的「好玩」（playfulness）本身就可以增加遊戲者的參與動機，也因為在治療中，當事人的參與更擴大了療效（Shaefer & Stone, 2020, p. 3）。遊戲／比賽還可以促進溝通（語言或非語言），相互尊重，學習如何分享、培養耐心、輪流與交流的樂趣（Stone, 2016, cited in Shaefer & Stone, 2020, p. 4）。

　　在治療或是諮商場域裡，遊戲／比賽還可以達成以下效益（Shaefer & Stone, 2020, pp. 5-6）：建立治療同盟、自我控制（讓孩子學習自我控制與因應技巧）、道德發展（遵守遊戲規則、接受社會規範）、自我表達（學會表達感受、想法與態度）、執行功能技巧（如學習放慢速度、專心、預先計畫、預期成果或行動）、提升心情、增進自尊（如成就感或技巧）、壓力紓解、形成依附（如親子遊戲）與社交技巧（包括合作、衝突解決與運動家精神）。讓家長或主要照顧人加入

> **知識窗**
>
> 遊戲的目的：是兒童和環境接觸的方法，幫助兒童在意識和情緒經驗之間搭起橋樑，遊戲對兒童而言是情緒生活的外顯表現，遊戲也讓兒童放鬆和娛樂（Lowenfeld, 1935.1991, cited in Henderson & Thompson, 2015/2015, p. 17-23）。

親子遊戲也可以增進療效，當然遊戲也可以因為用途或目的而做適當調整與修裁（Peabody, 2020），像是「大風吹」或「心臟病」可以在團體中用來認識成員（要喊出對方名字）才能過關，「尋寶圖」可以設計成回答問題（如蒐集當事人資訊），或是將「大富翁」的「機會」與「命運」改成諮商師與當事人都要回應的問題或動作。

3. 文學、故事或讀／繪本

文學是敘及個人議題的有力媒介（Sharp & Cowie, 1998, p. 65）。兒童從故事中將自己投射在主人翁身上，可以獲得認同與學習；藉由文學創作可以發揮創意、宣洩情緒，甚至有解決問題的管道；而閱讀可以打開視野和看世界的窗口，從他人經驗中學習，感覺自己不孤單，還可以學習打發時間的創意方式，增進自己的口語、作文與溝通能力，更可以交到志同道合的朋友，彼此有共同討論的話題。兒童可以與他人談論快樂事件，然而若是有關自身、悲傷或是難過的事情較難開口述說，因此藉助於文學創作、讀／繪本或是故事，就可以更了解孩子的情緒與心境，做適當到位的同理，也能與孩子一起找到解決問題的有效方式！

倘若兒童願意，也可以協助其製作自己的讀本與繪本，讓他／她可以留作紀錄或紀念，這也是敘事治療提及的「證明文件」之一。在個別或團體諮商中，「故事接龍」也是可以使用的創意之一。

4. 學習單（worksheets）

學習單通常運用在團體裡，是一個很好的學習媒介或評估參照，畢竟在兒童諮商裡，教育與修復的成分居多。學習單的內容，可以提綱契領地讓兒童清楚此次學習的重點與目的，甚至可以讓他們將所學內容帶回家，讓家長也清楚孩子學習到什麼。只是現在的孩子較不喜歡字太多的紙張，因此如何呈現多元、創意且吸人眼珠的學習單，的確需要諮商師的美感與能力，電腦的許多軟體正好可以用得上。

學習單可以有不同的形式，回答問題、小測驗、找字、連連看、找出圖畫中的不同處或相似處、找出隱藏的字或訊息等。藉由學習單可以協助

兒童：去察看與探索不同的議題，思考新的想法與行為，選擇如何回應特殊社交情境，指出新舊行為的不同，肯定與增強在諮商過程中所探索的觀念、想法、信念或行為，發展將習得技巧運用到生活中的計畫（Geldard & Geldard, 1997, p. 163）。許多活動搭配學習單效果更佳，像是時間管理與規劃（如畫一個時間大餅）、我不能被碰觸的地方（畫出一個人形，請兒童標示出不能被碰觸的重要部位）。現代的手機兒童比較不喜歡寫字，諮商師也可以適當運用電腦科技的程式與資源，讓兒童有不同的或類似學習單的體驗與檢視。

5. 想像之旅

　　想像可以讓兒童與過往痛苦或是正向的經驗接觸，讓他們與內在的痛苦有連結，然後在諮商過程中學習處理；也可讓兒童有機會重新獲得熟練的機會，克服過去的不足；鼓勵兒童說出自己的故事並獲得頓悟；讓兒童發現新的選項或行為而有較好的結果；協助兒童了解過往事件為何會發生（Geldard & Geldard, 1997, p. 131）。通常諮商師可以先運用「引導想像」（guided imagery）的方式，讓兒童學會放鬆或是舒緩焦慮，因為有些年幼的孩子較不知道該如何想像；而其他的想像，則視不同兒童的需要或是諮商目標，可以彈性運用。

6. 其他

　　音樂創作或是互動式音樂也是可以使用的媒材。音樂可以提供情緒表達，建立自信、鼓勵兒童發聲，聚焦在兒童能夠做的正向優點，同樣也需要與兒童建立良好關係與溝通，時間要夠長、不宜太急躁（Oldfield, 2006, p. 23）。律動、舞蹈，或是一些身體上的活動，通常也可以在團體中作為暖身之用，還可以舒緩情緒與氛圍，甚至如完形學派所言的關照與照顧自己；其他像是詩詞、歌曲、故事、創意寫作（Sherman, 2015, p. 159）也都行。

遊戲／比賽的基本特性：
（Shaefer & Reid, 1986, cited in Shaefer & Stone, 2020, pp. 4-5）

- 是好玩的活動。
- 有擬似的特性，可以讓兒童暫時離開現實生活，允許他們有幻想的體驗。
- 有規則存在或是可創造規則，來規範或限制遊戲者的行為，增加遊戲的組織與建構。
- 隱含或是明顯具有競爭意味，讓他們有成就感。
- 具有挑戰遊戲者的意涵，可以讓遊戲者學會自制或合作，甚至可能需要情緒控制、用腦與社交技巧。
- 通常需要遊戲者互動、交流。

使用適合的媒介或活動可以讓孩子（Geldard & Geldard, 1997, pp. 93-96）：
- 獲得熟練感
- 從肢體的表達中感受到自己是有力的
- 鼓勵孩子表達情緒
- 發展問題解決與做決定的技巧
- 發展社交技能
- 建立自我概念與自信
- 增進溝通技巧
- 獲得頓悟

使用不同媒材的用途（Geldard & Geldard, 1997, p. 93）

媒材	用途
書與故事	鼓勵孩子改變故事。孩子可以投射自己喜愛的角色或是故事中的角色裡。
繪畫與拼貼	允許孩子描繪出創傷事件，在圖畫中展現自己的力量與控制感。
想像	在想像過程中，孩子可以重新去經驗重要的生命事件，並介紹一些新的行為進去，讓自己獲得控制感或熟練技巧。

媒材	用途
假裝的遊戲	可以建立起讓自己有力量的角色。
玩偶或柔軟的玩具	讓孩子可以展現有力的角色。
沙遊	讓孩子可以創作幻想的環境，可以有掌控感。
象徵物與人物	如同玩偶一樣，適合年齡較大的孩子。

知識窗

我們經常使用故事來教育兒童一些重要的信念或行為（Geldard & Geldard, 1997, p. 139）。說故事也可以是互動（包括共同創作）的歷程，諮商師與兒童還可以改變原來的故事或結局，讓兒童從中有所學習與領悟，甚至得到力量！

第三章
兒童生涯與學習輔導

　　學校輔導工作項目包括：衡鑑與評估（了解學生個性與潛能、學習困擾、個別差異），定向服務（新生輔導、適應新環境），安置服務（安排至適合其能力與需求的班級或教材學習），生涯輔導（興趣、性向與未來志業），諮詢服務（對第三人的服務；教師、行政人員、家長等），諮商服務（個別與團體），追蹤服務（了解處理學生後的發展與情況）與評鑑服務（輔導需求與績效，以作為未來計畫參考）。與兒童的許多諮商工作或許較集中在生活或行為方面，但是其他相關的輔導工作，如生涯與學習輔導也包涵在其中、不可分割。

一、兒童生涯輔導

　　人需要過生活，也需要從事維持生計的工作以貢獻社會，因此生涯發展與學習就是很重要的議題。生涯是我們賴以謀生與展現自己想要生活的方式，生涯教育和輔導不是長大後才需要去思考的問題，而是從小就開始覺察與吸收。生涯發展包含個人個性、興趣、想要的生活方式與工作等，因此「休閒」也相當重要，懂得培養一些嗜好／興趣或活動，不僅可以增進身心健康、豐富生活、打發時間、抒發情緒，也可以發揮創意、提高工作效能。

（一）兒童生涯發展特色

　　兒童生涯發展特色包括：此時期處於生涯發展的「幻想階段」，對於未來職業的幻想主要來自於對父母親職業的認識，接著他們的偶像人物就

可能產生影響，最近對學齡兒童的調查就可見一斑，十年前兒童們最想要做的是歌手、運動員，這與媒體風行的「我是歌手」類似的超偶節目有關，現在的孩子則是想要做政治家與網紅，與科技的進步有關。兒童對於職業有幻想的種類與內容外，還有職業的性別刻板印象（王文秀等，2011）。

（二）兒童生涯輔導的目標與內容

　　兒童生涯輔導主要目的是在「職業自我概念」的發展，著重其生涯的覺察。對於「自我的認識」攸關其他生涯的面向，唯有讓兒童很清楚自己的能力與特性，才能夠在對工作世界有更多的認識之後，將自我與工作世界做適當連結（哪些工作需要什麼能力，而我有什麼能力）（王文秀等，2011）。兒童生涯輔導（諮商）工作的指標，基本上可分為認識自我、了解個人與工作的關係、工作世界的意義與相關資訊、負責的態度、解決問題及與人合作的能力、規劃與管理時間以及人際互動的能力等。兒童生涯輔導的目標與內容是：

1. 增進兒童的自我覺察：認識自己、了解自己的能力與特性，進而喜歡、悅納自己。
2. 培養兒童正確的職業觀念：每個人的工作都有益於社會發展，也是個人回饋社會的積極方式。
3. 培養兒童正確的工作態度：盡力、真誠、責任。
4. 讓兒童了解教育與未來職業之間的關係。
5. 了解社會經濟狀況：了解個人工作與社會經濟之間的關係。
6. 增進個人對工作世界的認識：增加生活經驗，也從自己的日常生活中認識不同的工作與所需的能力。
7. 學習做決定的基本技巧：從日常生活中的選擇與決定開始，讓兒童學會自己做決定、也負起責任（像是選擇上學要穿的衣服、放學後學習什麼才藝等）。

　　簡言之，兒童生涯輔導著重在：自我認識——了解自我（包括個性、家庭與性別）、能力、興趣；認識工作世界與周遭環境；了解工作特性與

個人性格的相符條件；了解職業存在之價值；學習獨立作業及與他人合作；培養休閒生活（兼有娛樂、自我成長與發展的功能）的重要性。

> **知識窗**
>
> 影響生涯決定的因素有：個人人格與特質（如個人興趣、性別、喜歡與事物或人相處、個性、生活方式）、家庭因素（如父母教育程度、父母期待及價值觀、父母教養態度或家庭經濟情況）、社會環境（如全球經濟與科技趨勢、社會對不同職業的評估或職業聲望、市場趨勢），與學習經驗（如教育程度或訓練、職業偏好、問題解決能力）。

（三）生涯輔導進行的方式

　　生涯輔導的進行方式包括課堂上的講授與介紹、興趣與職業性向測驗、參觀和觀摩、網路連結與搜尋、建教合作、個別或團體輔導，甚至提早汲取經驗，也可以結合教育活動（包括教學、升學博覽會、資料展示、校友返校座談、社會人士經驗分享）；針對兒童可以採用體驗式教學或是一些手作活動，也可以讓他們從家人、鄰居或是親友那裡了解工作性質。現在網路資訊發達，簡短的影片介紹或是在社群網站上的影片，是兒童可以經常且直接接觸的，對於工作現況或市場趨勢的認識，可以更多元而豐富，也接觸到許多時近與新興的行業。不少媒體、學校或是基金會，也會在平日或是寒暑假，開設一些科學營、廣播營或 AI 成長營等，廣納兒童成員，不僅減少家長親職的負擔，還可以建設性地利用，讓孩子學習更多生涯相關知識與技能。

目前生涯發展教育議題所舉辦的活動項目有：

・教師研習	・教學活動
・專題演講	・參觀或實作活動
・宣導說明會	・座談會

・成長營	・影片欣賞
・博覽會	・刊物
・展覽活動	・生涯檔案

（四）兒童生涯諮商／輔導注意事項

兒童生涯輔導／諮商工作的指標，基本上可分爲認識自我、了解個人與工作的關係、工作世界的意義與相關資訊、負責的態度、解決問題及與人合作的能力、規劃與管理時間以及人際互動的能力等。諮商師或輔導教師可以根據這些工作指

> **知識窗**
> 生涯與個人所選擇的志業、想要過的生活等有關係，不光只是未來職業的選擇而已。

標、兒童不同發展階段認知能力，由淺入深的進程，來設計適當的班級活動或者是團體諮商，也可以將這些相關的訊息與知能置入不同的課程裡面（這也需要與不同科目教師與行政人員的合作）。

田秀蘭（2011, pp. 356-357）建議在課程教學上可以：提供學生相關書籍（如名人或偉人傳記）的閱讀，讓學生討論個人特質與生涯的關係；放映影片，引導討論（並注意工作價值觀）；以「我的志願」爲題來寫作文，讓學生表達與了解自己對未來的展望；介紹職業分類法，了解不同行業須具備的特質或能力，可配合介紹及了解家長或家人職業內容；以「角色扮演」方式讓學生可以認識一些工作與角色。此外，進行興趣測驗可以初探兒童的喜愛領域。

國小階段還可以增加兒童的生活經驗，並將其在學校所學的運用在日常生活中，這樣不僅能夠拓展兒童對工作世界的認識，體會工作的意義，減少某些職業的錯誤認知（或性別刻板印象）等。因爲兒童會誤以爲工作只是純粹的工作項目與技能，卻沒有留意到相關的其他重要知能，像是與人互動及合作、做決定與決策、規劃目標與行動、問題解決和危機處理能力等。

　　兒童通常是從家人那裡學習職業與工作的最初印象，或是跟著家長進入職場觀察、有第一手觀摩經驗，然而進一步的深入了解可能不是一般家人會提供，因此針對兒童做生涯輔導時，不妨將社區的資源納入，兒童可以拓展自己的熟悉領域、先去了解附近居民所從事的工作（也許跟家人不同），再過來就是認識社區裡有哪一些工作場域或機構，其性質與提供的服務為何，這些也都是可以善加利用的資源。有些兒童或許是受家人（或家族企業）或偶像影響，很早就立定志向、知道未來想要從事的工作，家長甚至刻意栽培（如球類運動、才藝或是公司經營），然而絕大多數的孩子，還是需要經過很長一段時間的學習與淬鍊，甚至有些即便大學畢業後，也不一定從事本科系相關行業，或者是中年之後轉業的也所在多有，但是至少清楚自己要的是什麼很重要。

　　進行兒童生涯輔導，除了可妥善運用學校以及社區的既有資源之外，目前網路發達、相關資訊或影片也都容易取得與運用（包括與職涯相關的電腦軟體），不管是讓兒童可以跟隨父母親或家中長輩做一日工作的「近身採訪」、參觀社區工廠或職場、做參觀訪問或是與社區活動結合，都可以讓兒童有第一手的經驗與接觸，較有真實感，同時也可化解許多迷思或幻想。

　　儘管目前國小階段，在兒童輔導方面可以加強的部分仍然有許多，像是在許多課程的教學上，還是局限於課堂上的單向教學、較少實際體驗或實作的課程，也甚少與實際生活做連結，加上許多課程與生涯相關，卻缺乏縱與橫的系統聯繫，造成零星、點狀的知能學習，需要學生自己頓悟，或是隨著成熟階段才慢慢了解，如此似乎太被動，也較無效率可言。108課綱改革之後，其主旨是希望可以讓課堂中所學與生活做較緊密的結合，結果究竟如何？還需要研究和時間的驗證。

兒童生涯輔導工作指標：

（國民教育社群網，引自田秀蘭，2011，頁 348-349）

- 在日常生活中，持續發展自己的興趣與專長。
- 規劃改善自己的生活所需要的策略與行動。
- 發現自己的長處及優點。
- 認識有關自我的觀念。
- 了解工作對個人的重要性。
- 激發對工作世界的好奇心。
- 認識不同類型的工作角色。
- 了解工作世界的分類及工作類型。
- 覺察自我應負的責任。
- 發展尊敬他人工作的意識。
- 覺察如何解決問題及做決定。
- 培養互助合作的工作態度。
- 培養規劃及應用時間的能力。
- 培養工作時人際互動的能力。

知識窗

對於國小階段的兒童來說，可以具體操作、體驗、參觀，以這種「做中學」的方式來讓他們了解工作或職業（包括技能），是學習最有效的方式之一。即便是學童說將來想要當「歌手」，也可以針對「歌手」這個工作，來進行更深入的了解以及所需技能和相關能力（如經營粉絲頁、公關或公益、可能的生活模式等）的分析。

兒童生涯班級輔導主題示例

年級	主題
低年級	• 我的優點 • 我喜歡（做）什麼 • 我的好朋友 • 我長大以後要做什麼

年級	主題
中年級	• 我的偶像 • 我父母親的工作 • 為什麼要工作 • 性別與工作 • 我的能力光譜圖
高年級	• 國中與小學的不同 • 我想要做的工作與需要的能力 • 如何與人溝通 • 合作的意義 • 休閒與生活

二、兒童學習輔導

　　兒童階段最重要的就是學習，尤其是以課業上的學習為主要。倘若課業上的學習結果瞠乎人後，也會影響其對自我與自尊的看法，像是兒童在一、二年級的國文書寫與理解能力，不僅會影響其在課業上的學習與表現，而隨著年級越高、影響越大，也會影響其人際關係。倘若兒童在學業上的表現落後同儕許多，或者是與他／她的能力相差太大，學習輔導的介入就很重要。

　　現階段許多學校及社區，對於學童的課業輔導都有加強的趨勢，甚至挹注了不少資源與人力在課後輔導上，然而若只是著重於課程認知上的重複學習、未能因材施教，能夠協助的就少，許多的課業輔導只是協助學生完成作業而已，沒有根據兒童之前不足的基礎做補救教學，導致一則無法讓學生學會基本觀念，二則嚴重影響其後續之學習，因此有效且合乎需求的學習輔導就很關鍵。此外，許多的學習困擾不是智力或能力因素所造成，而是缺乏學習或成就動機、家長期待不同（如學歷不重要，或是再怎麼努力也無法逃脫勞工階級）或無法支援（如無法教授或督導孩子學業、無能力讓孩子上補習班，或不知有其他協助資源）、可用資源未到位等相關因素所造成，若能排除這些障礙，將會讓孩子的學習更有效率。

（一）學習輔導目標與內容

學習輔導目標可以分爲：1. 發展性措施：有效的教學；2. 預防性措施：以學習有困難的學生爲對象，避免學習問題惡化；3. 補救性措施：對於需要特別幫助的學生，採用個別補救教學、資源班課程活動、IEP（individual education plan，個別教育計畫）會議、特殊學生個案研討會等補救措施，來提高學生的學習能力。

學習輔導的內容可以分爲：1. 始業輔導：在學生進入另一個學習階段之前（如國小進國中、國中進高中），能對後續的活動目標、內容與進行方式有所了解；2. 課業輔導：讓學生能夠做有效學習，教師可提供有效學習的相關方法或策略，協助學生培養良好的學習態度與習慣，使學生能夠得到正向的學習經驗；3. 升學輔導：爲學生安排有關自我探索、學系探索、選組輔導等活動（像是大學科系介紹、多元入學方案說明、甄選入學說明、選填志願等）；4. 特殊學生輔導：爲了提供學生適性的學習輔導，教師能了解學生需求，並偕同特殊教育專業人員，提供必要的協助（如低成就學生、學習困難的學生）（鄔佩麗、陳麗英，2010，頁 215-216）。

一般學校或社區較多針對學習稍落後或是學習成果不佳者進行輔導，主要也是協助資源較少的學生，而有效的課業輔導並不是重複教師在課堂上所進行的教學方式或內容，而是能夠根據學生的需求，如不同教學方式、起點行爲的準備或補足，或者是排除一些妨礙其學習動機的因素（如家庭問題或同儕互動等），讓學生能夠專心、有效地學習。學生是學習的主體，而教師是教學的主體，教師需要因應學生的學習方式做適性教導，而不是平頭式地將學生視爲同樣；若學生已經落後太多，有些甚至已經放棄學習，學習診斷的介入就成爲必要，接下來針對可以修補的部分作細部規劃與教導。

對於學習障礙的孩子，其影響遍及學業、人際與日常生活功能，與一般文化或資源弱勢的貧窮孩子不同，家長也擔心孩子與自己被汙名化，因此不願意而延遲診斷或通報就是常有的事，而被診斷爲過動、違抗行爲的兒童也可能會有學習障礙。

教育部訂立的學習輔導目標：

（引自王文秀、田秀蘭、廖鳳池，2011，頁 295-296）

1. 幫助學生建立正確良好的學習觀念與態度，以利其終身學習。
2. 培養學生良好的學習習慣與方法。
3. 激發學生產生濃厚學習興趣。
4. 使學生實現學習的適切期望。
5. 輔導學生規畫學習時間。
6. 協助學生適應或調整學習環境、有效運用資源。
7. 診斷學生潛在的學習困擾。
8. 協助學生建立並發展有效的學習策略與能力。
9. 介紹學生運用學習所需之工具與書籍。
10. 培養學生主動針對需要，蒐集並統整資訊的能力。
11. 培養學生獨立思考、判斷與做決定的能力。

知識窗

孩子從幼小開始，家長不要以手機或電子遊戲作為安撫或酬賞之工具（電子保母），入學後也不宜單以玩手機時間作為酬賞或處罰，而是要讓孩子可以從事其他有益身心的活動（如運動或閱讀），同時養成其自律之習慣。

影響兒童學習表現與成就的可能因素

影響因素	說明
個人因素	• 性別、身心成熟度、準備度、記憶量、認知風格、情緒穩定程度、先前知識背景、學習經驗、學習方法與策略及時間規畫、有無同儕支持與協助、同儕價值觀等。 • 個人能力落後同儕、社交技巧與溝通技巧障礙、發展性疾病（如智能或學習障礙、自閉、過動）、缺乏學習起點行為、缺乏動機與興趣、缺乏學習策略等。

影響因素	說明
家庭因素	• 家庭經濟情況（可否提供良好學習環境與資源）、家長教育程度與期待、家庭氣氛、管教態度等。 • 家庭結構複雜、家長期待不一（或過低、過高）、教養方式有歧異、家庭不睦、家庭經濟與資源問題、家庭價值觀（如不重視學業、重男輕女）、搬遷頻仍、家庭有創傷或失落經驗、家中有心理疾病或慢性病者等。
學校因素	教學設備、班級管理與氣氛、師生關係、教材適當性、教師之教學方式與態度等。
環境因素	• 居住社區與環境、圖書館等相關資源之提供、電腦科技之普及與可接近程度等。 • 所屬社區治安不良、公廟或信仰文化、社經較差或勞工密集地區。 • 現在網路科技與手機發達，近期又有人工智慧（artificial intelligence, AI）的日新月異，兒童也幾乎人手一機，作為與人互動的重要社交平台，但是衍生的相關問題還在持續了解中。
社會因素	文憑主義、功利主義、市場主義（利益導向）等。

有效的學習技巧（張春興，1996，引自鄔佩麗、陳麗英，2010，頁 210；鄔佩麗、陳麗英，2010，頁 210-211）

學習技巧	說明
提升學生的學習動機	• 教師在教學上採用能引起學生興趣的教材與教法。 • 滿足學生缺失性的動機（如勿讓孩子餓肚子上課）。 • 讓學生確切了解學習的性質與對學習內容有所了解及目標為何。 • 讓每位學生都有成功經驗的機會（也就是針對學生的能力來設計各種不同的作業）。 • 善用教師的回饋來激發學生學習的意願（如對學生具體說出其表現特殊之處）。
訂立學習計畫與時間管理	• 讓學生明白自己學習目標、履行計畫與步調、如何評估目標達成程度。 • 要讓學生在上課之餘，能夠有效地安排自己的時間，將時間做建設性地使用（如閱讀、準備課業、休閒安排等）。
有效閱讀方法	教導學生如何做重點、有效的閱讀以及如何記住或運用。

（二）學習輔導注意事項

　　目前許多國小學生缺乏學習動力，導致學習過程無法持續專注，基礎學科嚴重落後，惡性循環的結果甚至有拒／懼學的情況發生，有些家長也沒有特別鼓勵孩子用心向學、給予適當的資源和協助，造成兒童即便回到家，除了將作業完成，也無更深入的學習活動，讓孩子早早放棄學習，終究是遺憾！畢竟學習是終身的，學校的學習的確可以打下重要基礎，錯過了要再重拾起來，會有相當的難度。

　　學習輔導中「要讓學生擁有有效的學習技巧」裡，還包括學習策略的教導以及練習，可以使用一些容易記憶的口訣來學習某些科目，師長們當然也可以教導兒童如何創發新的記憶方式與深入學習的方法。提早讓孩子領悟學習的樂趣、協助了解的竅門，可以讓孩子在學習路上，較不會因挫敗而放棄。當然最終目標還是能夠引發其學習動機，繼續探索的熱誠，養成自主學習的習慣。

　　此外，提供孩子適當的資源很重要。雖然現在網路發達、資訊爆炸，年輕學子有更多的管道可以獲得資訊，然而，的確需要有進一步將所得資訊做適當的分析、判斷與應用的能力，這些資訊才能發揮其功能，因此如何讓學生能夠學習正確的判斷力，來決定資訊的真偽，就變得十分重要！雖然目前許多家長讓孩子參與補習班或安親班，也要進一步了解其學習情況與效果，與孩子及師長做充分溝通與討論，而不是將所有教育權利都交給學校或校外人員。家長參與學生的學習，不僅對孩子學習的狀況有所掌握，能夠增加互動使彼此關係更親近，也讓孩子有動力學習。

　　當然，許多的學習還是需要下苦功或經過系統性地學習，才能將所學的扎根，或是經由練習來熟練。現在的孩子處於網路數位時代，資訊來源過多，孩子搜尋資訊的能力很強，但也因此他們誤以為不需要去記憶或是深入了解，以致於孩子所做的動作就是「下載」（download）與「卸載」（offload），可能因此疏忽了學習的真正本意。學習的最終目標是讓孩子從中獲得樂趣與動力，不需要仰仗外來的鼓勵或酬賞，而是自動自發的「自我增強」。

　　兒童階段的同儕關係非常重要，也是學習的內涵和主力，所謂「獨學而無友則孤陋而寡聞」，我們的許多學習都是從人際中來，可以截長補短、彼此助益；人際關係較佳者，學習動力較強，倘若孩子在學校不快樂，要能夠有效學習或展現良好學習成就相對很難！現在的社會環境與學習壓力，讓許多孩子除了上學或補習時間外都較難與同學、朋友彼此接觸，自然只能藉手機或網路遊戲來聯繫，便缺少了與人真實互動的溫度。此外，學校方面若可以邀請校內成績優秀，或國中之後依然表現甚佳的校友，或是偶像人物，來分享一些學習的心得與策略，也是頗具吸引力的方式。

> **知識窗**
>
> 「個案研討會」應該要在期初就舉行，針對特別需要協助的個案，校長、校外相關人士（如家長、社工、心理師、醫師等），與全校處室負責的教職員，都應列席討論，並依據個案情況，所有參與人士需就自己業務範圍，將可以支援的行動或資源列出，並據以執行。平日各負責人要維持暢通溝通與聯繫，期中或期末應該安排檢討會議，檢視執行困難與成果，以及還需要其他處室協助之部分。倘若當事人已經離校或畢業，則召開結案會議。

對於轉銜階段及轉學生的學習輔導：

- 學生從國小進入國中或者從國中進入高中，學習科目會越來越多、也越來越有難度，因此除了安排新生始業典禮或訓練之外，若能夠進一步針對這個求學階段的學習及注意事項做全校宣導、適當的測驗（如學習或壓力量表），加上班級輔導的話，可能篩選出需要特別協助的學生，也更能夠協助學生進入狀況。
- 大部分學生進入新的學習階段，都經歷了失落經驗——也就是從熟悉的環境到另外一個嶄新、陌生的環境——因此失去了原來的支持及人際網路，而需要重建新的人際網路與支持系統，轉學生亦同。

- 轉學生可能因為不可抗拒的因素（包括搬家、父母親工作轉換，或者是學生本身在原學校的適應問題），因此做了轉學的決定，然而許多學校只是將轉學生安插到新的班級，卻沒有進一步去追蹤孩子的適應情況，也使得轉學生在努力融入新的環境時，較缺乏支持力量與資源，添加其學習上的困難。

- 許多家長在處理學生的適應問題時，通常是以轉學作為因應之道，沒有針對孩子的適應問題去做了解與解決，因此，即便孩子進入新的環境，還是一直重蹈覆轍，也造成孩子一直轉學的惡性循環。

- 對於經常性轉學的孩子來說，失落經驗變成一種常態，也因此當他／她進入新的環境，通常不敢結交朋友，因為擔心這樣的情誼不能持久，也因此重複轉學的孩子，常常就是變成孤立無援或孤單寂寞的孩子，在人際關係上會退縮，也造成他／她不快樂的原因。

第四章

兒童諮商過程與介入處遇

　　諮商過程依據 Henderson 與 Thompson（2015/2015, pp. 3-12-3-15）的建議可以分爲：1. 經由積極傾聽來確認問題；2. 澄清兒童的期待；3. 探索過去解決問題的方法；4. 探索新的解決方法；5. 讓兒童能承諾去嘗試一個新方法；6. 結束會談。

　　Hills（2014/2017）將諮商過程分爲：諮商初期（探索階段）、諮商中期（洞察階段）與諮商後期（行動階段及追蹤與評估）。1. 探索階段又分爲：建立工作關係、設立目標及危機處理、專注與主動傾聽、讓當事人陳述其故事、評估或定義問題、協助當事人探索情緒；2. 洞察階段又分：協助當事人覺察與洞察、選擇適當的介入方式、家庭作業與實驗；3. 行動階段則分：擬定細目的改變計畫並預防復發、進行行動計畫並做調整與評估、結束與評估。然而在實際做治療時，不一定每位當事人都會經歷這些歷程，提早結束的也所在多有，但是諮商師會把握每一次與兒童晤談的機會，因爲只要有接觸，就可以有機會協助。

　　實際進行的諮商過程會有更細膩的程序，需要爲不同兒童量身打造、也要視時間是否允許（因爲在學校，許多情況下，專輔教師需要服務全校，無法爲某位兒童提供長期服務；而在私人諮商中心，還需要看家長的意願及財力能否負擔），諮商師可以提供後續的轉介資訊，當然也需要諮商師的彈性調適與隨機應變能力。即便兒童是未成年，他們還是有知的權利，知悉諮商過程與效能可以讓治療關係更鞏固，況且諮商要有效，得到兒童的理解及合作是很重要的。以下會就諮商過程做較爲詳細的描述，讀者也要注意：這些階段是以分段方式敘述，但是實際上是同時進行的、不可切割。

一、兒童諮商過程

（一）建立諮商架構

　　兒童可能不清楚諮商時需要做些什麼，諮商師需要讓兒童了解，而在晤談場域（不管是諮商或遊戲室裡），設立一些基本規則是必要的（Geldard & Geldard, 1997, p. 40），同時也要讓兒童有機會發問，並提供解答或與其討論。許多兒童可能對諮商或輔導有誤解，甚至汙名化，因此說明清楚很重要，同時也讓兒童知道他／她在諮商過程中的角色與工作為何？保密及其他倫理事項的解釋與舉例等。倘若兒童不願意繼續待在輔導室裡，走出輔導室或是請他／她稍稍停留幾分鐘，讓兒童有機會體驗諮商的正向經驗，下一次再邀請他／她來就不是難事。

兒童對諮商常見疑問（Henderson & Thompson, 2015/2015, p. 3-9）：

> - 什麼是諮商？為什麼我必須去諮商？
> - 我做錯什麼事嗎？我會被處罰嗎？
> - 我是不是有問題？爸爸、媽媽（和老師）是不是覺得我哪裡有問題？他們還愛我嗎？
> - 朋友會不會覺得我有毛病？他們如果知道了會不會笑我？
> - 諮商會痛嗎？這和看醫生一樣嗎？
> - 這要花多久的時間？我什麼時候可以回家或回教室？
> - 如果我不喜歡，可以不要再去嗎？
> - 我應該要說什麼？要做什麼？如果說錯話怎麼辦？
> - 我可以說出家裡發生的壞事嗎？
> - 諮商師會把我說的話告訴別人嗎？

兒童諮商不同階段（Geldard & Geldard, 1997, p. 53）：

> - 加入
> - 觀察

- 積極傾聽
- 提升覺察與解決議題以催化改變
- 處理兒童的信念
- 積極催化改變
- 結束治療

（二）設立諮商目標

　　與兒童工作的諮商目標需要與兒童、家長／家人及諮商師一起商議或諮詢（Geldard & Geldard, 1997, p. 5），而不是只以轉介人或家長／諮商師的定義爲主。在與家長做資料蒐集或討論處理方式時，可能也需要兒童在場，而不是將其排除在外，讓其有參與感與動力、感覺公平（不是你們大人說了算），更有助於諮商的進行及效能的發揮。如同阿德勒學派的處理方式，就是先請家長和孩子一起晤談，接著請家長離席、諮商師與兒童談話（了解兒童對於事件的看法與解決方式），這就是一種尊重與接納的表現，也讓兒童感受到自己是被平等看待、不被蒙在鼓裡。然而若家長或老師在晤談時是譴責或是貶低兒童的話，就不要讓兒童在場較佳。

　　許多情況下，轉介人的欲達目標太大或是要求改變太速成（如讓孩子改掉偷竊習慣），諮商師的處理無法迅速有效達成，就需要與轉介人做說明，同時讓轉介人清楚每一次的諮商進度與成果，較能說服他們。諮商目標基本上應是以當事人認爲重要的目標爲主，或是諮商師與兒童一起商議具體可達之目標，但若師長是轉介人，也會有轉介目標，因此 Berg 與 Steiner（2003, p. 41）建議訂立諮商目標最好：描述解決方式、而非問題，描述解決的開始、而非問題結果，具體、可評量、可靠、明確與行爲的目標，以互動語句做描述，並有社會脈絡，且對當事人是重要的。諮商目標隨著諮商進程，會有些許的調整與修正，但大目標不變。有時候兒童會帶來較時近性或是他／她認爲的重要議題，這些都可以納入諮商目標裡。

　　諮商師所蒐集的資料越多，所做的假設與諮商目標也需要隨時修正（個案概念化），當然接下來的介入或處理方式也會有所調整。學者

（Geldard & Geldard, 1997, p. 43）提醒諮商師：在孩子進入諮商前，就要讓家長或手足了解，孩子進入治療後會遭遇到的改變相關議題（如家人可能不喜歡孩子跟以前不一樣，或許會有抗拒或拒絕的情況），這是有系統觀的思考、同時也期待獲得兒童家人的支持。諮商目標可以：協助兒童聚焦、讓他們行動起來，往導引的方向努力，提供誘因讓他們找到策略來完成，清楚而具體的目標會讓他們堅持下去（Egan & Reese, 2019, pp. 310-311）。

諮商目標（Geldard & Geldard, 1997, pp. 2-4）

諮商目標	說明
基本目標	所有兒童都可適用（如處理情緒痛苦的事件、讓孩子多少達成情緒認知與行為的一致性）。
家長目標	家長帶孩子來諮商的目標（通常與孩子目前行為有關）。
諮商師目標	基於諮商師了解孩子特別行為的假設結果。
當事人目標	在諮商過程中慢慢浮現的、當事人真正的目標。

（三）資料蒐集與做初步診斷

諮商師蒐集資料的管道很多元，從兒童本身、教師、家長、兒童的同儕及好友、觀察、測驗等，都可以是很好的資訊來源，班級導師對該班學生較熟悉、也較清楚學生的家庭背景，所能提供的資訊也多，在許多時候也需要其他教師的協助介入，讓諮商效果更佳。資訊蒐集越豐富、充足，就可以讓諮商師更了解兒童，尋求必要資源與做適當處置。當然，這些資料的蒐集是隨著諮商過程慢慢積累的，而不是一次就可以蒐羅完善。

從不同管道蒐集資料，像是測驗、量表、就醫史、學業表現、家庭圖等較正式的途徑之外，還有：觀察（教師在學校的觀察、家長在家中的觀察，以及諮商師在接觸兒童時的觀察）所得，可以了解兒童較為全面的情況；使用表達性媒材（繪畫、自畫像、演戲或狀況劇、表演、肢體動作、遊戲、手偶、繪本、故事書、故事接龍、桌遊、牌卡、媒體影片、歌唱、

音樂、活動、舞蹈、敲打樂器等）或是投射技術（如屋樹人），也可協助諮商師更了解兒童的個性與困境。語句完成可以提供有關兒童自身的重要資訊，像是喜愛的物品、學科、活動、同學／師長等。

通常在學校或是機構，接到較多轉介兒童的個案，主要是因為成人（如師長）認為兒童有必要接受諮商的協助。但是轉介單上往往臚列了兒童的「罪狀」（如不良行為表現），這些都是從他人觀點來看兒童的行為，甚至是以「主流」的價值觀來評斷，沒有站在兒童的立場或觀點來看事情，因此其定義是較為偏頗的，也沒有兒童這方的故事敘述，對兒童來說是不公平的，而資料的蒐集也不完全。在社區諮商中心，與兒童做初次晤談時，往往是家長一起出席，但是在最初就把兒童排除在外，因此最公平的做法就是讓家長與兒童一起進來，家長或許會抱怨兒童的行為或錯誤，也沒有關係，而諮商師可以進一步詢問家長：希望兒童達到的目標為何？接下來可以請家長先出去一下，讓兒童與諮師一起晤談，諮商師此時就要讓兒童開口說自己的故事。有些兒童可能會認為：「剛才爸／媽都說了，我再說有什麼意思？」但是諮商師一定要強調：「那是他們認為的，我想知道你／妳怎麼想？」

觀察是最直接又重要的蒐集資訊方式。倘若是在學校，諮商師也可以在下課時，看看兒童的活動，與其一起玩耍的朋友等；而在諮商室裡，諮商師可以觀察的像是：兒童的外觀／表、行為、心情或情緒、智能與思考過程、語言和說話方式、動作技能、遊戲以及與諮商師的關係（Geldrad & Geldard, 1997, p. 54），同時諮商師也可以「同儕參照」（也就是同年齡層的兒童表現）來看兒童的行為或表現，若有太大差異也需要留意。另外，要給兒童說自己故事的機會，不要因為被轉介或是轉介人提供的資訊而受到影響，畢竟孩子也會意識到自己的聲音會被忽略，認為諮商師已經有預設立場或定見，諮商師可以藉此開始與兒童建立關係、蒐集更完整的資訊，也是賦能兒童的展現。要與兒童工作有效，就要選取適合兒童與其議題的方式（Geldard & Geldard, 1997, p. 34），這就與諮商師的個案概念化能力有關。

諮商師在面對兒童蒐集資料時，最常使用提問問題的方式，需要特

別注意：用詞簡潔，不要一下子問太多問題，最好問具體的問題；而 Henderson 與 Thompson（2015/2015, pp. 3-17~3-19）也提醒諮商師問問題時：不帶有批判、譴責的口氣；將問句變成陳述句；不要過度引導，這樣反而霸占了晤談的焦點；要聽見陳述裡的重要議題（如家人關係）、不要忽略；採用適當的開放性問題；小心使用「為什麼」的問題，因為容易讓人有責怪的意味；勿重複孩子聽不懂的問題，而是改換成兒童容易理解的說法；以及多做傾聽與摘要。

（四）建立治療關係

　　與兒童工作最重要的就是諮商關係，Carl Rogers 就指出：溫暖而有反應的治療關係就是促成改變的催化劑（cited in Geldard & Geldard, 1997, p. 27），即便是年幼的兒童，也需要成人尊重、信守承諾與保密，因為這是人際關係的重要元素。治療關係是從一開始與兒童接觸就啟動，而在諮商過程中，兒童也會測試與諮商師的關係。Geldard 與 Geldard（1997, pp. 6-13）提醒諮商師治療關係是：連結當事人的世界與諮商師、是獨一無二的、安全（有架構的、行為及晤談時間也有限制）且真誠的（互動是好玩且有趣的）、保密（也有其限制）、非侵入性的（不問太多問題，讓兒童保有適當的隱私權）以及有目標的。兒童也很容易對諮商師移情，或許將諮商師視為父／母親，雖然在某些程度上或是案例中，諮商師的確也需要擔任類似親職（re-parenting）的角色（包括給予兒童不同的楷模或是矯正性情感經驗），但諮商師也會有反移情情況發生，尤其面對的是兒童時。

　　建立治療關係可以注意：1. 了解姿勢的象徵意義：與兒童平起平坐，不要站著低睨兒童，甚至可以蹲下來進行對話，可以鬆懈兒童的防衛；2. 一起玩耍：從遊戲中，兒童可以經由角色扮演學習社會（與人互動）與生活的一些技巧、發洩自己的情緒、學會容忍挫折、從錯誤中學習，還可以協助孩童將現實暫時擱置，允許孩童可以用「假裝」的方式來滿足生活需求；遊戲可以是兒童探索世界，與人互動與了解自己的方式，當然也可以用來娛樂、放鬆、表達創意與豐富生活。因此即便與兒童做治療，遊戲是不可或缺的媒介。3. 諮商室裡的布置與零食：諮商室裡可以放置一些

玩偶、具有童趣的畫或兒童作品，也可以準備一些玩具（若是太多則可能分散兒童的注意力，不妨收藏起來），讓兒童進來諮商室時，可以放鬆自己、不覺得有壓力。此外，可以準備座椅與乾淨地板，兒童可以選擇自己要坐的地方，而諮商師也可以做適度配合；中年級以下的兒童喜歡一邊玩一邊說話，諮商師可以容許他們手邊玩弄一些玩具，同時進行治療；高年級以上學生，手中可能習慣把玩筆或手機，只要不是在看手機內容，也都可以接受，不要以為他們會因此而不專心。零食可以減輕焦慮（也要注意零食的選擇，不要有色素太多或太甜／鹹的或是會引發兒童過敏的），對兒童與成人都是如此，有時候只是準備一杯水就可以，讓兒童知道自己是被尊重的。

（五）選擇適當處遇／介入方式

在蒐集資料的同時，諮商師對於當事人的問題或擔心的議題有初步的了解，甚至思考個案概念化、形成假設，包括：如何解釋這個問題？問題自何時開始？可能的影響因素為何？接下來要做的處置是如何？諮商師本身相信的核心理論會先出現，也可能先試用在兒童身上，然而隨著資料蒐集越來越完整，與兒童晤談過程中有新的了解或頓悟，諮商師的個案概念化就會做適度調整或修正，為當事人問題「客製化」適合他／她的介入方式。大多數治療師不是以單一理論為取向，而是發展一個個人化的「整合取向」（Okun & Suyemoto, 2013, p. 13），不管是技術的整合（這部分較簡單）或是若干理論的整合，其目的都是讓兒童獲得改變、讓生活更好！

兒童諮商一般技巧（整理自 Henderson & Thompson, 2015/2015, pp. 3-13-3-14）

技巧	目的
隱約的鼓勵（如點頭、「嗯哼」、手勢）	表示諮商師專注在聆聽，也鼓勵兒童繼續說下去。
覆述（使用兒童所使用過的語詞再重複一次）	表示聽見，也抓出重點。
重述（以諮商師自己的話將剛才所聽到的簡述一次）	表示聽見，也抓出重點，並且做確認動作。

技巧	目的
摘要（將剛才兒童所說做重點敘述）	可用來回顧、指出重點，或讓兒童有機會聽見他們與諮商師分享的內容。
情緒反映	讓兒童覺察所陳述故事中的情緒
意義反映	表達對兒童的故事意義的理解
同理心	以語言或行動表達了解
激發	協助兒童進一步陳述或說得更詳細
封閉式問句	獲得特定的資訊
開放式問句	引發討論
量尺問句	評定一個情況的程度
定義問題	將討論主題轉向主訴問題的相關內容
澄清	釐清可能不清楚的資訊或重點
知覺確認	確認諮商師所獲得的資訊是否正確。
提供資訊	提供事實資訊
角色扮演	讓兒童學習新的行為或換位思考

（六）家庭作業與行動方案

　　當然改變是緩慢的。家庭作業可以延伸諮商處置到晤談時間之外（Chen & Giblin, 2018, p. 144），家庭作業還具有連結諮商效果、催化當事人行動，或是實驗與練習、打破當事人認知上的障礙，並促成改變等功能。整個諮商過程中，諮商師也會讓兒童做一些實驗或新的行為嘗試（家庭作業要讓兒童可以理解且有能力執行），讓兒童體會到改變是可能的、也是容易的，但改變若要持續下去，就需要有更多的練習、調整行動方案／計畫、排除可能的障礙、預防復發，與各方資源的合作與支持。

家庭作業的類型（不限於此）

類型	說明
觀察作業	藉由觀察來學習，或是比較自己「認為」的與實際有所不同。
反思作業	藉由日誌或紀錄做自我反思。

類型	說明
手動作業	讓當事人嘗試一下，破除「知易行難」的迷思，還有繪畫、創作詩詞都是。
做不一樣的事	讓當事人了解改變不難。
情緒作業	練習冥思或正念的技術，感受到情緒與身體的關聯。
認知作業	記錄自己的想法，看見其他轉圜之方。
行動作業	嘗試將目標切成一小部分、一步步去完成，也增加當事人的成就感。

（七）結束諮商

　　一般的情況下，學校或機構會有諮商次數的限制（如一學期六次），在學校中，若兒童議題較嚴重、需要長期協助，也會轉介到縣市立的學生諮商中心繼續治療，但同時學校的專輔老師也要持續關注與提供協助。那麼，何時可結束諮商？Nelson-Jones（2005, p. 252）提及若當事人報告其感受與進步、諮商師觀察當事人的進步、當事人生命中的重要他人的回饋，或有證據顯示已達當初設定的目標，就可以結束治療。而 Hackney 與 Cormier（2009, pp. 10-12）則認為以下條件符合就可以：當事人開始從不同的脈絡看問題或議題；當事人對於問題或議題有更多適當的了解；當事人對於舊的議題有新的反應；當事人學習到該如何去發展有效關係。因此若是轉介人或教師等兒童的重要他人，覺察到兒童的改變（情緒、行為或想法）有一段時間了，認為兒童可以不需諮商師的晤談、仍可繼續維持改變下去，就可以結束治療關係。

　　然而，由於當事人是兒童，往往會受到許多因素的影響、而未能在適當時間結束治療，通常是提早結束，也因此諮商師的心理要有所準備，或許只有一次機會與兒童晤談，或許只有少數幾次，那麼每一次晤談都要善加利用，並且好好開始、好好結束。倘若知道是最後一次諮商，在之前的晤談都要提醒兒童：「這是第幾次，我們還有幾次。」最後一次晤談，要花較多時間與兒童好好做結束，包括回顧之前晤談的重點或活動、印象深

刻的事件、兒童自己的發現與改變、諮商師發現的改變與努力（也可請見證人分享，力道更大），還可以將兒童之前在晤談過程中的手作創作、活動成品或紀錄展示（或拍攝存檔）出來，回顧會更鮮明、容易！最後可以用儀式，或者贈送兒童紀念品或卡片勉勵他／她。諮商師也可以告訴兒童，若往後在學校遇見，都可以打招呼、寒暄，也讓諮商師知道他／她的近況，若有任何問題或是想要對諮商師說的話，也都可以預約或是找時間談；也可以慢慢拉長晤談間隔（如一週一次變成兩週一次晤談，到一個月一次），最後變成一週一次的五分鐘閒聊近況或是偶遇時問候，這樣的作法較容易讓兒童感受到自己不被遺忘，這是很重要的。

有學者建議與兒童諮商時間不宜太長期，以免讓其仰賴諮商師，負責任的做法是：即便結束治療關係，仍然要固定做追蹤動作（Geldard & Geldard, 1997, p. 83）。做結束治療的動作時，可能會出現的問題有（Geldard & Geldard, 1997, pp. 81-84）：當事人因為焦慮而出現退化或退縮的行為；隨著治療結束越靠近、當事人可能會提出新的議題；諮商師可能會仰賴與當事人的治療關係，也擔心治療關係結束；當事人的表現可能呈現沒有進步的情況，讓諮商師認為需要有更多的改變。在校園裡做諮商輔導，許多孩子不會太在意結束治療關係，因為他們會認為只要學校在、輔導老師或諮商師就在，不必擔心不再見到的問題，其實諮商師好好做結束動作，也有潛在教育的性質——讓孩子學習如何說再見，整理已經學習的，然後繼續往前，這也是失落教育的一環。

做兒童諮商結束動作時，不免需要處理兒童的分離情緒。兒童有時候並不會明顯表現出來他們的焦慮、悲傷、難過或是生氣，但是可以從他們的表情動作等線索看出來，或許突然變得很安靜、不說話，或許是亂跑、不願意與諮商師待在一起，也許會表現出憤怒或不解的情緒，這些也都需要諮商師的關注與處理。諮商師可以與兒童談談自己對於分別的感受，也分享自己的感覺，另外，也要明確說出與兒童晤談的這一段時間，發現他／她的優勢／進步與具體事實，可以用書寫的方式留下這些紀錄自然更好，讓兒童未來有機會拿出來回味，甚至在遭遇生活瓶頸時，提醒他／她曾有過的努力與成就，就有勇氣與希望可以繼續前行！

評估可以結束晤談的標準（Henderson & Thompson, 2015/2015, p. 3-22）：

> ・兒童是否更開放？
>
> ・兒童是否能爲自己的感覺與行動負責？
>
> ・兒童是否對自己或他人更有包容力？
>
> ・兒童是否更獨立、更自主？
>
> ・兒童是否變得比諮商開始時更不害怕？較不會悶悶不樂、較不焦慮？

（八）評估與追蹤

　　評估是一個持續性過程，隨著問題呈現或個案概念化而有改變（Hackney & Cormier, 2009, p. 119）。在諮商過程中，諮商師需要做形成性評估、以調整處遇方式，而在正式諮商關係結束後，諮商師還需要對個案做總結性的評估與追蹤（包括案例的介入有效性如何、未來可以如何改善或做修正、類似情況須注意事項或學習，以及追蹤當事人近況）。評估方式有觀察、訪談、重要他人的觀察與見證、評量表或回饋表等。追蹤是表示不放棄當事人、持續關注兒童情況，同時也檢視諮商的有效性或是改變的持續性，以及是否需要繼續協助。

　　在學校擔任輔導工作業務繁忙，有時候並不能如願固定與學生做個別諮商，然而當孩子的情況漸漸改善，諮商師可能會拉長與兒童晤談的間隔（如一週一次變成兩週一次），這也是基於經濟效益的考量，畢竟需要將其他精力放在更急迫的案子或事務上。再則，諮商師也需要持續做評估與追蹤，即便與有些當事人已經結束了治療關係，但是由於學生還在學校裡，因此後續的追蹤很重要，一來表示諮商師的持續關切與支持，二來若發現需要介入，效果也更佳。可以約晤談過的兒童在諮商結束後，過來談個五分鐘，了解他／她的近況，或者是在學校裡碰到時聊一下，都可以達到追蹤與評估的效果。

　　在學校裡，不少轉介兒童過來的老師，會很想知道孩子的情況是否有進步，或是行爲改善了沒？甚至想知道輔導老師或諮商師是如何處理的？建議專輔老師不妨給轉介老師一些定期的匯報，甚至因爲有這樣的機會與

老師們多聯繫，也可以請老師們協助（如請老師注意兒童上課的情況、多予鼓勵或是認可，甚至讓兒童可以負責或是分攤一些班級事務），讓兒童的議題能夠獲得更好的解決。除此之外，轉介的老師也可以參與兒童追蹤與評估的情況，畢竟老師們是更了解兒童的重要他人，在他們的觀察與評估的同時，也見證到兒童的進步及改變，對兒童來說是重要的支持力量！

專輔教師需要做輔導行政，其中一環是學生來談問題或是議題的統計，這些數字資訊都可以作為擬訂有效輔導策略、決定家長諮詢與親師座談主題，甚至是教師知能研習等的重要依據，善用評估與追蹤就可以達到這些目的。

二、兒童諮商注意事項

（一）視兒童為一個獨特的個體

與當事人的連結視其「如其所是」（as they are）最重要（Smith-Adcock & Tucker, 2017, p. 106）。我們在面對兒童當事人時，很容易站在成人的立場，或是威權、批判、主導的位置，沒有真正看見兒童這個「人」，當然就很難同理他／她的感受或想法。兒童是最弱勢的一群，倘若不能為自己發聲的同時，還會被誤解或處罰，那麼要想協助他／她面對議題、尋思解決之道就會有困難，因為兒童當事人才是那位需要面對生活的主體！諮商既然是以「平權」的概念出發，自然也應該以同樣的態度對待不同的當事人，兒童也不例外！此外，為當事人量身打造適合他／她的介入處置亦同。

（二）從兒童帶來的材料開始

從當事人帶來的材料開始，而不是從轉介人的轉介內容開始，至少可以讓兒童有機會為自己發聲，諮商師也可以聽到兒童這方面的故事與思考。這樣的處理方式，讓兒童當事人覺得自己受到接納與尊重，而不是卑屈或無能，自然能夠讓兒童看見自己的優勢與能力，願意做改變或有所行動、造成不同！不要將兒童的問題行為視為是兒童個人的問題（通常行

爲的表現是求助的訊號），而是將其視爲兒童溝通的方式，表達了他們憤怒、失望或難過的情緒，且急需協助（Berg & Steiner, 2003, p. 45）。

　　諮商師在兒童進入晤談室的同時，就可以觀察兒童的身形、體態、態度，從中獲得一些有關兒童的個人資訊，像是健康狀態（氣色與動作是否一般）、發展情況（與同儕相形之下有無遜色或超越）、對待人或與人互動的樣態（如有無適齡適當）等，然後與兒童對話之後，可以對於他／她的智能、語言發展和人際面向的資訊有更多了解。從兒童身上也可以獲得一些啟動對話的資訊，像是男性兒童或許喜歡的運動、女性兒童喜愛的人物或故事，甚至只是從很簡單的話題（如最近學校的活動或新聞）開始。

　　接下來就可以與兒童做寒暄，歡迎他／她來到這裡，詢問她喜愛的活動、食物或是遊戲。有時候兒童不知道自己爲何來這裡，就可以請教他／她是否知情誰讓他／她來的？理由爲何？有些兒童清楚自己是因爲什麼原因來到這裡，那麼就可以請他／她說說；即便有時候，兒童不知道自己爲什麼來到這裡的理由也無妨，可以用當事人理解的方式，簡單介紹諮商師與諮商的功能，或是介紹他／她這裡可以玩的玩具、遊戲，或是帶他／她逛一逛諮商室／所，讓兒童對環境多一些熟悉度，較不會害怕。若是兒童抗拒來這裡，也不需要強留，帶他／她參觀環境可以是選項之一，另外，也可以提到「需要給轉介老師／家長一個交代」爲由，讓兒童多待一下（時間上可以妥協，不一定需要一節課），像是：「我們只談兩分鐘，然後你就可以回去／教室，這樣好不好？」若是在學校，也可以詢問當事人目前上的是什麼課？不要剝奪他／她上喜愛課程的權利。這樣的妥協方式，通常兒童會願意留下來；即便偶爾會碰到兒童堅持不留下，也沒有關係，儘快給予當事人一些諮商師發現的具體讚美，這樣會增加當事人下一次來訪的機會，然後送他／她到門口或是詢問他／她需不需要送他／她回教室？年紀較小的孩子（如低年級同學），可能需要陪伴他／她到教室前或監護人身邊。給予當事人稱讚或讚美，是要從觀察他／她進來、一直到要離開，這段時間諮商師所覺察或捕捉到的優勢與特色，而不是很虛無、抽象的讚美（像「你好可愛／聰明」之類）。

　　從當事人帶來的材料開始，也就是不一定要「哪壺不開提哪壺」（特

別不是從當事人轉介的理由開始），因爲這樣可能會讓兒童認爲自己只是來受過或被斥責而已而不願意合作，也減弱了諮商的可能效能！轉介人可能有許多對兒童的抱怨，或是在轉介單上列出孩子的「罪狀」，會讓孩子從晤談開始就處於劣勢或不被了解的位置，給往後的合作增加阻礙或變數。輔導老師或諮商師不是站在老師或家長的立場，而是較與兒童站在同樣的位置，讓兒童覺得不孤單是很重要的，而不批判的態度也是進行對話的起始。

與兒童工作，需要尊重兒童的經驗、感受與現實（Pereira & Smith-Adcock, 2013, Ray, 2011, cited in Smith-Adcock & Tucker, 2017, p. 106），而不是以成人的角度來看待，同時相信兒童有自我引導與做決定的能力（Landreth, 2012, Pereira & Smith-Adcock, 2013, cited in Smith-Adcock & Tucker, 2017, p. 106）。

「從當事人帶來的材料開始」示例

示例一

小祥一進門，就開始在輔導室裡的地板上打滾。他滾動的範圍大概是五、六公尺長。諮商師看著他滾動，時不時還與他交換意見，像是：「把兩隻手臂抱起來，會不會滾得比較快？」或是提醒他不要撞到旁邊的椅子。兩分鐘後小祥就坐起來，諮商師開始跟他談剛才翻滾的心得。

示例二

小莉進入諮商室，就抱起在沙發上的一隻小熊玩偶，然後才坐下來。諮商師問小莉：「喜歡小熊嗎？知道這隻小熊的名字嗎？」小莉提到自己在家也有一隻小熊玩偶，但是被妹妹拿走了、還弄得很髒，小莉有種快要哭起來的感覺，諮商師同理小莉難過的情緒，順便提到小莉是一位好姐姐，把自己最喜歡的小熊讓給妹妹。接著諮商師開始問起小莉在家的生活，同時也把她懷抱中小熊納入一起談話的對象。

讚美當事人示例

示例一：

「謝謝你來輔導室，跟你談話很愉快。你進門時喊『報告』很大聲、很有精神，你很有禮貌。也讓我知道現在在上電腦課，這是你最喜歡的課。還有，你一直都帶著笑容，我猜你是一個很受歡迎的人。謝謝你來，下一次有機會，再請你來說說話，可以嗎？」

示例二：

「小中，謝謝你今天來這裡，即使你不願意來、也不知道為什麼要來，但是你還是來這裡了，你是一個守信的人。我很高興認識你，也謝謝你告訴我最近發生在你身上的事，你到這裡來，也想知道為什麼來這裡，所以你也是一個好奇的人，相信你對生活上的很多事情也是一樣好奇！」

（三）暫時留住當事人

　　許多兒童是經由轉介管道而來，他／她自己本身可能不清楚為何要來此？或者是不願意在這裡與一位陌生人說話，這些都是可以理解的，因此不妨給當事人一個選擇，讓他／她與諮商師談個幾分鐘、可以給轉介過來的老師或是家長交代，或者說「如果這個時段不適當，再與你／妳約另一個方便的時間？」這樣也給了兒童一個選擇權，同時展現了諮商師的尊重，許多兒童會因此多留一下，增加了進一步的晤談機會。

　　倘若是在學校，兒童被叫來輔導室的時間，可能是他／她喜歡上的課程時間，諮商師或輔導老師最好問問他／她這個時間方不方便？也順便詢問兒童最喜歡的課有哪些？記下來後，問他／她要不要回課堂上課？讓孩子有選擇權，不要剝奪他／她上喜歡的課的機會。另外，也不要在固定時段與兒童約談，因為會剝奪他／她上某特定科目的權利。或許也有兒童會藉機逃避不喜歡上的課，諮商師也要清楚說明——為什麼不能固定在某堂

課請他 / 她來晤談？也會有老師將不喜歡的學生送來晤談、增加學生不喜歡來諮商的因素（學生可能認為是懲罰），這些細節也都可以與導師說明清楚，彼此有共識、不要有誤會，同時也取得老師未來合作的可能性。

（四）當事人的抗拒是自然的

不管是成人或孩童，或是被轉介及自願的當事人亦同，都會有或多或少的抗拒表現，這是面對陌生人的自然反應，不管對方是什麼專家，就兒童來說「正常化」（normalize）其抗拒是很重要的（Berg & Steiner, 2003, p. 53），像是來諮商室不是壞事，可以談談自己的生活或遭遇的挑戰。沒有人希望讓別人看到自己的脆弱或不好之處，一般人對於求助會有抗拒，兒童當然也不例外，況且在諮商與輔導的汙名還尚待去除的目前，許多學生將「輔導室」視為「問題人」（去輔導室的都是問題學生）中心，當然非有必要、不願意與輔導室或諮商師掛勾在一起。其次，面對一位不熟悉的陌生成人，即便對方是專家，也不願意談自己私事，更何況是難堪之事，因此抗拒是很自然的。有時候當事人會對於自己無故被轉介來做諮商很反感，會將怒氣發洩在諮商師身上，諮商師不必介意，不要將其「個人化」，反而需要正視當事人這樣的反應、表達理解，也讓當事人有選擇機會（如「談個五分鐘，好對某位老師交代」）。

兒童不說話或沉默，也可能是抗拒行為的表現，但是沉默有其功能（Henderson & Thompson，2015/2015, p. 3-19），也不需要總是諮商師在唸唸叨叨、徒增煩擾。沉默的功能可以有：給兒童時間釐清自己的感受與想法；給兒童時間去思考該如何回應；給兒童準備的時間；而諮商師也可以試著反映兒童沉默的意義或原因（如：「你這段時間不說話是在想什麼嗎？」）。

抗拒是健康的訊號，通常是為了要自我保護使然（Simpson, 2007, p. 99）。兒童抗拒的反應（Henderson & Thompson, 2015, p. 3-9）一般有：拒絕說話、拒絕分享任何重要的事情、否認問題的存在，以及談論無關緊要的話題；避免與諮商師有連結（如避開眼神接觸）；遲到或缺席；展現負向的肢體語言，說話帶有敵意；以明顯行動拒絕合作（如躲在家具後

面）。而學者建議化解兒童抗拒的步驟（Henderson & Thompson, 2011, pp. 3-9~3-10）是：1. 與兒童建立良好關係，讓兒童覺得諮商師是關懷、保護、安全的，而且「跟他們同一國」；2. 兒童會覺得被要求來諮商等於失去了掌控權，因此諮商師盡可能提供兒童選擇的機會，以滿足其控制的需要；3. 將諮商室營造成一個友善、舒適、放鬆、安全的空間，有一致性、限制性及可預測性，就可以增加兒童的安全感，因此諮商日期與時間應該固定，但也必須要顧及兒童受教權，因此如果以同一天一個上午的四個時段和一個下午的四個時段來調動的話，應該也可以吻合此需求；4. 兒童需要了解什麼是諮商，以及他們對諮商可以有什麼期待，諮商師做詳細說明，同時開放給兒童詢問是很重要的。

（五）將當事人視為自己／問題的專家

孩子的生活需要聽眾，成人往往忽略了這一點，而讓孩子覺得自己很被動、沒有自我意識，都是按照他人的指令行事。「傾聽」是諮商師最先要具備的能力，因此「會聽」很重要。要做好傾聽的工作，諮商師最好：不要問太多問題，讓當事人做主角；專注傾聽時，要先去除環境中可能有的障礙（包括電話、噪音或是他人的干擾）；專注傾聽時，也要去除心理的干擾，不要去想待會兒要問什麼？當事人為什麼會講這些？而是順著當事人所說的、進入狀況；傾聽是因為想要真心去了解當事人，這樣的態度很重要；傾聽時不是光注重口語的訊息而已，還要注意觀察「非語言訊息」（如肢體、姿勢、表情、眼神等），會讓諮商師的資訊蒐集更周全；如果諮商師專注傾聽，就會在適當的時間提出適當的問題；當事人只有在認為諮商師理解之後，才會聽進去諮商師所說的話；不要怕沉默，沉默在諮商中有不同的意義，有些諮商師很怕尷尬或沉默，結果就說了太多話，會讓當事人很疲憊，也容易起反感。

與兒童工作，我們很容易將焦點放在問題上，甚至進一步去探討問題來源或問題歷史，無形中就將兒童視為問題本身，反而沒有去看兒童的能力或是曾經使用過的問題解決方式，因此將當事人視為自己／問題的專家非常重要，也不要聚焦在「問題」上，而是關注在當事人與別人如何

看這個問題，通常會從新的角度來看問題（Smith-Adcock & Tucker, 2017, p. 107）。詢問兒童如何解決以往或目前面對的一些困擾或問題，從中找尋當事人的優勢或想法，哪些是較有效的？哪些是較無效的？像是兒童面對罵他／她的人可能是出手打人或是罵髒話，諮商師可以問道：「這樣做他們就不罵你／妳了嗎？」又如，兒童是因為霸凌他人而被轉介來此，可以問他／她誰的看法不一樣？他可能回道：「我妹妹說我是保護她的哥哥。」諮商師：「所以你是一個會保護弱小的人，你希望自己這個保護的能力還可以做些什麼？」兒童是人，同樣具有智慧，面對問題也會思索解決之方，只是可能因為發展尚未成熟、經驗不足、考慮的面向較不周到，或者是受情緒影響而使用了無效的方式處理，又或者是其處理方式反而變成問題，諮商師都可以與他／她一起回顧解決之道、討論優窳，然後看看是否有修正或新的方式，可以更有效處理問題。

　　將兒童當作自己或自己問題的專家，還有一些更深的意涵，包括：表現出願意傾聽他／她的故事，尊重他／她的看法與想法，同時賦能兒童。

（六）不要一直問問，善用其他媒材

　　兒童雖然喜歡問問題，那是他們展現對世界的好奇，但是不喜歡一直被詢問，況且在諮商過程中，諮商師若為了蒐集當事人的相關資料而一直問問題，會讓當事人覺得很煩，彷彿自己是被拷問一樣，容易出現抗拒、不願意回答的情況，因此不要急於在短時間內或一次晤談中，就蒐集到所有資料，也不要只是以問問題的方式了解當事人，而是可以從多元管道來了解當事人，隨著治療的進展，關於當事人的資料會越來越完整、豐富。

　　一般較常問的是「是什麼」、「怎麼樣」（如何）、「什麼時候」、「在哪裡」。有些學派認為若問「為什麼」是企圖去找原因，但是有時候原因太多或不明，另一方面也是鼓勵當事人找藉口、合理化或逃避責任，同時也可能讓兒童說出智性的答案，而非他／她當下或內在真實的體驗（Gelard & Gelard, 1997, p. 68）。然而，有時候問「為什麼」可以進一步了解當事人的想法或動機，也是不錯的方式。因此只問需要問的問題，盡量使用開放性問句，避免問「為什麼」（除非有很好的理由），以及不要

用問題來滿足諮商師的好奇（Geldard & Geldard, 1997, p. 68）。諮商師與兒童工作時，最好使用暫時性（tentative language）或猜測的語言以及好奇的態度（Sherman, 2015, p. 67）。使用暫時性的語言或猜測，可增加諮商師被聽到的機會且較能取得兒童的合作（Berg & Steiner, 2003, p. 67），也減少了諮商師的威權，像是使用：「聽起來……」、「好像……」、「我想……」、「或許……」、「可不可能……」等都是很不錯的。

　　兒童尚在發展與學習階段，有時候若諮商師用了較艱澀的詞句，或是複雜句（一句話裡涵蓋許多意思），他們可能不了解諮商師所說的，可能會回答「不知道」，有時候鑒於面子或自尊，不會直接表示不懂，因此諮商師使用不同的陳述來描述及澄清就很重要，當然，也不要像老師授課一樣老是問「懂不懂」，如此容易貶低了兒童。

　　諮商師可用的資源很多，有時候當事人不太清楚要怎麼表達，也可以鼓勵其用譬喻或是打比方的方式來說，像是：「你／妳說心裡沉甸甸的，像一塊石頭壓著還是……？」「如果問你／妳們之間的關係像什麼，你／妳會怎麼形容？」繪本的用途也在於此，許多孩子無法用自己的話語精確地表示出自己的感受或想法，但是藉由繪本或是影片故事方式，讓孩子可以將自己投射到書中或故事中的角色裡，讓諮商師更了解他／她，而兒童也可以從故事主人翁的經驗裡學習到自己不孤單或可以運用的解決之道。此外，以活動、比賽，或是使用一些玩具、玩偶或積木等協助當事人表達，不須受限於語言的方式。兒童會將自己投射在某些角色裡，諮商師可以藉此詢問一些相關的問題，像是：「如果你／妳也像這隻小熊一樣被誤解，你／妳會怎麼做？」或者是以手偶、演戲的方式，將想要問的問題藉由台詞說出來，像是：「好痛，你／妳為什麼要這樣？」兒童對於創作的戲劇亦會有濃厚興趣，也願意去創發、衍生故事內容，而藉由演戲與排練，他們可以設身處地在他人立場，接著的討論更能夠深入主題、更聚焦也有意義。況且，與兒童做一些遊戲或活動，不僅有趣、能讓兒童減少戒心，也可以在輕鬆的情況下，開始建立關係、了解兒童。

　　除了在諮商室裡預先準備的一些靜態活動（如撲克牌、棋類遊戲或大富翁等），諮商師也可以創發一些牌卡遊戲、桌遊，或是將原先的傳統遊

戲（如大富翁或尋寶圖）做一些改造（像是將大富翁裡的「機會」或「命運」換上一些可以簡單回答的問題，或是與當事人相關的背景資料及問題，或穿插一些好玩的小遊戲），這樣玩起來也有趣、有意義，切記遊戲不要讓孩子覺得無聊。要注意的是：孩子重視「公平性」，因此不要只設計成孩子需要回答問題而已，諮商師也要相對地回應問題，讓當事人不覺得自己被質詢或拷問。若可藉由遊戲讓孩童學習遵守規定或遊戲規則，也是一種潛在教育。

　　兒童對於「面對」成人或威權人士，總是會有焦慮或擔心，因此讓他們手中把玩一些東西（如筆、手鍊或其他小物品，但非手機或打電腦）是可以的，藉此分散注意力或緩解他們的焦慮不安。諮商師自己可以設計一些「未完成」句子讓當事人試著去填寫，使用「語句接龍」或「故事接龍」也可以，或者是採用畫圖的（屋樹人、自由畫或是特定主題「如我的家人、我最喜歡的食物」）方式，也可以得到想要蒐集的資訊，與當事人建立關係，若是當事人不喜歡畫畫或寫字，也不要勉強。此外，兒童性別是另一個可以考量的因素，男性與女性社會化方式不同，男性重視工具性、以達成目標為主；女性重視表達性、以關係建立及維持為主要，因此與女童工作或許還可以使用對話方式，而與男性兒童工作時，面對面談話或許讓其不自在，就可以藉由不同的遊戲或媒材做為中介，來建立關係或達成諮商目標，若可以在戶外打球或丟接球也可以。

（七）需要將兒童所處脈絡與資源列入考量

　　Hazler（2008, p. 19）提醒諮商師們：教育經驗是需要以新的眼光來看待，而且要花費許多心力來了解，才有可能造成系統與個人的必要改變。諮商師自然要先了解服務機構的文化，常常走出輔導室或諮商室，去了解置身的工作場所、人與文化，與服務對象及教職員／工作人員們建立良好的溝通管道與關係，因為這些人都是輔導生態的一環，需要大家共同的努力，輔導成效才容易彰顯出來，學校鄰近社區的特色與資源也要清楚，必要時可做連結與運用。此外，在全球經濟的影響下，教育需要改弦更張，這些也都會影響兒童族群，因此諮商師或專輔教師也要在專業之外，多多

了解自己所服務族群的生態環境變化與可能影響，才不會與當事人脫節，順利達成協助效果。

兒童年紀小，受到家庭與周遭環境影響甚大，因此在診斷兒童的問題時，需要考量其生態脈絡系統，而不是只專注於兒童本身，況且有極大的機率是問題不在於兒童，兒童只是展現問題的徵象（所謂的代罪羔羊）而已！與兒童工作，要特別留意其所處的環境脈絡，以及相關影響因素的原因，主要是因為年紀越小，越缺乏解決問題的能力，卻會將其壓力或問題展現在行為上，而真正的問題原因可能是在所處的環境裡面，像是父母親不和，孩子可能會出現暴力的行為、課業落後、注意力不集中等問題。因此在與兒童做諮商的時候，諮商師必須要有生態觀，要看到當事人周遭的其他可能影響因素，而不是將問題鎖定在當事人身上，這樣有極大可能會失焦且效果不佳。

兒童若邀請朋友一起出席，諮商師也可以接受，還可從兒童與朋友之間的互動更了解他／她，不必執著於「個別諮商」的形式，有些學校的教師或是輔導老師偏好「少數人」一起的諮商，除了可以加強同儕學習、減少孤單感、符合經濟效益之外，還可以同時與一群學生建立關係，了解學生與人互動及其支持脈絡情況，也可以進一步建立學生互助的支持網路。

孩子所崇拜的偶像（歌手、球員，或卡通、電影、故事中人物）或是重要他人（如老師、家長或祖父母），也都可以在諮商過程中善加利用。像是「如果 Stephen Curry 在這裡，你想他會告訴你什麼？」孩子通常會因為喜愛偶像的加持，而願意努力做改變或堅持下去，對他們來說，偶像是效法的楷模，也是支持的力量。

此外，同儕諮商（peer counseling）也是不錯的方式，然而同儕諮商需要加以訓練，不是短時間可以竟其功，因此邀請一些有過經驗的「過來人」（如輟學生）擔任「顧問」、請其協助，通常這些過來人所分享的話，比諮商師更具效力，這也是敘事治療師會使用的一種方式。

諮商不單是以一對一的（個別諮商）形式進行，也不是諮商師獨力作為，而是需要結合其他專業與資源的共同合作與努力，因為諮商的目的就是試圖讓當事人的生活更適意。年紀越小的孩子，常常因為發展與資源受

限，也侷限了其解決問題的能力與效果，加上孩子往往是最弱勢的族群，受到成人與環境影響重大，通常他們只是凸顯問題的「代罪羔羊」（而非問題本身），因此只是針對孩子做處理，往往看不到效果，甚至會受到環境其他勢力的抗拒（如家長不喜歡孩子為自己發聲，彷彿是反抗父母威權），因而要將其所身處的環境脈絡與相關資源考量進去，納入重要他人一起來協助當事人，都可以讓諮商更有成效。有時候即便當事人改變了，但是一旦回到自己家中或社區，其改變會受到極大阻力、也無法發揮效能，除了要為預防復發做準備之外，改變環境也是需要考慮的，只是改變社區或環境難度太高，有時候就必須要將當事人遷移該地或處所，甚至更換教養人。

　　同時，在處理兒童議題時，將其周遭資源也納入，改變才能較為持久。畢竟兒童是生活在家庭與學校環境中，只是改變兒童個人收效不大，有時候還需要轉換或改變環境才能竟其功！像是處理兒童的偏差行為，不是只針對兒童本身行為的修正與調整而已，還需要教師、家長、同儕，甚至其他重要他人的加入協助，改變才更可能，包括家長親職教育與管教方式的配合，教師教學或溝通的調整，同儕關係的修復與示範，課輔協助或社工的介入或是改換居住地（如遠離宮廟等）。

　　Hazler（2008）特別提到在學校做輔導工作，一定要取得其他成人或同事的協助，除了正式的同事關係之外，還需要建立非正式的關係，才能真正形成一個合作團隊。因為諮商絕不是獨立作業，或只在諮商／輔導室進行，而是團體工作中的一環，因此不要忽略與我們工作的其他成人／夥伴，也需要以尊重、平等和關切的態度待之（Hazler, 2008, p. 70）。輔導老師與學校各處室同仁和老師增加接觸或相處機會、常常互動、彼此熟悉，在業務上可以溝通合作，可以協助的就盡力幫忙，不僅增進同事間的情誼，也可以讓彼此合作減少誤解、提升效率。有些專輔教師太維護學生或當事人權益，而沒有考量到其他處室、人員職位或任務上的困難，這也是需要留意的部分。傾聽與反映是很重要的入手式，還要注意到權力關係與運用、同事的弱點／面子（畢竟求助或諮詢不容易），各處室的同事負責不同事務有其辛苦處，這些特殊情況都要列入考量，才能夠提升尊重與

影響力，況且諮商本身就是與人互動的工作，諮商師喜愛人，也喜歡與人互動，更可展現在不同的職場上。在國小場域，同事間的關係較為平等，平日還可以一起運動或是參與活動，建立非正式的關係，因此走動式的、較悠閒的互動是很重要的，常到各處室走動、聊天、關切彼此的生活或工作情況，都是可行之道。

（八）走出輔導室或諮商室

　　兒童諮商不一定要在諮商室裡進行，年幼的兒童喜歡跑跑跳跳，也可以帶他們到操場或遊戲區去玩，即使是一起盪鞦韆，也可以做好諮商工作。有時候在校園散散步，可以舒緩兒童與成人相處的緊張情緒，而且這樣談話也較無壓力。兒童不喜歡成人威權（畢竟成人就像是父母親的延伸，總是訓斥或是不理解的居多）及機構式的地點（如辦公室或輔導室），因此輔導教師或諮商師不要以輔導室為唯一晤談地點，若可以帶領當事人認識一下諮商室與功能，或者是走出諮商／輔導室，在校園散步、丟丟球，或是請兒童介紹一下自己喜愛的校園一隅，也都可以藉由地點的改變或活動，讓彼此輕鬆一些，更容易進行對話，許多兒童離開制式或封閉的空間之後，表現會不一樣。在學校服務的諮商師更需要「走動式」的諮商，也就是主動去接近或熟悉潛在的服務對象。如前所示，因為男女性的社會化過程不一樣（我們鼓勵女性表達，因此言語互動上較無問題，但是男性卻被教育要「少言」或「沉默」才顯示男性氣概），因此與男童晤談時，藉由一些活動或遊戲做媒介，可以讓諮商更順暢。諮商師善用室內或室外的活動／遊戲，也可以達到潛在教育的效果，像是對較不喜遵守規約的兒童，藉由需要制定規則或是有先後順序要求，才可進行的遊戲／活動（如象棋、跳棋或球類活動），可以讓兒童學習遵守規則或尊重他人，因為使用告誡或是教訓的方式收效不佳，就可採用其他方法。

（九）諮商師的態度與示範角色很重要

　　諮商師的真誠一致，不只是治療關係的關鍵，也是人際關係中最重要的因素，也唯有諮商師的裡外、前後一致，讓兒童體會到與人真誠的互動

是多麼重要，也從中學習到人際智慧與自我的價值。諮商師適當的自我揭露也可以起帶頭作用，讓當事人可以說自己的事，諮商師甚至可以用自己的經驗當作提醒或借鏡，提供兒童參考。對兒童來說，諮商師自我揭露的優點有（Henderson & Thompson，2015/2015, p. 3-17）：1. 諮商師誠實坦露自己的想法與感覺，能鼓勵兒童自我揭露；2. 兒童知道諮商師也會有類似的適應困難，就能更自在地討論自己的問題；3. 兒童可以從模仿中學習，從別人的經驗中學到解決自己問題的方法；4. 諮商師可以是兒童的學習典範。缺點是：1. 兒童尋求諮商是爲了自己的問題，而不是爲了來聽諮商師的困擾；2. 諮商過程可能會變成發牢騷及抱怨問題而無助於個人成長；3. 諮商師若太過認同兒童的困擾，可能失去客觀性。不過在實際運作時，也因爲諮商師較年長，許多自身經驗或許與時代脫鉤，不符兒童所需、甚或落伍，不能引發兒童共鳴，也要特別注意。因此諮商師的自我揭露需要審慎使用，最好找兒童的同儕擔任顧問或是舉出其他兒童的類似案例，可以更具說服力！

與兒童工作時，諮商師的示範角色很重要，即便當事人年紀小，可是他們會觀察、會解釋，除了以團體方式進行諮商的效果（兒童彼此觀摩、學習）甚佳之外，在個別諮商的場域，諮商師是兒童學習的重要典範。此外，諮商師若需要兒童學習一些特殊技能，比如人際技巧、肯定訓練，也需要使用兒童可以理解的方式展示、說明及示範。

（十）氛圍的掌控

與兒童工作之時，晤談或治療的氣氛不需要嚴肅，要更貼近兒童發展階段的一些特性，將好玩、幽默、風趣的因素放進去，可以展現創意、接納、寬容、正向的精神與態度，這些都是潛在教育的很好示範。當然，若是需要嚴肅以待的議題，兒童態度輕忽也是需要矯正的，不是一味縱容或放任。

與兒童談話最忌諱威嚴或是教訓，教師固然有法定的權力，但是在諮商中還是較重視平權的位置，應當以兒童爲中心，將兒童視爲有能力、自己的專家，因此晤談的氛圍首重溫暖、關切、尊重（特別是兒童總是被要

求尊重他人，他人卻不一定尊重他／她）與平權，可以添加一些趣味、好玩、幽默、活潑與創意，讓兒童的每一次晤談都是輕鬆、愉快，帶著美好的經驗離開。

（十一）減少改變的阻礙

兒童當事人若是做了改變，可能不一定是好事，因為在學校或回到家裡，重要他人可能不喜歡他／她的改變，或者是因為兒童的改變，暫時無法依循以往的方式因應，而感到挫敗或不便，所以會有意無意地抗拒或阻撓兒童的改變。我們要知道：兒童其實是最弱勢的，他們說的話大人不一定會聽或認真聽，甚至會先入為主地認為他們說謊或誇大不實，因此，倘若兒童因為諮商而有了一些改變，諮商師事前也需要與兒童的重要他人（如師長或好友）先做溝通、理解，取得他們的合作與支持，這樣，兒童的改變才容易在被接受、支持的條件下持續。與兒童工作，除了要避免復發或是預防復發，還需要協助其在改變之後因應環境中的可能抗拒。

知識窗

「同儕諮商」是運用同儕或同學相處時間較多，彼此之間會較熟悉或信任，也較容易先發現不對勁或異於平常的情況，可以試著協助了解、進一步通報相關單位或負責人，嚴格說來應該是「同儕溝通」較為恰當。讓各班班導推舉出一位較有人氣且與人為善的學生（如輔導股長），專輔教師可以加以訓練，讓學生知道何謂危機情況？平日可以如何觀察及了解同儕狀況？如何做有效溝通？若有危機情況，可直接通報哪些單位或負責人等。

擔任兒童諮商師注意事項：

（Erdman & Lampe, 1996, cited in Henderson & Thompson, 2015/2015, p. 3-6）

- 了解兒童的認知與情緒發展程度。
- 資訊呈現的方法宜符合兒童的發展程度。

- 善用具體例子、實作活動、清楚地解釋規則，且對行為後果要小心解釋。
- 兒童的自我中心特性，讓他們無法看到其他觀點，或難以檢驗自己的想法與推理過程。
- 兒童對時間、次數、頻率常搞不清楚。
- 兒童的記憶力與期望可能是扭曲的。
- 要理解一個現實：兒童對他們生存環境中許多層面的問題，是無法掌控的。
- 兒童不想改變是可預料的，可能會出現哭泣、沉默、大笑、坐立不安、打架等行為。

三、成為更有效能的兒童諮商師

　　擔任兒童諮商師不容易，但卻也是酬賞最高的，因為可以提早發現、提早協助，讓兒童可以成長為對自己有信心、正能量的有用公民。綜合以上所述，成為有效能的兒童諮商師能夠：

1. 陪伴與傾聽、平權與尊重（姿勢有其象徵意義，若能讓學生感受到權力地位的平等，他們更願意傾吐自己的心事）、適合發展階段的語言及活動、注意性別差異、玩耍與創意的發揮、看見兒童的優勢與資源、同理心與內在參考架構、取得重要他人的了解與協助。

2. 有的孩子不敢獨自一人面對成人，讓他／她「攜伴參加」諮商是可行之道。有時候一些孩子有共同的議題（如不知如何與班上某位同學相處），就可以約這幾個人一起來談話，共同解決問題。

3. 言行一致（行動比說話更有力），學生也是很好的觀察家，會注意成人的誠實與否。

4. 諮商師本身的示範與楷模作用。

5. 注意權力位階與其影響（教師角色與諮商師的衝突）。

6. 留意自己可能有的性別、相貌、年齡、族群、能力、社經地位等刻板
   印象與偏見。

7. 耐心聽學生說完，給學生機會說完他／她的故事，尤其是與家長一起
   出席時。

8. 注意報告家長與導師（或轉介老師）的內容（保密原則與取得信任之
   間的平衡）。

9. 了解兒童目前流行的遊戲或語言、電視節目與偶像，可以從這裡開始
   聊起，也是了解學生之鑰。

10. 適當的幽默，也減少了學生對輔導教師的威權感。

11. 自己先嘗試或體驗過，會更具說服力。輔導老師／諮商師的主要任務
    之一是「造成改變」，因此如果要讓當事人改變，諮商師或輔導老師
    對於整個改變過程中的困難情況、該如何做改善計畫，或尋找可替代
    （可變通）的方式等等，都需要有詳盡的了解，最好的方式就是自己
    先做一些改變的行動計畫，在親身經歷之後，了解其中的甘苦，而在
    協助當事人做改變時，也比較容易做同理，清楚當事人會遭遇到的一
    些挑戰與因應之道。

12. 了解特殊需求的學生。有些學生可能有親職管教的問題、過動、強迫
    症或特殊的學習障礙等等，諮商師或輔導老師都需要進一步去了解相
    關的知識和訊息，以及協助的方式。如果學校內有資源、特教老師可
    以請教，或者是合作，自然更佳，因為許多的問題是有關聯的，像是
    過動會影響其學習情況與人際關係、智能或閱讀障礙，自閉症亦同。
    諮商師在特殊教育這一塊較無訓練，然而目前因為診斷技術更精確，
    或者是能夠提早發現特殊需求學生，因此特殊學生往往也是諮商師服
    務的對象，常常是因為班級導師殫精竭慮之後來求助，若是服務機構
    或學校無特殊教育專長者（事實上特殊教育種類繁多），諮商師必須
    要能夠對於校內的特殊學生特性、需求與處遇有較深入了解，也要能
    與家長溝通、商議協助策略等。

13. 擔任改變的倡議者與「能動者」。雖然在學校裡面（尤其是國小），
    輔導工作是否受到重視與主校政者有極大的關聯，然而諮商的普羅化

以及被接受度，輔導老師或諮商師責無旁貸。經由不斷的接觸與合作，才能夠讓輔導的汙名化減低，進一步可以結合不同的資源，來讓輔導工作更具效能！諮商師或輔導教師的主要服務族群是兒童，在許多情況下，孩子的意見或感受會被忽略，因此有必要擔任起代言與改變者，利用所做的研究來發聲是最具效力的，讓孩子的

> **知識窗**
>
> 輔導教師對於兒童特有的文化（所謂的「次文化」）要有所了解，包含他們喜歡的遊戲或休閒活動，崇拜的偶像與樂團，以及目前流行的日常活動（像是上社群網站）。不必刻意去使用他們的語言、企圖融入他們，而是可以站在「不知」的立場、虛心討教，他們也會願意分享。

想法或感受被聽見，甚至主動改變周遭的環境，讓兒童的生活更安全、適意！輔導教師也是社區的一份子，如果社區或者是一些政策需要做適度的改變，才能夠讓其中生活的人更滿意，輔導老師除了做弱勢的代言人之外，還需要做改變的「能動者」，也就是可以帶領及促成改變。

國小階段學生常遭遇的問題：

> 人際（心理健康的指標）
> 暴力（包括目睹犯罪、霸凌）
> 社交技能缺乏或害羞
> 自我中心與寵溺
> 家庭（功能與結構、暴力、爭執）
> 學習（壓力、障礙、科技入侵）
> 個人身心挑戰議題
> 親師溝通──「診斷與確認」的障礙──怕被標籤、父母親的擔心

第五章

兒童班級輔導與團體諮商

　　兒童階段是發展同儕關係很重要的時期。兒童期不僅是將家人關係拓展到家庭以外的人際互動，同時也是友誼關係開始穩定，建立支持系統的重要關鍵期。雖然手足關係是人生最長遠的關係，但是在少子化或獨生子／女化的現代，個人不僅需要有獨立自主的能力，與人互動及合作更是心理健康的重要指標。班級輔導與團體諮商，不僅符合時代脈動與需求，同時也是兒童人際學習最重要且有效的管道之一。

　　兒童最重要的人際關係就在同儕，許多兒童到學校去是想要跟朋友或同伴在一起遊戲、學習，因此同儕支持是班級輔導與團體諮商最重要的考量。同儕支持的好處有：給予需要的人支持與信心；學校營造了安全的氛圍；在提供協助前，旁觀者要給予指導架構；需要訓練兒童有價值的協助、溝通與同理他人之技巧；有機會在學校的真實生活中，執行公民權與義務；同儕支持提供孩童未來成人生活角色與責任之準備（Sharp & Cowie, 1998, p. 65）。

一、班級輔導

　　班級輔導（簡稱「班輔」）顧名思義就是針對整個班級做輔導的教學活動，其主要關注的主題是教育（教導學生必要的知能）、發展（針對學生發展需要做事先準備的動作）與預防（防治問題產生），前二者成分更多一些。善用班級輔導不僅可以減少預期的問題（如協助轉學生融入班級），也可以進一步讓班上同學更團結、班風更為和諧、學生生活更適意。目前絕大部分的中小學每學期都進行教育部規定的例行性主題（如友

善校園、生命教育等）班級輔導，其他則是依據學校特性（如新住民或隔代教養學生）或特定議題／需求（如霸凌、自傷、情緒障礙或藥物濫用）進行。

（一）班級輔導的重要性

　　一般所知的「一對一」輔導或諮商，需要耗費的時間與人力較多，因此若可以固定／定期就該校學生或族群的特性與需求，進行班級輔導或團體諮商，對於學校三級預防（初級預防──一般預防；次級預防──早發現早治療；診斷治療──危機調適）工作特別有效。倘若有必要事項需要宣導（如校園霸凌、生命教育、網路或藥物上癮知識），通常會先進行全校宣導工作（在朝會或班會時間，這是第一級預防），接著就依不同年級與班級做班級輔導，進行較深入的教育與引導，最後則是就需要特別輔導與協助的對象做團體諮商或個別諮商。

　　班級輔導可以是一次性的，也可以做多次的預防宣導與教育活動，做較有系統或更深入的探索，通常較少政令式的宣導，而是將重點與相關活動結合起來，讓學生對某議題有更清楚及透徹的了解，並能將所學運用在日常生活中。

　　除了依據不同學校的學生生態、資源與需求，做適當的班級輔導外，倘若學校臨時發生一些重要事件（如學生突然死亡或意外、喪親或是有自然／人為災害發生），輔導教師首先以全校師生為對象做事實說明、情緒安撫與教育，然後需要針對發生事件的班級做較多次的班級輔導（如哀傷教育），接下來（可先做篩選動作）就反應較大、受到影響較多的學生與當事人做小團體諮商或個別諮商。

（二）班級輔導進行方式

　　班級輔導是以「班級」為單位，有時則是以班上大多數的同學為對象。班級輔導進行方式很多元，主要視其目的而定。使用繪本、影片或戲劇方式，讓全班可以輪流或共同參與的活動，以達成班輔目標，並有機會讓學生討論、發表意見或問答，也都是班輔可以採用的方式，切忌說教成

分太濃，降低了學生學習的動機或意願。

　　有時候將班上學生事先分組，然後進行輔導也不錯，甚至採用類似競技或是積分方式。分組時要注意將班上較被排擠或孤單的學生，安排到較能接納他（們）的組別（這一點可以先請教班導）。在班輔進行時，輔導老師會設計一些相關問題讓學生回／搶答，也需要注意公平性（不要讓若干學生霸占發言權，也要給些機會讓較害羞、較少舉手的學生可以表達意見或說話）。如前所述，班級輔導有些是一次性的（如霸凌防治宣導），也可以是一連串系統性的、由淺入深（如「如何辨識與防治霸凌」），端視班級需要或是輔導老師評估情況或時間允許而定。班級輔導如同團體諮商的情況一樣，基於經濟效率的原則，設計相關主題的活動，讓學生可以進一步體驗、更深入了解某些議題，而不是像全校性的朝會宣導那樣淺顯與表面。

　　進行班級輔導時要注意學生座位的安排，要讓每一位學生都可以清楚看到老師或進行的說明及活動），以及設計內容的適當性，是否容易被理解、合乎主題。班級輔導可以採用多媒體來協助進行，包括電腦、繪本或影片播放（螢幕要讓全班都看得到）等，也可以安插一些小組討論，或是以發表、繪畫、演戲與遊戲／競賽等方式進行。此外，班級輔導在進行時，可以分組計分，有助於同儕之間的良性競爭，但是要注意到安全、秩序與公平性。

　　對於年齡較長者，如高年級以上，可以安排幾次「主席排」活動。「主席排」顧名思義就是有一排同學擔任此次班輔的工作任務（而非傳統上由輔導教師負責一切），主席排的成員依任務分派、各司其職，包括主席、司儀、計分者、活動組、風紀組與其他。輔導教師擔任諮詢顧問，在正式班輔活動進行之前，與負責的該排同學做幾次會議討論籌備事項，除了了解學生的安排活動內容之外，也要提醒主席排進行程序與需要注意事項，並提供必要的資源（如海報紙、顏色筆、道具或獎品）及協助（如學習單設計、班級管理）。

　　主席排的主要目的是讓學生可以自己領導同儕、設計活動，這是學生本位的考量，也是讓學生可以主動參與的設計，通常同學也較喜歡參與

「自己人」設計的活動。每次主席排進行完畢，該排同學要與輔導老師聚會、討論此次活動的優缺點，做為往後改進之用。主席排的運用，不僅重視學生的自主與控制權，是很好的教育與學習之外，也讓學生可以將自己的想法具體實現，是很棒的民主實踐活動！

　　主席排的安排通常是在輔導課程進行大概中後段的時候最佳，可以讓同學嘗試一下，但是不宜作為課程進行的唯一方式，因為小學生還是需要教師依據課程目標做較多的引導與教育。主席排可運用在中年級以上班級，需要輔導教師願意放手、讓學生有嘗試的機會，學生參與輔導活動的設計、安排與執行，也正是諮商倡議的平權、賦能之展現！

學校三級預防處理事項與方式

預防層次	第一級預防	第二級預防	第三級預防
重點	發展性或預防性	補救性	治療性
目標	協助學生或個人在生理、心理、情緒與社會成熟上的發展。	當學生行為發生偏差、學習困難時，就需要介入處理，其目的是及早做補救與修正，避免問題坐大。	當學生行為與問題嚴重偏差時。
處理方式	講座或宣導方式（實施心理衛生方案）	由認輔老師或是輔導教師做諮詢、諮商，或是進行團體諮商	做適當環境安置，或轉介給諮商師或身心科醫師做較長期的治療。
負責專業人員	導師、科任或認輔老師	社工、輔導教師、諮商師、心理師	諮商師、心理師或精神科醫師

班級輔導主題／內容示例

主題	相關議題
性別教育	• 認識自己 • 我是男生還是女生 • 性別的不同面向（生理、社會、心理） • 什麼是性傾向 • 尊重自己也尊重他人 • 性騷擾與性侵害相關法律

主題	相關議題
	• 生涯選擇與性別 • 愛自己、做自己
生命教育	• 萬物變化、四季輪替 • 如何表達感謝、關心與愛 • 人為什麼要活著 • 我想要成就的是…… • 預立遺囑 • 死亡的真正意義 • 失去與悲傷教育 • 情緒問題與調適
友善校園	• 霸凌防治 • 人際關係 • 每個人都是特殊的，也都需要愛與尊重 • 家庭與我 • 危機處理

（三）班級輔導的設計

　　班級輔導的設計要注意實施對象的發展階段與特色，才能夠設計有效的活動，真正傳達教育目標，也就是同一主題可能會依照不同發展階段而有不同的設計。例如「性別教育」，在低年級可能是「認識自己」：包括自己的性別、生理特徵、長相與特色；中年級可能是「認識身體與保健」：了解不同性別的生、心理特色，但也注意性別的刻板化；高年級可能主題就是「人際關係」：包含親密關係、同異性關係、性騷擾等。再則，同一個年級的班級輔導設計，也可能因為班級氣氛與經營情況不同，如安靜或較喜愛發言，而會做彈性更改或調整。只是如果全校只有一位專任輔導教師，要跑遍所有班級有其難處，時間與心力上負擔太大，加上班級級任老師若不願意配合（尤其是時間上的磋商），更會增加其執行的困難。

　　除了例行性的班級輔導之外，有些班級若是發現有特殊議題或情況，像是女性情誼、異性交往或有學生被孤立，也可以請輔導老師協助，讓學

生有更深入的了解與體會。在國小階段的女生關係不同於男生，女生關係較爲緊密，但「排他性」很強，常常會有紛爭，像是甲跟乙是好友，若丙的加入，就可能引起吃醋或忠誠度的問題，這種情況就可以安排幾個班輔重點，例如：「我的好朋友」：著重在朋友的定義與社交技巧；「有人欺負我」：關係霸凌與防治；「每個人都需要朋友」：可以從不同朋友身上的學習，寬容與接納與我不一樣的人。班級輔導的設計需要時近性與創意，有時候專輔或教師發現某班學生有特殊需要注意的情況（如班上學生有嚴重疾病），或是最近流行的動漫、短影音等（如「鬼滅之刃」）而有家長反映孩子的問題，就可以利用一兩節課時間做班輔。活動的設計及進行方式要吸引學生參與，若是臨時班上有意料之外的情況發生（如學生暈倒或受傷），也需要有緊急處理的能力。

　　進行班級輔導設計之前，首先要考量班級輔導的目標爲何？然後依據這個目標來計畫輔導內容、活動及討論題目。因爲班輔是針對整個班級來設計、進行的，因此其設計需要符合班級成員的需求與理解程度。需要考慮的有：

1. 可用時間與次數：班輔主題可能需要進行次數多少次？時間多長？通常一節課四十分鐘，可以使用二十五至三十分鐘左右（前後預留幾分鐘，等學生到齊或是可能要提前下課）。

2. 實施班輔對象：年齡層、發展階段與任務的考量。通常年齡越小、次數較多、活動較多（活動之後緊接著討論或說明），反之，年齡較長就可以減少班輔次數與活動。

3. 活動設計：必須要與主題相關（班輔不是團康活動）、可帶動主題之討論，而且最好在活動之後、立即討論或詢問相關問題。

4. 設計班輔活動：必須要先有事先的計畫與準備，設計內容最好有 A 計畫與 B 計畫（萬一 A 計畫行不通，就要趕快採行 B 計畫，甚至 C 計畫），因此多準備相關的備份活動也是必要的。有經驗的輔導老師還會臨場應變，加入一些元素或活動。通常一個主題會有一個主要活動，加上其他的小活動搭配，這樣會讓學生較感興趣，且容易專注。

5. 每一個班級的班級氣氛不同（與導師的班級管理有關），因此也要讓班

輔設計更具彈性與變通，而不是以一個計畫通行全年級。

6. 許多輔導教師或諮商師沒有班級經營的理念或訓練背景，在眞正執行班輔時最大的阻力總是在秩序的維持以及如何讓學生專心、聚焦。因此若可以常常請敎資深敎師的帶班經驗或班級管理的小技巧，或許在進行班輔時會較爲順暢。

7. 每一次班輔最後最好有一個小活動（如問答、摘要或學習單），用來檢視或評估此次班輔之成效，檢視的方式最好要有變化，不要老是用一種（如學習單，尤其現在孩子不喜歡寫字），容易引起學生的抗拒、不合作或敷衍。

8. 適當採用行爲主義的代幣制或增強方式，可以維持秩序，也能鼓勵同學參與（要注意發言次數的公平性），用組別競賽的方式也不錯，但要注意適當使用、不要讓學生忘了合作。

9. 班級輔導通常是輔導老師進入班級去進行，但是有時候也可能因爲敎室場地的限制，會將學生移到適當的場所來進行（像是團體諮商室或者是體育館），此時就要注意減少會讓學生分心的事物（如玩具或體育器材）。

國小班級輔導常見主題

主題	內容說明
認識自己	了解自己的優勢與挑戰及可以努力的方向。
如何交朋友	同理心與社交技巧的敎導與訓練。
誰被欺負了	認識、預防與防治霸凌（特別是關係霸凌）。
性別平等敎育	認識自己性別與發展，接納與尊重他人。「不同」並不表示優劣，個人自由以不侵害他人爲最低準則。
生命敎育	愛惜生命、懂得與人互動、協助他人與合作。
感恩的功課	懂得感謝家長、敎養人與他人，並做好自己的本分與責任，了解社會是人群共同努力的結果。
生涯探索	了解自己能力及興趣，希望從事對社會有益的工作與準備，每一種正當行業對社會都有貢獻。

主題	內容說明
學習習慣與策略	知道如何做有效學習、尋找適當資源與評估。
時間管理	知道如何安排自己作息的時間，包括運動休閒及與家人相處，也學習自律。

知識窗

小學生或教師經常將霸凌視為同儕間的玩弄或開玩笑，但是只要對方不舒服或是不喜歡，都需要加以阻止或干預。傳統的霸凌定義是將權力不均、刻意或惡意，或是經常發生作為區辨要件，但是現在已經不是如此！友善對待並尊重他人的教育，需要從小（甚至是幼稚園時期）開始，要不然很容易坐大、不可收拾，甚至延續到成人後的「職場霸凌」，更為可怕！

（四）進行班級輔導教師應具備的能力

1. 領導者／設計者需要具有團體輔導相關知能：領導者受過團體相關專業訓練，也獨自帶過團體，了解團體動力結構及如何運作，有哪些重要因素必須注意，這些也都是在執行班級輔導（或稱「班輔」）之前必備的基本條件。

2. 領導者需要有班級經營技巧：因為做班輔面對的是一群人，成長中的孩子不是那麼容易管理，倘若不明白如何約束學生，如何做適切的秩序管理，可能班上鬧哄哄一片，或是各自做自己的事，無法有效進行班輔，自然也無法達成預設的目標。

3. 領導者需要對主題有了解或有專業背景：做班級輔導必須要對所欲宣導的主題（如霸凌、性別平等、時間管理等）有相當了解，才可以進一步設計與執行方案，要不然很容易在進行中有左支右絀的感受。

4. 領導者需要對服務對象的發展階段與需求有所了解：這樣才知道服務對象的需求為何？有哪些發展特色必須留意？學生的次級文化與使用

的語言如何？

5. 領導者具有與學生互動的能力：帶班級輔導需要具備與學生互動的能力，不僅要了解他們發展的情況、使用的語言，也要清楚此班的班風與特色，就更能融入其中、讓學生更有意願參與。

6. 可以用不同方式進行：因為班級人數眾多，若是要邀請他們發表意見，可能只限於若干較願意發言者，相對的就減少了全班的參與度，因此可以適當使用分組方式，儘量讓全員參與，像是競賽、戲劇、比手畫腳、合作繪圖或小組討論等。

7. 領導者了解與善用增強原則與代幣制度：既然是以分組方式競賽，在決定計分制度時就要注意正確性與公平性，同時善用社會性增強與代幣制度的優勢。

8. 領導者要注意執行時的公平性：學生很在意教師的公平，因此在國小若以競賽方式進行搶答，也要注意公平性，允許學生有相等的機會發言，有時候也要注意一些較為「慢熟」（要經過鼓勵或一段時間才敢舉手發言）的學生，以及發言頻率較多的學生（必要時得以忽視的方式處理）。

9. 運用不同媒介吸引學生注意：現在有電腦科技的輔佐，容易取得資訊與相關影片來協助說明，也要注意螢幕是否夠大，可讓全班學生都輕易看見。在實際做班級輔導之前，要先確定這些設備都無問題，要不然出問題就容易耽擱大家的時間。有些同學或許做其他事（如寫作業）、不能專注或投入在活動中，可適時邀請其加入，或是用適當分組方式讓其可投入。

10. 相關活動之後進行分組討論最佳：單向宣導或教條方式效果最差，除非有很好的媒介（如影片或新聞畫面），以及有趣的活動連結，加上班上人數通常超過二十位，要請他們分享會有難度，因此，若在相關活動之後，讓成員進行分組討論是最有效的方式，然後請各組選取一名代表發言（代表也要輪流最佳）。

11. 彈性與創意：輔導教師需要知道每班的班級風氣不同（如穩定、浮躁、合作或分裂等），因此即便之前設計了方案計畫，也做了許多準

備，最好還是要有 B 計畫或 C 計畫，以及臨場應變的能力。此外，可能因為班風、學生反應或對象不同而需要做適當的調整（如活動進行中若不能預期完成，可否有簡短版或替代方案）。

兒童團體諮商領導者須具備的能力（不限於此）：

- 團體理論、實務與督導基礎及體驗。
- 與學校或機構人員做有效溝通與協調、維持合作關係，並對諮商服務功能有清楚了解。
- 團體計畫設計、撰寫與評估能力。
- 班級管理能力，讓團體順利進行。
- 了解服務對象的發展任務、需求、目前興趣與活動。
- 彈性與開放（包括設計方案、進行團體態度與處理方式）
- 對於生態理論有深入了解，能適當引入學生的相關資源（班導、家長、師長、同學或居住社區）。
- 協助學生將在團體中所學運用到日常生活中（如家庭作業的運用）。
- 注意教師與團體領導者的界限拿捏（學校輔導教師尤然）。

（五）問題解決會議

在學校做輔導工作，需要用許多方式或做適當調整，不需要拘泥於班級輔導、個別諮商或團體諮商等幾種方式，有時候還需要因「校」制宜，像是有些學校家長較願意配合，或許進行更多有效的親職教育或團體，可以讓諮商效果更佳！如同 Hazler（2008）提到的「走道上的協助」（helping in the hallway），可以與服務族群更親近且更了解他們，Tucker（2017, pp. 271-272）建議可以使用小團體或是班級討論的方式，針對某一個特定問題或者是現象，大家腦力激盪、集思廣益，一起商議如何解決。在會議過程中，每個人的意見都可以得到尊重與被聽見。這與班會的功能相似，可以讓班上同學都參與重要議題的討論，大家共同出力、思考，一起解決，也展現了民主的精髓。

班級輔導示例（五年級）

主題：生命教育	進行方式
第一次：活在當下	• 繪本導讀「天天為自己加油」 • 詢問同學自己做到繪本中所敘述的哪些事？ • 準備繪本內容相關題目五題（有獎徵答） • 教導「正念」冥思五分鐘 • 學習單（檢視自己每天是否認真做每一件事，包括休息） • 家庭作業：蒐集不同生命階段的樹葉（越多越好，下次上課帶來）
第二次：生命歷程	• 將上回家庭作業成果拿出來，依序擺出樹葉的生命階段 • 分組討論為何做這種排列？理由為何？ • 教師問：「樹葉最後到哪裡去？」死亡之後的歸處（依據組別畫一張圖） • 討論「為什麼有死亡？」「活著要做什麼？」（釐清對死亡的可能迷思） • 分享今日上課後心得 • 家庭作業：列出十項自己想要完成的事
第三次：愛	• 將上次作業「列出十項自己想要完成的事」做分享（在黑板上）與分類 • 完成句子「與家人相處最難的是……」分組討論細節 • 各組派一人報告，教師統整在黑板上 • 全班討論解決之方或曾經有過的解決方式 • 家庭作業：對家人表示謝意或歉意（不拘形式）
第四次：我想成為怎樣的人	• 討論上次家庭作業執行情況，嘉許同學的行動力 • 發下「八角圖」，請其他同學（要找八位同學）填寫對自己的印象或優點 • 與組員分享自己的「八角圖」，並說出自己最喜歡的特質。 • 全班排成內外兩圈，兩圈人依反方向走動，碰到的每一位都需要握手，告訴對方：「你是一個好人，因為……」 • 以問答方式檢視四次班輔所學

二、兒童團體輔導與諮商

諮商以團體的方式應用在兒童身上是效能最高、也最具有經濟效益的，因為兒童每天處於同儕之間，因此將他們聚集在一起，可以達到團體諮商（團諮）的「人際學習」目的，而且他們也較容易彼此支持及模仿。既然兒童喜歡與同儕一起玩樂與學習，團體諮商就是一個很好的學習與互動場合，加上團諮是經過設計、融入教育內容與活動，而其主旨是讓參與的成員有機會彼此互動、溝通，兒童的學習會較有系統與深入。

> **知識窗**
>
> 班級輔導可以進行一次或者是多次。進行一次主要是教育性、發展性及預防性的成分居多，進行多次的話，可以由淺入深，將議題做更深入或全面地討論與理解，尤其是一些突發性的事件（如霸凌），需要做更徹底處理的時候，就可以進行多次的班輔。

團體是兩人以上的人所組成的社群，彼此有共同目的或目標，成員是同質或異質性，端賴團體所欲達的目的而定。團體是參與成員們的團體，不是帶領的諮商師或輔導教師的，諮商師或輔導教師只是擔任團體的設計與領導，並在團體中擔任催化者（facilitator）的角色，而團體本身有其生命與特殊形態，這些都是成員們所營造出來的團體氛圍所致，隨著團體進行（特別是較長期的團體），團體就會慢慢發展出自己的樣子。當然不同的團體領導者也會影響團體進行的方式與氛圍，在兒童團體裡可以看出領導者的領導風格，然而帶領團體者要切記：因為團體是成員們的，而非領導者個人的，因此要讓團體成員都能夠互相學習才是最重要的。

只是要將符合與團體同一目標的兒童聚集起來並不容易，第一，諮商團體是用來治療的成分多一些，因此許多家長會因為害怕自己孩子被標籤、而不願意讓孩子參與；第二，有些教師對於諮商功能誤解，或是想要擺脫某些他／她不喜歡的學生，就不理會團體諮商之目的，而將孩子送到團體中；第三，孩子本身也不喜歡被排擠出一般的班級活動（感覺像是被懲罰或疏離）之外，因此要讓孩子歡喜進入團體，會有其難度；第四，孩

子雖然熟悉團體活動，但是並未參與過團體諮商，因此對於參加團體之目的、自己該如何在團體中表現，會有許多疑問要先釐清。此外，基於學生受教權，許多學校無法另外挪出時間讓孩子參與團體，因此輔導教師或諮商師只能利用早修或中午休息時間，在時間上的控制與運用就有更多挑戰。

（一）團體諮商的效益

團體諮商與個別諮商最大的不同就是經濟實惠：不是「一對一」的服務，而是「一對多」；其次，兒童階段是重視同儕的時期，藉由彼此互動的人際學習、觀摩、仿效，學習較爲迅速且有效率。兒童會將在團體外的人際互動模式帶進團體中，諮商師或輔導教師可以藉此了解孩子平日與人互動的情況及可以修正的部分。此外，大家在同一團體裡分享經驗，發現並不是只有自己有這樣的擔心、不會獨自一人孤單（普同感）等都是屬於團體的療癒因子。

團體也提供兒童一個可以自由表達自己想法與感受的安全處所，學習到被肯定、了解他人的優點，同時可以去實驗、嘗試新的與不同的問題解決方式，將在團體中所學運用到團體外的日常生活中。此外，團體也讓兒童有機會去認識不同的人，從他人的身上與經驗裡，可以學會不同技巧、能力、態度或做事的方式，也因爲團體需要有效運作，會有一些規定需要全體成員遵守，可以讓兒童學會自律、遵守團體公約及分工合作的重要性。簡言之，兒童團體諮商的效益有（Henderson & Thompson, 2015/2015, p. 18-2~18-3）：成員對彼此表達關心、接納和支持，參與成員學到信任與分享；團體的眞實性以及強調思考，會使參與者去探索他們的想法、情緒和行爲，以及眞誠的表達；團體成員表現出對彼此的了解，容忍度與接納的態度也會有所成長，協助彼此做出更成熟的選擇或決定。

團體的功能（Jacob, Masson, & Harvill, 2009, pp. 2-5）

團體功能	說明
經濟效益	就時間與需要投注的心力來說，比較有經濟效益。因為個別諮商是一對一，團體諮商是一對多，在人力不足的情況下（特別是學校單位），團體諮商是最符合經濟效益的，不管是在建議或諮詢、價值澄清、個人成長、支持與問題解決議題上都是如此。
共同經驗	發現自己不孤單，因為其他人也有相似的經驗或關注議題。
更多樣的資源與意見	若有許多人在團體中，自然可以提供的資源或意見就更多，使得團體經驗更有趣、更有價值。
歸屬感	團體成員因此而認為自己是團體中的一員、有個屬於自己與依附的團體。
技巧練習	團體可以是一個安全與支持的場域，讓成員們練習新的技巧與行為，然後將其遷移到團體外的日常生活中。
回饋	團體成員間彼此可以接受回饋及回饋給對方。
替代學習	成員之間有類似經驗或議題分享，包括成功與失敗的經驗，從他人的經驗中可以間接學習到許多知識與技巧。
真實生活的情況	團體像一個社會縮影，也較貼近真實的生活情況，可以暫時性地取代所生活的社區。
承諾	團體成員也會因為團體的期許與同儕壓力，會更願意承諾做改變，像是「社交技巧團體」、「生命教育團體」、「肯定訓練團體」等。

班級輔導與諮商的區分

團體形式	班級輔導	團體諮商
目的	以教育或發展為主要目的	以心理教育及治療為目的
實施對象	以全班為對象	以特殊需求的學生為對象，如需要加強其社交技巧者、受創或受虐兒童、懷孕青少年，人數通常在十二人以下。
領導人	輔導老師或諮商師	受過專業訓練的心理師、對於主題（如離婚家庭子女、創傷壓力症候群、霸凌議題）有訓練背景者。

團體形式	班級輔導	團體諮商
進行次數	可以一次或多次，主要看機構或學校資源與時間而定。	以五次以上為主，可以多至十二次以上。
進行方式	進入班級做輔導，通常會配合一些相關活動穿插（如影片放映或小遊戲），然後引導討論，著重在知識的獲得。	在限制次數內就某一主題做深入探討與了解，重在成員的分享與學習。
注意事項	班級秩序與班級經營	秩序管理、催化討論

（二）設計與帶領兒童團體諮商的先備條件

設計與領導兒童團體需要具備服務族群（兒童）的發展知識、團體動力學／諮商以及對團體主題的深入了解。兒童發展的知識，可以協助領導者了解兒童、可能遭遇的議題與做適當處置，知道兒童的發展非單一模式可概括，而是各個不同（Thieneman, 2024, p. 18）。Thieneman（2024, p. 19）建議要了解皮亞傑（Piaget）的「認知發展理論」（Cognitive Development）、了解兒童不同發展階段的認知特色；Miler 的「資訊處理理論」（Information Processing Therory），不是普遍的階段論，而是了解兒童當下處理訊息的情況，像是如何學習新觀念、如何知覺與解碼；Badura 的「社會學習理論」（Social Learning Theory），知道兒童與其周遭環境互動及影響（如同儕學習），如何不需以第一手經驗就可學習（如觀察與替代學習）；以及 Bowlby 的「依附理論」（Attachment Theory），了解兒童內在與人互動模式是從出生時就開始，而其與主要照

> **知識窗**
> 團體諮商具有經濟實惠的效益，尤其是對於正在成長中、需要同儕認可的兒童來說很重要，他們可以將在團體中彼此互相學習的知能運用到日常生活中，也因為在團體中得到支持而增加自信。目前許多學校或機構都廣為利用團體諮商。

顧者的互動品質，會影響未來的人際和親密關係。

　　在實際帶領兒童團體時，諮商師最好是在「領導者」與「催化者」之間游走（Smead, 1995, cited in Sheppard, 2024, p. 95），不需要拘泥於帶領角色而已，有時候需要積極催化，讓兒童彼此間產生交流、分享與對話。Thieneman（2024）整理了幾位學者的意見如下表：

兒童團體帶領者最好具備的特質（cited in Thieneman, 2024, pp. 98-100）

Brems（2008）	Shechtman（2007）	Corey, Corey, & Corey（2018）
• 接受並非所有的兒童都是可愛的 • 與孩子在一起很自在 • 有自我覺察能力，願意自我探索與真誠 • 對價值觀、行為、文化與如何過生活的看法開放 • 不強加價值觀、標準或信念在兒童身上 • 注意歧視的影響力 • 使用不防衛、無性別歧視或種族歧視的語言 • 尊重兒童的需求、期待與隱私權，同時也接受兒童認為「重要」的定義 • 覺察兒童的認知程度、限制與適應功能 • 容忍曖昧不明及暫時性 • 自我風格與所選擇的治療型態的調整 • 注意到自己衣著與外觀（兒童會挑剔似乎無關的外表） • 尊重與接納兒童的照顧人 • 願意尋求諮詢	• 在（人在心也在） • 自信 • 創意	• 耐心 • 關心 • 真誠 • 好玩（playfulness） • 幽默 • 願意融入自身的童年回憶或經驗 • 堅持但不處罰 • 彈性 • 能表達氣憤，但不諷刺 • 關切兒童的福祉，也對其有興趣 • 樂觀看待在療癒過程中，兒童積極參與的角色

（三）如何招徠團體成員

　　諮商團體成員的招募需要宣傳。宣傳方式有多樣，可以到各個班級宣導招募、張貼廣告與報名方式，或是由教師轉介等。當然因為兒童未成年，要其參與團體有時候不是班級導師可以自行做決定，需要得到家長或監護人的同意，但是許多家長不願意讓孩子參與團體，怕孩子被汙名化，或是耽誤學業，因此班級導師與輔導教師的說服力就很重要。有些學校知道輔導的重要性，因此在學童入學之初就已經得到家長的同意（或設計相關同意書），讓學童參加諮商團體變得較容易。

　　雖然可經由班導之轉介管道來招募成員，但是也有需要注意事項：1. 注意廣告宣傳（或傳單）的「表面效度」，要吸引人、切中要點、又不汙名化；要在宣傳品上載明團體目標或預計成效，以及成員參與資格或條件；如果是要「增進霸凌加害者的與人互動技巧」，千萬不要將團體命名為「減少暴力」團體，表面上就不能說服潛在的參與者，或許可酌用「我有好朋友」。2. 若是要教導成員社交或溝通技巧，最好也納入一些人脈廣或較易與人相處的模範成員（至少占團體人數之一半），因為有示範與學習的功能。3. 成員若能先經過篩選最好，這樣可以保留真正需要的成員；篩選可以採用個別訪談或團體訪談的方式進行，若成員不能篩選，就在正式團體進行之前，可以與各個參與者先建立關係，這樣成員較容易在團體進行時與領導者合作。4. 團體成員以六至八人最佳（也要注意每次團體進行時間長短），但因為可能會有人缺席，一般說來團體出席人數要大於四人（不包含領導者），這樣的互動才較有效。5. 若要經由班級導師轉介，務必事先與老師溝通清楚，推薦真正適合參與此團體的人（而不是老師不喜歡或想要懲罰的學生）。倘若要參加的學生超過預期，最好分成兩組分開進行。

（四）團體進行注意事項

1. 進行地點安全、固定

　　團體進行的地點很重要，最好是顧及學生安全且固定在一個場所（成

員容易記住、找得到、也較有安全感），不要有一些容易讓學生分心的物品（如運動器材）或玩具擺放在現場，會干擾團體的進行，因為會有學生去玩弄玩具或器材，不可能專注在團體活動上；物品或器具若是無他處可放，也要適當地隱藏起來。團體進行的場地要適當大小、安全，也不宜太寬廣，坐不住的孩童會趁機跑來跑去，這當然也考驗領導者的「班級經營」技巧，只是許多諮商師都沒有修過「班級經營」的課程，再則，班級經營也需要經驗與實務的磨練，不是一蹴可幾。因此，物理上的環境若顧慮、安排得宜，就會少了許多干擾與額外的秩序管理工作。

2. 團體設計有彈性

　　一個團體諮商通常可以設計六至十二次。在國小階段，因為學生發展情況不同，因此參與的成員不要超過兩個年級（如三、四年級生一起是可以的）；年紀越小的學生、團體諮商次數要多（如一週兩次）、持續時間要短（如一次二十至三十分鐘），而且活動要多一些、在活動過後立即安排討論／問答時間，避免學生覺得無聊。若是小學高年級學生，一次的團體諮商可以安排四十至五十分鐘，一週一次即可。若有一些書寫的活動或是回饋單要填寫，儘量採用簡單勾選或是簡答方式較受歡迎，現在很多小朋友不喜歡寫字。有些團體領導者喜歡設計畫畫或塗鴉的活動，但是並非每一位兒童都喜歡，因此若有替代的活動可以抽換，就較無虞。

　　如同班級輔導一樣，團體設計通常不是「一魚多吃」的型態，或是一個計畫走遍所有班級或年級，而是需要依據實施對象（團體成員）的反應做適度的調整及修正。團體的內容不是重點，過程才是重點，焦點放在如何進行、進行的情況。有些團體領導者急著要把自己設計好的「行程」（agenda）跑完，反而忽略了成員互相交流感受與想法的機會，這是錯誤的示範，因為團體不是「領導者」的，而是屬於團體「全部成員」的。

　　每一次的團體設計，如同班級輔導設計一樣，都要粗估每一段活動的時間，記得預留緩衝時間（如實際進行活動可能需要十分鐘，就將其規劃為十二分鐘，兩分鐘為緩衝時間），這樣就可以有時間處理一些偶發的意外、減少焦慮；有時候也要配合成員的狀況或是學校作息，像是許多的團

體時間都被安排在中午飯後，成員可能昏昏欲睡，要不要給他們時間休息一下，或者帶領做正念冥思提振精神？或是學生接下來需要去打掃環境，要不要提前結束團體等。有些領導者帶領的步調較快，可能設計三十分鐘的團體、二十分鐘就全部走完，總不能讓成員發呆、無所事事，因此也要提醒專輔教師或諮商師在設計團體時要有備案或是 B 計畫（可以在需要時拿出來使用，而不是腦中一片空白）。

設計兒童團體注意事項

注意事項	說明
年齡越小的孩子，團體時間要短、團體次數要多	低中年級團體，一次設計二十到二十五分鐘團體（注意前後要有幾分鐘緩衝時間，學生可能有活動耽擱或要提早結束去做打掃工作）；次數有時需要一週兩次；隨著孩子年齡增長（如高年級），就可以一次安排較長時間（如三十至四十分鐘）、次數少一些。
一個團體內成員勿超過兩個年級最佳（如一、二年級在同一個團體，或五、六年級生在同一個團體）。	因為發展階段不同，會有溝通或注意力問題，或是無法讓活動或討論滿足所有參與兒童。
團體諮商不是團康活動，然而對於參與的成員來說，從事一些有意義、作為討論焦點的活動是很適合的。	每個設計的活動都與主題有相關，而不只是好玩而已！
設計活動一定要有目的，這也是團體諮商有別於團康活動之處。	每一次可設計一個主要活動（用來引領討論或學習），但是計畫往往趕不上變化，因此還要有「B 活動」或「B 計畫」，以備不時之需。因為有時候設計者當初所預期的效果未出現，或是造成騷亂，讓原定計畫無法執行（完整），此時就可使用預先準備的「B 活動」或「B 計畫」，免得團體領導者驚慌失措、浪費時間。
年齡越小的孩子，團體諮商裡面安排的活動要多一些，緊接著就可以讓他們討論或發表意見，這樣較能連結上，也達成團體目的。	年幼孩子注意力較短暫，需要吸引眼球的活動或短暫休息來維持專注力。

注意事項	說明
有些團體需要有正向、模範的成員加入，讓其他成員知所效仿（如人際關係、社交技巧、肯定訓練或增加自信心的團體），且其人數不能少於所有參與成員人數之一半。	兒童的觀摩學習很重要，因此在團體內安排一些正向楷模可資學習、效果更佳。
團體成員是很大的一個變數，加上成員在團體中互動的多樣化，這也是考驗團體領導者（諮商師或老師）的應變與處理能力。	兒童是否能夠從團體中學習並運用在團體外的生活，是團體最終的目的。即便領導者是成人，但若不了解兒童的發展特色、目前的環境脈絡與流行，還有不同孩子的個性，就不容易掌控團體內的兒童情況。
成員的安全是最重要的考量。	設計活動一定要注意成員的安全。年幼的孩子有時候興奮過頭，可能就不遵照指示行動，容易受傷或傷害他人。

3. 注意團體名稱的表面效度

在設計團體傳單、邀請團體參與者時，要特別注意團體名稱的「表面效度」，所謂的「表面效度」顧名思義就是「看起來怎樣？」目的是要讓參與者或是有意轉介成員參與團體的師長，對於團體有「正面」的想像與理解，清楚團體可以提供的效果與欲達目標（對孩子有益或符合孩子的需求）。

師長希望孩子可以更融入團體、不要被孤立，因此諮商師依據這些需求所設計的團體名稱可以是「讓我變成人氣王」，接著列出團體的具體目標，這樣的宣傳就容易讓人了解。畢竟每個人都想要維護自己的自尊，即便是霸凌被害者被轉介來參加團體，也不希望團體的名稱是「霸凌受害者團體」，因為直接就被汙名化，而其他人也會投以異樣的眼光！

學校或是公私立諮商所會針對不同議題的族群，設計與帶領團體諮商，像是父母離異或單親家庭中適應困難的孩子、孤立沒有朋友的學生，前者可以讓同樣來自單親家庭的學生一起參與，大家分享共同的經驗與感受，後者不宜只是讓這些孤單的學生參與，他們可能缺乏的是社交技巧，

團體中需要安插一些人脈廣、熱心助人的學生做為模仿的典範，才可以竟其功，要不然容易被冠上「有問題」的標籤，不僅難以得到家長的同意，團體效果也不彰。因此注意團體的「表面效度」，名稱可以讓家長與學生都很放心，目標一目了然，像是社交技巧團體就可以命名為「我要成為『人氣夯』」的團體，處理霸凌受害者的團體可以命名為「自信高飛」團體，處理哀傷經驗的團體命名為「我可以」等，讓參與者有動力、也清楚目標。

> ### 給老師／家長的團體說明書示例
> 「表面效度」的部分，特別要將團體名稱朝正向的標題思考，不要讓閱聽者誤會。像是上述的「社交技能」團體，主要是增進若干成員與人互動的技巧與能力，而在發給師長的宣傳單（DM）裡可以命名為「我們都是好朋友——讓你更有人氣、生活更快樂」，而在團體目的部分可以列出：
> 1. 讓同學了解與人互動的技巧。
> 2. 讓同學彼此學習增進情誼的策略與方法。
> 3. 讓同學知道如何適當、有自信地表達自己。

4. 掌握團體進行時間與過程

團體進行中，安插適當的相關活動，接著馬上討論或提問，效果最佳！有時候，成員的注意力開始渙散了，領導者可能就需要暫停一下來提醒大家，或略為休息，甚至馬上進行一個小遊戲／活動，轉換一下氣氛或提振精神，這當然需要領導者的變通與彈性。除了有備案之外，也要時刻留意團體及成員進行的情況，有時候需要多花時間談論一個主題，或是讓更多成員加入討論，發表自己的看法，時間的掌控與運用就很重要。

此外，團體內發生的事（如爭論），要在團體內解決，時間（timing）很關鍵，雖然不一定即刻有最好的解決方式，領導者都要試圖處理，同時

儘可能將團體成員都拉進來一起參與討論或思考。倘若發生的事件（如衝突）與團體主題有關聯（如「社交技巧」），正好將其帶入團體，即使領導者已將「人際衝突」安排在稍後的團體方案中，可以將其提前、先做小討論或引子（如：「每個人都不一樣，所以有時候會有意見不同，別人的意見也許不同，但是也可以給我們學習。」），接下來的那次團體就做完整說明及討論。

5. 適度安排活動與執行

　　年齡越小的團體，安排的小活動要多一些，因為他們比較坐不住；年齡較大的團體也要安插適當的相關活動（要與主題有關），讓成員可以即時做討論，較容易達成團體目標。每個活動最好都可以讓全部成員都參與（注意安全），有時候在同一團體討論，因為人數多，可能只有少數敢發言的人會發表，效果不彰，偶爾可以分成兩人或三人小組做討論，每回組成人員不同，讓兒童有機會更熟悉彼此。當然，有時候若是同一組成員不喜歡彼此，領導者也要注意該如何處理（有時領導者可加入討論）。成員討論時，領導者可以走動巡視，必要時給予催化或協助，也就是一定要關照到所有成員。

6. 適度分配領導者的注意力

　　團體領導者的主要功能在於催化團體成員互相交流，而新手諮商師容易將團體諮商變成「在團體中做個人諮商」，或是在一位成員身上花費太多時間，忽略了其他成員的被注意與認可的需求，也沒有催化成員之間的互動與交流，這樣的團體是失敗的，成員也會覺得無趣，因為團體主要目的是讓成員互相學習。團體成員是孩童，更容易在感受到被忽視或無聊時，對於團體失去興趣，也較不能從團體經驗中學習到預設的目標，因此團體領導的注意力要做適度分配，這也只有靠經驗才可能達成，因此認識、熟悉每位成員是最關鍵的。團體中分配給發表人或談話者的時間也要注意，一個團體中總是有人願意分享更多、有人卻遲遲不敢冒險，事後卻又抱怨領導者不公平，如何儘量讓每位成員都有機會發言或表現，也是凝

聚團體的重點。

7. 留意書寫活動與時間

　　許多輔導教師或是諮商師會設計一些書寫的活動或回饋單（有時做業績或評鑑之用），但是現在的孩子懶得動手（可能也是電腦、手機使用的後遺症），因此沒有必要就不要採用書寫的動作，況且許多孩子也不一定能寫出來了。

　　孩子與成年人不同，有時候需要很長一段時間思考，因此撰寫所耗費的時間就長，但是孩子又有極大的個別差異（有些人寫好了，有些人卻還擠不出幾個字來），這樣時間的掌控就會出現問題，現場也會有較多意想不到的狀況發生，因此若是有書寫的活動，需要特別注意時間的掌控，有時候還要注意說明清楚，甚至走動巡視、提醒成員，以免學生誤解而徒勞無功。

　　諮商師想要知道自己帶領團體的效果如何？或許會設計一些回饋單藉以評估，也可以設計用手機或是網路回應的方式，其實在團體進行過程中，諮商師就可以藉由不同方式進行評估或調整團體步調與活動，像是觀察團體成員的參與情況（是否更主動？），與他人互動方式如何、表達的意見內容、對於活動的反應與回饋等，或是以簡單的問題來詢問成員的感受或心得，不管是結果／總結性評估或過程／形成性評估都可適用。

8. 如何讓成員分享及班導／轉介師長知道團體進度

　　兒童參與團體，可能會與同儕或手足、家人分享團體經驗，因此領導者要不定期示範如何分享團體經驗或心得（如：「我今天在這裡玩得很高興，有多認識一位朋友。」或是：「我們今天談到要體諒別人跟我們不一樣，我會跟弟弟一起玩玩具、不跟他搶了！」）。此外，團體領導者除了需要做過程與結果評估之外，老師或家長轉介學生來參加團體，當然也想知道學生是否因此而有所改善？若領導者願意固定做一些匯報，也可以安師長的心，同時邀請他們一起來協助兒童（此時就可以說明需要協助的事務）。團體裡面進行的活動可以說，但是不同兒童所說的話、所做的事則

保留，因為涉及保密原則。另外，還是與個別諮商一樣，諮商師不要在有學生或他人在場，或眾目睽睽之下向師長匯報，而且要注意只說明成員正向、進步的部分，還有需要師長協力的地方。

9. 其他領導者可以做的事項

在團體諮商進行之前建立個人關係、彼此熟悉，這樣一進入團體，成員配合的意願也會增加，然而兒童也可能倚仗著與輔導教師的關係而較不願意合作，這之間的拿捏就要靠輔導老師的智慧；與成員坐成一圈、較容易專注和投入；首次團體就將重要規則做舉例說明（如仔細聆聽、不要插話或使用不雅字眼），隨著團體進程或突發情況，規則或有增加或刪除；讓成員在團體中有表達感受與問題的機會，也要注意到發展階段認知及語言表達能力的限制；利用多種媒體輔助（手偶、遊戲、音樂、繪畫、繪本等）團體之進行，將活動（包括演戲、情況劇、動作、問『如果你是他，你會怎樣做』之類問題）與討論穿插。

針對兒童所做的團體輔導，主要是「領導者取向」，也就是領導人要做許多規劃與介入，「結構」要嚴謹；領導者愉快、有活力與創意的聲調很重要；領導者的示範與帶著動作的說明很重要；引導成員回到主題，因為他們容易分心；讓成員帶作業回家做、可以延伸諮商效果，也讓家人知道其進度與學習；可以讓成員在每一次團體結束時自己做摘要，也可以做為「評估」之參考；有些成員會考驗領導者的「威權」，因此「耐性」與「同理」能力非常重要，不需要正面衝突或訓誡，而以反問或幽默帶過。

可能的團體主題有——聆聽與溝通、認識與處理情緒、社會技巧與友誼、學業成就與學習方式、自我概念與自信、問題解決與如何做決定、失落與哀傷（危機處理的一部分）、孤單感受、校園暴力（欺凌與受害者，或兩者）等。

　　針對兒童工作，除了必須要具備有生態系統觀之外，還需要具備諮詢（類似「顧問」）的能力，因為經常會需要與家長或老師做諮詢工作。諮詢就是輔導老師與師長一起合作商議、共同協助第三者（通常是兒童）；或者說「諮詢」是指諮商師與教師或家長（或社工等）共同為第三者（兒童、家長或教師）提供協助與服務。例如導師發現班上有一名學生常有偷竊行為，已經找過家長商議，但是因為是隔代教養，家長約束力不足、效果不彰，於是與輔導教師、各科任老師一起，為矯正學生的偷竊行為而研商策略與行動。在這個「諮詢」過程中，求助對象是導師與科任老師（直接服務對象），而共同協助的對象是學生（共同關注的第三者）。倘若是家長（直接服務對象）來請教輔導教師關於孩子學習或是行為問題，然後一起研擬對策、協助該生，也是「諮詢」服務；當然，若有學生來求助（直接服務對象），希望可以協助班上某位同學（如被霸凌），也是諮詢服務的一種。

　　諮詢者通常需要蒐羅相關資料做研判，進一步定義問題，與協作方商議處理對策與每個人需要負責的工作，然後定期聚會、評估與商討進度，並做適當的執行計畫修正。諮詢者與求詢者是合作的關係，有點類似「以任務為導向」的合作團體，等到問題獲得解決之後，諮詢關係就結束。

一、親職諮詢

　　親職諮詢是學校專輔教師或是一般諮商師較常遭遇到的，主、被動都屬之。父母親將孩子送到學校來接受教育，如果孩子碰到一些問題，家長

一定很想要知道到底是怎麼一回事？孩子不管在家裡還是學校遭遇到一些困擾或是行為出現異狀，家長首先的諮詢對象可能就是導師或輔導老師。

有些家長對於自己孩子的一些特殊行為或者是狀況不太了解，但是又擔心他人對孩子做了錯誤標籤（汙名化），或者會認為自己親職不適任，因此即便孩子有過動或者是情緒障礙，卻不願意帶他／她去就醫，這時候輔導老師或諮商師就可以發揮功能，邀請家長來一起討論孩子的情況，以及可以得到的資源與協助，只要家長本身了解孩子的情況，不是家長所造成，或有許多的資源及管道可以協助孩子更能適應學校生活、學習得更快樂，家長通常也願意與學校合作。這裡其實也點明了學校輔導老師或諮商師，對於特殊兒童與其需求也要了解，才能做初步診斷，提供適當的支援。偶爾，即便需要家長出席討論孩子的情況，但是家長卻礙於主（如擔心被汙名化或被譴責）、客（如因工作沒有時間或時間上不允許）觀因素無法赴約，就需要思索或商討可以替代的進行方式（如視訊或家長有空時）或是由學校的行政人員（如學務主任或校長）同時列席較具說服力。

遇到孩子是過動兒、違抗性行為（孩子在學校有紀律問題），甚至有特殊學習障礙孩子的家長，諮商師有時候都先需要處理父母親的失落經驗（因為自己的孩子特殊，對許多家長來說是不能接受的），接下來可能在整個教養，以及孩子學習／生活的過程當中，家長必須付出極大的心力，諮商師也需要提供一些資源與支持，甚至有時候要針對親子關係或家庭關係做諮詢與建議。與家長或親子做諮詢時，不要去提孩子的問題，而是以「彼此的擔憂」來詢問，或許較容易讓家長或親子雙方願意說出自己的想法與感受（White, 2006/2010, p. 169）。

輔導老師或諮商師是受過訓練的專業人員，對於兒童的發展及需求會比較了解，有關這一方面的資訊和知識，也可以傳輸給家長，或者與家長共同討論孩子需要的是什麼？該如何做？在親職教養上倘若出現意見不一致或是問題，家長若主動請教於輔導教師，輔導教師自然樂於協助。

近年來，家長們常因為孩子使用手機的習慣或瀏覽的媒體問題，而有許多的親子衝突，孩子反過來以情感綁架父母者也所在多有。研究已經證實手機的使用率過高，會影響到孩子大腦、身心的發展，也讓親子關係受

到負面影響。就個人而言，藍光會影響睡眠節律，讓大腦無法利用睡眠時間將白天所學或經驗做適當統整，影響睡眠品質、記憶力及學習效果；在黑暗處或長時間使用手機，導致視力退化或不可逆的眼部病變（尤其是黃斑部），甚至是使用手機時往往姿勢不良，因而造成脊椎問題；手機上不良的食物廣告，或使用手機者貪圖便利，可能就攝取了過多熱量或是不營養的食物；或因為都是坐姿或固定姿勢、缺乏伸展與活動，造成發展遲滯（大腦的發展與身體活動息息相關）或健康問題（Goodwin, 2016）。

　　諮商師在做家長諮詢時，有大部分主題是與孩子的行為、學習或是人際有關，其中很重要的是同理家長、明白親職工作難為，但是都可以試圖做一些修正與調整，讓親子關係更佳，像是 Gordon（1970, cited in Presbury, McKee, & Echterling, 2007, p. 216）曾說過十二種典型父母親對孩子感受與問題反應的錯誤方式（"the dirty dozen"），也可以讓家長們知道，它們是：1. 命令、指示、要求（要孩子依照指示去做）；2. 警告、建議、威脅（告訴孩子一旦做了什麼、會有什麼後果）；3. 告誡、道德勸說、說教（告訴孩子應該做的）；4. 給予忠告、解決方式或建議（提供答案與解決方式）；5. 演說、教導、給予邏輯論述（以事實、資訊或意見影響孩子）；6. 評價、批判、不同意、責怪（對孩子做出負面評價）；7. 讚美、同意（給予正向評價）；8. 謾罵、嘲諷、羞辱（讓孩子覺得自己很蠢）；9. 解釋、分析、診斷（告訴孩子他 / 她的動機或為何這麼做）；10. 再保證、同情、安慰、支持（讓孩子感覺好受一點，或否認孩子的優勢或感受）；11. 探問、詢問、審問（試圖找到原因或資訊來解決問題）；12. 退出、分心、幽默化（讓孩子從問題中抽身或不解決問題）。

　　諮商師或輔導教師在擔任親職 / 子諮詢工作時，常常因為年紀較輕或是尚未為人父母，還未經歷家長走過的育兒經驗，所以在說服力上略顯不足，其經歷或資格會受到家長質疑，自然也會打擊諮商師的專業或自信，即便如此，諮商師也不應氣餒，畢竟諮商師曾經與許多家長有過對話或晤談、研讀過相關研究資料及理論，甚至參加許多研討會或是親職講座，在這些議題上的資訊或是其他家長的經驗值，都可以成為自己的底氣、基礎，勿將家長的批評個人化，而是可以將它轉為家長的「擔憂」，一起來

解決問題。此時輔導教師不宜自貶，而是很虛心地承認，像是可以說：「儘管我還沒有結婚、生兒育女，但是我接受過相關訓練，也與許多家長接觸過，或許他們的經驗可以讓你／妳做參考。」或是：「我知道小月媽媽擔心我太年輕，可能沒有相關育兒經驗，但是我曾經遇到許多家長，他們所關切的議題跟你的很相似，或許從他們的經驗中，可以更了解他們是如何協助孩子度過那段時間的？」當然，有些家長還是存有疑慮，然而若重要資訊還是需要家長知悉與配合，就可以延請班導、輔導主任或校長一起列席與家長談，這樣家長也會較願意聽，不過，諮商師／輔導老師還是需要養成獨力與家長晤談的能力與信心。倘若輔導教師對該議題不熟悉，也可以轉介給其他專業人員或協助單位而不漏接！

　　家長若因為孩子行為問題或是自己的親職功能受到懷疑，也會有許多情況需要諮商師注意：像是擔心被指控虐待或忽略，在家裡出現的犯罪行為（如嗑藥），對於家裡的問題有罪惡感、丟臉或氣憤，認為家裡的事是私事，不相信或誤解諮商。因此諮商師儘量保持中立、不偏頗某一方是很重要的（Sherman, 2015, p. 99）。做家長諮詢時，有些事項要注意：1. 從不同的資訊蒐羅中，找到孩子的優勢。家長也希望知道自己孩子不錯的地方，而不是每一次來，都是因為孩子有／出問題。2. 可以詢問家長，在養育孩子或與孩子相處的過程中，看見孩子很棒的事跡，聽聽家長如何形容或描述，這些都可以成為未來對談及思考策略的依據。3. 家長若要抱怨也要給他／她時間，許多家長的辛苦很難對人道，他人或許是因為不了解、還是沒有時間，因此家長就少了情緒宣洩的出口，諮商師願意給出時間、聆聽家長的故事，就如同在一般諮商晤談的情況下，當家長「被聽見」之後，較願意合作或做改變。4. 從觀察開始，而不是要家長立刻做改變，讓家長清楚與熟悉自己孩子的作息或習慣，試圖猜測孩子的行為背後動機，讓家長成為了解及協助孩子的重要幫手，接下來的改變才容易持續。5. 孩子若有進步，都要仔細描述並舉出事證，也請家長留意孩子在過程中的「努力」。6. 許多的家長諮詢，也改變了家長，而不是以孩子為唯一目標。畢竟孩子年齡尚幼，受到家長、周遭環境與脈絡的影響最大，倘若可以讓孩子所處的環境利於其成長，不僅省了許多事，也節省了更多的社會

成本！

　　有些父母親可能會將孩子明顯表達情緒或意見的方式視為不尊敬或不服從，也可能會處罰孩子，這些都可以在家長諮詢時，讓家長知道孩子這個發展階段的需求，甚至跟家長討論如何與孩子好好相處，溝通是很重要的，當然另一方面也可以跟孩子說明家長們的擔心為何？可以怎麼做？讓親子雙贏。許多情況下，只是雙親之一（通常是母親）出席來做諮詢其實是不足的，在教養或是管教方面，還是需要家長「共親職」（共同擔任親職工作）效果較佳，因此雙親共同諮詢的效果會更好，甚至進行所謂的家庭晤談（而不說家族治療），也有其必要性。偶爾，有教師關切家長的情況（如親職運作或個人議題），因為家長會影響孩子，因此求教於專輔或諮商師，也是可能的服務項目。

諮商與諮詢的異同（整理自鄔佩麗、黃兆慧，2020，pp. 29-32）

項目	諮商	諮詢
對象	當事人本身	關切的第三者（如家長或老師）
進行目的	協助自我整理或問題解決、重視當事人之內在需求（是直接助人的過程）	協助第三者解決問題（是間接助人的過程）
功能	讓當事人更有能力去面對自己、解決問題。	讓求詢者更有能力去了解關心的現象並解決問題。
目標	目標依當事人決定，不一定只有一個或很明確。	焦點在問題本身，目標明確。
關係建立	信任與合作	同儕合作
資料蒐集方式	透過直接觀察與其他相關管道了解當事人。	透過觀察與深入了解求詢者之服務對象或機構。
方式	面對面直接協助，以了解當事人優先。	面對面直接協助，以問題討論為主。
次數	可能一次以上	可能一次以上
結束情況	當事人的關切議題可能復發	問題解決就結束

二、師長諮詢

一般教師是站在教育的立場，雖然也需要輔導的知能，才能夠讓教學更順暢，而輔導老師的工作可以補足，並協助讓教育功能的發揮更全面。一般說來，輔導老師的立場與教師不同，教師可能是站在比較威權的位置，面對的是一個班級內許多不同的學生，因此可能會比較用統一的方式來做管教與教學，加上還有評分權，在因材施教的部分能夠著力的不多。輔導老師在班

> **知識窗**
>
> 孩子有違抗性行爲是因爲他／她部分的額葉皮質（有關情緒調節與衝動控制的部分）比一般的孩子要小一些，而部分的額葉皮質（與攻擊及反社會行爲有關的部分）比一般的孩子要大。如果違抗性行爲的孩子受到父母親嚴格的管教，可能情況會更嚴重（Tucker, 2017, p. 280）。

級或科任老師的觀察之後，對學生做進一步評估與診斷，就可以依照孩子的需求來客製化，打造符合孩子的學習計畫與進行方式，甚至轉介給適當單位（如資源教室）或專業人員（如醫師），給予孩子適當的協助。

也因爲輔導老師的立場不同，比較站在學生、平權的立場，因此在與學生談話的過程中，可能會讓學生比較放心、不需要害怕，以這樣的關係爲基礎，輔導老師就可以更了解孩子所關切的議題是什麼？可以尋求什麼樣的資源來協助孩子？班級或科任老師如果對於班上某些學生的行爲不了解，即便用盡了規勸與管教的方式，還沒有收到預期的效果時，也可以請教輔導老師，或一起商議該做哪些動作才能夠讓教學更順利，讓學生能夠有更佳學習？有時候會碰到班級老師的經營方式與學生不合來甚至引起師生的嚴重對立，此時輔導老師也可以作爲中間協調者來介入處理，或許會有不同的效果。然而，也因爲同是教師，若立場不一樣，也可能會有衝突發生，儘管許多衝突不會檯面化，而是潛藏或轉爲私下的齟齬，同事關係較難維持平和及合作，這當然也不是專輔或諮商師樂見的，因此，也說明溝通很重要。

輔導教師對同儕教師或行政人員的諮詢，會碰到角色與位置的問題。

同儕之間有所謂的「忠誠原則」（像是，我在本班教數學，若學生因爲數學問題而去請教其他數學老師，這是不行的），況且大家都是學校同事、地位相當，若是因爲任教科目之外的事（如班級經營或學生問題）要請教同儕，總是覺得怪怪的，好像自己能力較爲遜色。也因此提醒輔導教師，平日與其他教師間的關係要經營好，不僅有利於輔導工作的進行，取得各處室與同仁的合作更重要！當然，若同事間關係好，同事也會借助於輔導教師的專長進行諮詢，有時候是私人的、有時候是工作上的，這或許也會牽扯到專業上的倫理議題，輔導教師需留意。倘若輔導教師沒有太多時間，或是同事需要處理的議題需要較長時間討論，介紹同事或連結相關資源給他／她就很重要。不過，站在同事立場，可以幫忙的就儘量幫忙。

現實學派的諮詢步驟（Henderson & Thompson, 2011/2015，pp. 9-16~9-18）

步驟	說明
一	列出已使用過、但無效的方式，並停止這些無效的方法。
二	若步驟一失敗，則列出一個同步的改變清單，如兒童有好行為表現，就特別注意，反之，則表現驚訝。
三	列出可以做到、也願意做到的事。
四	請兒童停止不當行為（少用語言表示，而以手勢來替代，不使用威脅）；嘗試以「有沒有可能是……」的猜測語句；肯定兒童的努力。
五	訂立書面契約，詢問兒童：過去做了什麼？對你有何幫助？你可以做什麼對你有幫助的事？接下來你會做什麼？
六	強調兒童與諮商師上次討論過的協議（做了什麼？約定什麼？本來要做什麼？接下來要做什麼？）；請兒童擬訂計畫並簽名表示負責。
七	在教室／家裡設立「隔離區」／兒童房間，請兒童遵守規則或是離開團體自己獨處（到隔離區），並要求兒童擬定改善計畫重回班級或與家人一起。
八	教師以提問方式協助兒童訂立改善計畫與約定，讓他／她可重回原來生活或歸隊。
九	透過個別教育計畫，列出四、五項學校規則或期待，若兒童違反規定，就馬上請家長帶回，次日仍允許兒童來校，若再違規，還是請家長帶回。只做隔離，沒有其他的處罰。
十	帶兒童到法院參觀，讓兒童了解其不良行為若持續下去，可能的後果是如何？若這十個步驟都無效，可能就需要另外想辦法。

三、學生諮詢

諮商師或輔導教師平日在校園裡，就要找許多機會了解該校的文化與學校生態，對於家長背景的了解、附近社區資源的熟悉與連結，都有助於協助學生，也對社區有貢獻！熟識學生、教職員工，以及各處室的業務，不僅有助於建立關係，還可以更清楚校內軟、硬體資源和自己可以貢獻之處！直接的接觸與溝通是最佳方式，而不是因為有任務或工作需要合作才出動，輔導教師除了工作上的例行公事，像是出席會議、輔導業務（比如班級輔導、團體諮商、個別諮商、施行測驗或師長／學生諮詢等）及行政工作外，若平日還可以挪出時間與學生有非正式的見面、下課觀察學生活動或與其互動，與師長同仁間聊聊家常等，都是協助自己融入環境與機構的不二法門！同時也可以破除「諮商工作只在輔導室內」的迷思，更可能會提早發現問題或需處理事項，能夠先行做準備或處理及預防。有些學生的議題，可以在尚未發展嚴重之前，就先獲知、了解並做處理，因此減少許多成本付出，這些就要靠平日與學生或師長接觸的經驗方可發現。

管理學上有所謂的「走動式管理」（Management by Walking/Wondering Around, MBWA－是指主管勤於走動於各部門之間，了解員工的工作狀況，多溝通與鼓勵，有助於擬定更有效的決策）（管理知識中心，2024），諮商師或輔導教師也可以運用同樣的方式，去了解及熟悉機構或服務對象，這就如同 Richard Hazler（2008）所提出的「在走道上協助」，特別是在學校場域裡更適合，畢竟要走入輔導室的確需要勇氣！也就是不需要將學生帶到諮商室裡晤談，而是諮商師走出輔導室，去近距離地接觸服務族群，可以有第一手資料、了解服務對象與其生活的世界，甚至做第一步的預防處理，在諮商師增加曝光率的同時，也讓輔導／諮商可以大眾化──有更多人認識輔導、諮商和求助的需要與好處。

有些學生在生活中或許遭遇到同儕被霸凌、情緒爆發，或課業學習落後等情況，會想要了解與協助，因此擔任學生的諮詢也是輔導教師／諮商師的工作項目之一。以美國為例，在中小學階段有所謂的「仲裁者」（mediator）訓練課程，其目的就像是「同儕諮商」（peer counseling）一

樣，運用同儕的關係與位置，讓協助更到位。若輔導老師可訓練班上多名學生學習如何調節同儕間的紛爭，不僅讓學生可以參與第一線的協調與協助工作，同時增進了學生的人際關係技巧，也讓班上的事務可以在班級內獲得解決。擔任仲裁工作的學生若是遭遇困難，也可以請教老師、輔導教師或諮商師，商議進一步的改進策略或行動方案。

　　現在各級學校的一個班級裡，都可能有特殊生（身心障礙者，包含情緒疾患）。在小學裡，班級級任老師可能會特別要求同學關照某位特殊生或轉學生，有時候也會讓學生了解特殊生的情況與需要協助之處，其目的就是希望大家可以儘快接納學生融入環境、進入良好學習模式，另外也是讓學生學習接納多元與寬容，但是有時候太過與不及，對班級或特殊生而言，也不是好事，因此如何可以有效協助，並顧及其他人權益，就要靠級任老師的智慧，許多級任老師／班導也會請資源教師與輔導教師進入團隊，其效能應可發揮更佳！

　　少子化的現代，許多孩子沒有學會與他人和平共處，或是像「自走砲」一樣有突發的脾氣，都很容易在人際關係上出現問題，當然也會延伸到學業、行為等議題，若班上有學生願意協助這些同學，學生諮詢就是一個很好的方式。在學校裡可以使用「兩三人談話會」（諮商師與兩、三位同學進行晤談）的方式，根據學生的需求來進行。可以在學生來諮詢時，連續進行幾次，同時針對所採取的行動做進度評估與修正計畫。像是有學生關切新轉學進來的同學孤立無援，想要提供協助，因此來諮詢輔導老師，輔導教師也可以延攬班級導師一起協商良方。

第七章 與特殊兒童工作

一、與慢性疾病或患病兒童工作

　　家裡有生病的兒童，對兒童本身與其家庭來說都是極大的壓力，需要處理生、心理、社會人際等面向。兒童需要花時間適應自己生病的情況，包括就醫或醫療過程的不舒服或疼痛、服藥的副作用、與家人或同學的互動、就學情況的不固定、他人對自己的看法，甚至還有面臨死亡的威脅。適應良好與否還需要視兒童的病情、兒童的個性、家庭特色（如父母親的情況與因應策略、家人關係、支持與凝聚力、目前面臨的壓力），以及其他社會或服務資源可接近程度而定（Edwards & Davis, 1997, p. 27）。

　　生病的孩子需要面對自己的疼痛或行動力缺損，醫院的環境及發展與醫療人員的關係，處理焦慮、悔恨與孤單的情緒，維持正面的自我形象及與親友同儕的關係，以及準備不知的未來（Moos & Tsu, 1977, cited in Edwards & Davis, 1997, p. 18）。

　　諮商目標可能是：協助兒童（與其家人）感覺有人願意聽他們說話，認真看待他們的經驗與感受，增加其自信與良好感覺，增加其自我效能感（自我掌控與因應策略），藉由釐清議題、必要時給予適當資訊，並修正無用的錯誤觀念等方式來適應，協助兒童清楚地溝通自我的需求給重要他人，協助兒童獲得適當的技巧來管理自己的疾病（如疼痛、問題解決技巧）（Edwards & Davis, 1997, p. 63）。與病童工作的諮商師，除了具備了解兒童發展階段的知識、諮商知能外，還需要了解兒童的病程與發展、醫療資訊，與兒童重要他人合作，甚至因應兒童的行動能力（如語言能力、視力、聽力、活動力等），並採用適當的媒材與之互動。

許多醫院會有慢性病兒的「家
長自助團體」，讓家長們固定齊聚
一堂，討論照顧孩子的細節、困難
和因應方式；團體成員也會邀請醫
師或護理師列席，提供專業意見，
同時也可以提供諮詢。這樣的團體
對於照顧者來說很重要，一來情緒
得以抒發；二來彼此支持，覺得自
己不孤單，也不需要獨力奮戰；再

> **知識窗**
>
> 處理疼痛可採用的技術如：分
> 心、放鬆訓練、系統減敏（如
> 怕打針）、使用增強或酬賞、示
> 範（如讀故事書或看影片中的
> 人物）、學習新技巧（讓自己減
> 少疼痛）等（Edwards & Davis,
> 1997, pp. 156-160）。

則，還有商量對象，遇到問題一起設法解決。

二、與社會退縮或焦慮的兒童工作

孩子上學最重要的就是可以跟同儕一起玩耍與學習，倘若同儕不接受
他／她、沒有三兩位好友，或是感覺孤立無援、不被喜愛，孩子要去上學
或在學校過得好就會是問題。時下許多兒童都是獨生子女，除了獨攬家長
之愛外，年幼時就較缺乏與同儕接觸或互動的機會，一旦進入正式學習體
制，就較容易發生孤立、無法與他人相處或合作的問題。兒童剛入學，會
有自然的分離焦慮，基本上一年級老師會很有技巧地做處理，倘若經過一
段時間仍無法克服，或許就需要諮商師或專輔教師之協助。

社交恐懼（social phobia）主要是規避不熟悉的人或社會情境，通常
與不熟悉的人一起時，會展現出社會性退縮、覺得丟臉或膽小、沒有自
信，更嚴重時甚至會說不出話來（Kronenberger & Meyer, 2001, p. 227）。
到底社交焦慮或退縮是如何造成的？有生物學上的原因、家庭因素、壓力
情境或孩子個性使然，特別是家庭因素（家庭過度保護、家長缺乏關愛或
是依附關係受阻等）（Kearney, 2006, p. 19），因此需要從社交技巧的學習
或是協助其克服社交焦慮（如系統減敏法）下手，加入諮商團體讓其得到
支持或不覺孤單，也是常用的處遇（Kearney, 2006, p. 23, 25）。治療方式
有藥物介入、行為介入（如關聯性管理，contingency management—以增

強方式讓兒童慢慢減少焦慮，示範行為形塑、系統減敏法、暴露減敏法、社交技巧訓練等）、認知行為治療（自我監控與自我對話）、遊戲與家庭治療等（Kronenberger & Meyer, 2001, p. 234）。

三、與過動兒工作

過動（attention-deficit/hyperactivity disorder, ADHD）是一系列複雜的行為，核心徵狀包括不專心、過動、衝動，行為上表現出健忘、不遵守規矩或沒耐心等候、常離開座位、避免需要使用心智思考的工作、跑動或攀爬、一直講話，或不安煩亂（Kearney, 2006, pp. 70-71），或是在完成工作上有較多差異（Lougy, DeRuvo, & Rosenthal, 2009, p. 3）。通常 ADHD 是在七歲之前被診斷出來，其中大概有三到五成會延續到青少年與成人階段（Kronenberger & Meyer, 2001, pp. 44-46），以往認為其起因是神經發展問題或有家庭基因遺傳，然而近年來已將過動視為多種因素所造成，也有較高的共病（comorbidities）情況，像是憂鬱、焦慮情緒或學習障礙（Lougy et al., 2009, p. 9）。

學齡階段 ADHD 的孩子持續其違抗或不服從行為者大概占了五成（Kearney, 2006, p. 77），造成與同儕互動、學習與行為的問題（Hoza, Owens, & Pelham, Jr., 1999, p. 78）；過動的情況會隨著年齡增長慢慢減少，但他們並不總是呈現過動情況，要視情境而定（如重複性高的工作，或讓他們覺得無聊就容易不專心，衝動的表現則是展現在要求多、不知變通或自私），美國統計有五成以上過動兒童，在成年後有藥物或酒精上癮問題（黃隆正，引自鄭進耀，2024，頁 166）。男孩與女孩表現出來的徵狀又有差異，男孩有較多衝動行為、女孩則無，女孩在教室裡可能表現得也較懶散，或對於訊息處理較不正確、可能有記憶問題等，讓人覺得她們較退縮、害羞、安靜或是焦慮，因此過動女孩較容易被忽視（Lougy, et al., 2009, p. 7）。

ADHD 的孩子在學習、社交與行為上都可能會出現問題，特別是在大腦的執行功能上的缺失（executivefunction deficit），而 ADHD 的孩子也

會有動作難協調或難入睡的問題（Kronenberger & Meyer, 2001, p. 46）。在小學階段，一個班級裡有一兩位過動兒已經不是新鮮事，也許是因為診斷工具更精密正確，或是因為環境脈絡因素，過動兒彷彿越來越多！學校諮商師或專輔教師也需要有特殊教育與相關診斷知能，方能夠做初步判斷、諮詢或轉介，同時在校協助學生、教師與家長。有些教師對於過動兒較不了解，或許會認為孩子總是行為出差錯、學習不用心、人際關係有問題，而這些孩子可能都需要較為客製化的教育與諮商服務。

目前的治療仍以藥物治療為主（當然也有用藥過早或不需用藥的爭論），輔以家庭與學校的行為治療（如心理教育、家長的親職技能和運用行為技術，在學校運用代幣制與學業的協助）或認知行為治療（Kronenberger & Meyer, 2001, p. 62）。遊戲治療可以減緩兒童的憂鬱或焦慮情緒，但單獨使用則效果較差，若能配合家長的加入與管理計畫（如問題解決、溝通技巧）效果較佳（Kronenberger & Meyer, 2001）。

四、與學習障礙兒童工作

以往對於學習緩慢或是效能不高的兒童，總是可以經由輔導或練習改善，然而近十多年來學習障礙的學生似乎越來越多，甚至在低年級就已經發現跟不上同儕而自暴自棄的孩子。進入中年級，許多學生的語文能力受限，也影響到其他科目的學習（如不理解數學應用題），加上網路、手機科技的無遠弗屆，老師也大量使用電子書，學生的書寫與理解能力退步，造成孩子比上一代聰明，但是學習績效不佳！所謂的「學習障礙」，基本上是此障礙已經明顯地影響學生的學業與日常生活功能稱之（Kearney, 2006, p. 84）。有學習障礙的學生也寫得少，或不想寫，在寫作上較無組織或轉換的想法，較無方向，對於寫錯的字或語法較少發現或監控（Berninger, 1994, cited in Kearney, 2006, p. 88）。

有學習困擾者也會影響到其社交與情緒（Chen & Giblin, 2018, p. 237）。有閱讀障礙的兒童，經常有語言與發音的問題，不了解他人說什麼，也可能因此而有社交、過動或衝動攻擊等問題（Kearney, 2006, p.

89）。一般針對學習障礙兒童的治療，包括讓其進入補救教學課程，除了要提供更多成功機會，處遇計畫也要有高度建構與方向，增進其後設認知能力（metacognition，覺察自己的想法與解決問題過程），控制影響學習的過動行為，以及維持專注並完成作業（Taylor, 1989, cited in Kearney, 2006, pp. 91-93）。在與學習障礙兒童做諮商時，需要先探索其困難所在，提升兒童對於問題的覺察，以及協助其解決問題的能力（Chen & Giblin, 2018, pp. 237-238）。

當然學習障礙兒童不管是在主流教室或是在資源班，也都需要校內外的資源與系統合作，輔導教師與級任老師、各科教師及資源班老師、家長以及相關的社區人力資源（包括社工）也都是團隊一份子，共同戮力為孩子的有效學習合作和貢獻！

五、與違抗或破壞行為兒童工作

家長也會提及孩子不服從或不聽話的問題，主要還是與家庭的動力、溝通或是氛圍有關，家長的一致性管教、有效溝通、問題解決技巧，或是以正向管教替代懲罰，都是可以採用的處理方式（Kearney, 2006, pp. 131-132）。一般兒童偶爾會因為好玩，或是跟著同儕一起做些無聊或打鬧的事，然而出現的頻率與嚴重性不及違抗或破壞行為的孩子（Kronenberger & Meyer, 2001, p. 84），違抗或破壞／攻擊行為若持續到成人階段，可能就會被診斷為反社會人格。之所以使用「違抗行為」，就是看在兒童年齡尚幼，有極大的可塑性與改變可能，總是希望趁早做修正與調整，讓他們成為對人類有正向貢獻的一份子，同時減少未來之社會成本！

違抗行為的兒童在家裡時，父母親與孩子就常有權力鬥爭或是被孩子威脅要毀壞物品，甚至攻擊，通常這些孩子出自於家長有憂鬱症、藥物濫用或反社會人格的家庭（Kronenberger & Meyer, 2001, p. 85）。違抗或破壞行為的孩子會威脅別人、找人打架、使用武器、對人與動物殘忍、偷竊、性攻擊、破壞物品或財產、縱火、說謊、夜不歸營、逃家或逃學等，違抗或破壞行為的孩子智商也較低，而其會將中性的訊息解讀為具攻擊性

的意義，或有其他過動、注意力問題等共病症狀（Kronenberger & Meyer, 2001; Kearney, 2006），往往這些行為在十歲之前就已經出現（Kearney, 2006, p. 98）。治療最具成效的應該是家長的介入（「以家庭為基礎的行為介入」—home-based behavioral interventions），訓練家長的課程內容包括：心理教育（如何謂增強、處罰的功效等）、觀察與監控、增強利社會的行為、簡單有效的命令、對於不能接受行為的管教（如剝奪特權或暫停）、督導與監控（如知道孩子的去處）、將所學應用到其他環境中、溝通技巧等（Kronenberger & Meyer, 2001, pp. 103-105）。而對兒童本身來說，藥物介入之外，社交技巧的訓練與氣憤管理等都應納入。

知識窗

處罰只能暫時過止該行為，卻無法根除，也會帶來許多不良的後果，包括：模仿「以暴制暴」的報復行為、破壞彼此關係、造成孩子低自尊與不安、畏懼，也可能有嚴重後果（如受傷或虐待）。因此聯合國教科文組織就發起「正向管教」運動，讓學童學習尊重平等的態度、採互惠原則與人互動，也使用正確的方式表達情緒（鄔佩麗、陳麗英，2010，頁234）。

「正向管教」的原則與重點（引自鄔佩麗、陳麗英，2010，頁235）

原則	理由
目的在於讓孩子學習自我內化管理	「自律」行為不需要藉外力約束，效果較持久。
針對行為而非個人	將「人」與「問題」分開，較容易改善。
注意正向、可欲的行為	看見也肯定個體的優勢，因為每個人都需要被看見、被認可。
與孩子共同討論要遵守的規則	一起商議的結果較容易遵守，也將孩子的意見納入考慮。
前後一致、堅定的引導	一致的態度才能奏效，堅定而不需要「嚴厲」。

原則	理由
肯定也尊重孩子	每個人都需要被認同，說話時的語氣要特別注意。
非暴力的語言與行為	做最佳行為示範，也展現了情緒智商。
回應方式直接且符合邏輯	這是與處罰最大的區別
傾聽與示範	最基本的尊重就是從傾聽表現出來，孩子在被聽見、了解之後，才有可能接受建議。「不教而成謂之虐」，有了適當的教導與說明，孩子才會學得正確又有自信。
不當行為若造成損失，應有適當之補償動作	這是教會孩子「負責」的表現
將錯誤當成學習的機會	許多學習都應該有「第二次」機會，而不是一次就要求完美。

六、與憂鬱症兒童工作

兒童期憂鬱症與成人不同，也經常被忽略，但是可以從初步的觀察，如兒童悲傷的表情、減少與人互動或活動（也較少玩遊戲或講話）、過度獨處（如自己看電視或閱讀）、說話速度慢、減少與人的眼神接觸、常與人爭論，或很少表情（如微笑、皺眉或抱怨）的流露（Kearney, 2006, pp. 32-33）等徵象做初步診斷，此外還有體重減輕、睡眠問題、疲倦、對事物或活動失去興趣或樂趣，呈現認知上（自我價值低、罪惡感、無法專注、自殺意念）與行為上（易怒焦躁或行動遲緩）的徵狀（Kroneberger & Meyer, 2001, p. 166）。

雙親之一有憂鬱症，或是親戚有酗酒問題，或孩子太依賴家人等，都可能在兒童身上發現憂鬱症狀，而行為主義稱之為「習得無助感」（Kearney, 2006, pp. 32-34）。更年幼的孩子可能會抱怨身體病痛、退縮、不專心、學業表現漸差、常常哭泣等行為或依附問題；若同儕關係出問題也會有憂鬱徵狀，較易負面解讀人際關係（Kroneberger & Meyer, 2001, pp. 168-171），年長一些的孩子可能會出現違抗行為或自殺意念（Kearney, 2006, p. 35）。個別諮商、團體諮商（著重在社交支持、對話與問題解決技巧）或環境治療（milieu therapy，要當事人為自己的復原負起責任，並積極參與治療相關活動），也都是可以使用的處置（Kearney, 2006）。

兒童罹患雙極性情感疾患（或躁鬱症）較少，兒童或許會以焦躁方式來削減自己的憂鬱情緒。若兒童有躁鬱症，其躁症發作時間較不明顯、為時亦短（通常是四小時左右），徵狀較常有睡眠問題、低挫折忍受度、突然暴怒，從事危險行為或有自殺意念（Kroneberger & Meyer, 2001, pp. 158-160）。目前採用認知行為治療（包括心理教育、監控思考與情緒、認知重建、改變自我對話、安排行事曆等）最多，其次為人際治療（包含團體、處理人際議題或技巧）、遊戲治療與家庭治療。家長影響孩童更劇，然而家長往往不是完美的治療參與者，因為憂鬱孩童的家長通常也有自己的議題要處理（Kroneberger & Meyer, 2001, pp. 189-198）。

> **知識窗**
>
> 執行功能過程像是：選擇相關的工作目標、計畫與組織資訊及想法、將相關主題列出優先次序、開啟與維持活動、將資訊保留在工作記憶中、有彈性地轉變策略、禁止競爭行為、自我監控等（Meltzer & Krishnan, 2007, cited in Lougy, et al., 2009, pp. 18-19）。

七、與自閉症兒童工作

自閉症兒童像是一個光譜，每位兒童的情況會有所不同，當然也有共病患者（如自閉加憂鬱）。自閉症兒童在出生時，其大腦機制上就可能缺少了與人互動的功能（儘管在陌生環境還是會依附父母親），或是語言表達上有缺陷（會重複他人說過的話），堅持維持原樣（如擺放書的方式或是日常作息順序），對於身體感受較遲鈍或過度反應（如不能忍受大的聲音、疼痛），有自我刺激的行為（重複無功能的行為，如拍手或轉頭），與他人不同的情緒表現（像是超理性或是極度害怕），有的會有自傷行為

（Schreibman, Loos, & Stahmer, 1999, pp. 10-11），但是他們仍然可以與人建立較親密、信任的關係，只是改變較緩慢，需要許多練習。目前最有效的還是行為治療法，只是因為每個孩子的徵狀不同，還是需要量身打造，而家人與教師的參與及合作是最重要的，要不然很容易將所學忘記。目前已有更佳的行為治療策略，讓兒童可以將其所學類化到其他場域（Schreibman, et al., 1999）。有不同的治療方法可以運用在與自閉症兒工作，像是舞蹈、音樂治療，讓他們可以表達自己，或是有動物協助治療，可以安撫他們的情緒或協助其專注（Chen & Giblin, 2018, p. 241）。

八、與創傷兒童工作

　　兒童本身遭遇人禍或天災而身心受創、遭遇或目睹性暴力或家暴，都對其發展產生重大影響，近期某男性藝人性剝削兒少案，已經鬧得沸沸揚揚，也讓社會大眾更注意到兒童可能遭遇的創傷與其預後情況。創傷後症候群（posttraumatic stress disorder, PTSD）對於個人功能會造成長遠影響，因此早期的介入非常重要（Eth, 1990, cited in Kroneberger & Meyer, 2001, p. 255），一般的徵狀包括侵入性干擾（intrusions，如不請自來的思考或情緒、緊張、誇張的驚嚇、氣憤或慌亂的行為）與逃避／否認的反應（avoldance/denial，如逃避與創傷事件有關的刺激、情緒麻木、面無表情或拒絕談論該事件）（Kroneberger & Meyer, 2001, p. 250）。對於目睹或遭受家暴兒童，諮商師通常會確定孩子知道如何執行安全計畫（保護自己）、逃離現場和因應方式（如回到家暴家庭該如何自處、求助及獲得支持與庇護），由於許多受暴孩子不能持續接受諮商服務，因此這些策略都要在每一次的晤談中重申並確認（Peters, 2007, pp. 216-218）。此外，諮商師最好得到其他重要他人的協助（特別是家人）來幫助兒童（通常是母親），但若母親為家暴受害者，要保護自身與孩子安全，又要確保家暴行為人的情緒穩定，常常力不從心（Peters, 2007, pp. 216-218），她們也需要進一步協助，方能發揮功能。

　　學齡期兒童若遭受性創傷，可能會在遊戲或故事中重建創傷過程，

或對某些事物有特殊的恐懼，出現不想看的影像或畫面，做惡夢、不敢獨處、容易分心、有罪惡感，對於父母親的反應很敏感，有超過其年齡層的性知識或行為等（Kearney, 2006, p. 171; Kroneberger & Meyer, 2001, p. 251）；此外，兒童認為自己與人不同、對人缺乏信任、過度自責，還要承受不同法律、福利單位及家人的影響（Cohen & Mannarino, 1999, p. 325），因此要特別強調事情之所以發生「不是你／妳的錯」。目睹或經歷過家暴的兒童，治療會聚焦在衝動或氣憤控制、情緒表達、問題解決與社交技巧訓練、放鬆技巧結合系統減敏法、增進自尊／信、減少孤單與憂鬱，並採用認知治療改變其錯誤或非理性信念、安全與正確的性教育、自我保護與安全措施，甚至以團體形式進行、讓其不孤單等（Kearney, 2006, pp. 173-174），家庭治療與親子諮商也是常用的方式。

　　家有創傷兒，家長的合作很重要，不能只靠治療師或是一些社福資源，即便家長可能是家暴行為者，最好可以取得其協力，而不是與他／她的立場對立，對孩子或家庭都不是好事。White（2006/2010, p. 124 & p. 169）提到：遭遇重大創傷的孩子會以創傷經驗來定義自己（如「壞掉的物品」，damaged goods），因此即使家長是創傷的造成者，諮商師還可以從兒童口中知道他們是如何因應的，而這些因應技能可能也來自家長的訓練或是家傳（如韌力），這樣的方式不是擺脫家長的責任，而是呈現更多面的看法，讓整個家庭的復原之路更有力。

　　對於創傷兒童的治療，除藥物介入處理徵狀外，還可採用行為介入（如曝露法，或是提供有建構性、可預測性與可控制性的處遇）、認知行為治療（如心理教育、壓力紓解、表達情緒、處理創傷經驗、認知轉換、精熟度等）與遊戲治療（Kroneberger & Meyer, 2001, pp. 256-258）。以遊戲治療協助創傷兒需要注意幾點：讓兒童控制遊戲的步調，分辨害怕、恐懼與興奮（可以適時採取必要動作，讓孩子安心）、一次一小步、諮商師是「安全的容器」（container），若感覺孩子不能從遊戲中獲益就要停止（Levine, 2010, cited in Sherman, 2015, pp. 24-25）。表達性藝術治療也是可採行的方式，可分四階段：了解孩子的世界（使用標準化測驗到藝術基礎的評估來獲得資訊，使用創傷的特殊問卷來蒐集孩子的經驗細節），營

造安全氛圍與健康資源（運用兒童本身的資源來管理激動的神經反應），進行創傷過程（在安全、可控的環境下，讓孩子說出創傷故事，協助他／她了解與學習身體在創傷事件當下的存活反應），重申自我的力量、重新框架思考感受與信念、修復關係、鼓勵未來導向的觀點以及慶賀自己的優勢（Richardson, 2016, pp. 66-67）。

　　繪畫也可以協助孩子的失落與創傷經驗。孩子的失落感受，如否認、生氣、罪惡感、渴望等無法以語言表達出來，他們也害怕與同儕不一樣，所以更難表現出自己的真正感受。與成人相形之下，孩子不成熟的認知能力會干擾他們對死亡事件的理解、較無法忍受情緒的痛苦（Webb, 2002, p. 14），以及無法表達感受，因此，就可以運用遊戲治療與藝術治療。Sherman（2015, p. 79）建議：給予孩子協助熱線的細節；教導孩子溝通技巧（包含如何安全表達自己的情緒與想法）；徵得孩子同意，將一些資訊傳達給可能會誤解的人，讓他們在了解之後態度會和善一些；提供與諮商師聯繫的方法，即便諮商結束之後也可連絡；結束治療一段時間後，與孩子做回顧、詢問近況；以及鼓勵孩子，所收穫的都在他們的內心裡，他們可以帶著這些收穫走很長一段路。

　　有重大失落或創傷的孩子，也可能有一些危機徵狀出現，如自殺暗示、身心症、課業問題、夢魘或失眠、飲食問題或暫時的退化行為（Webb, 2002, p. 23），但是他們的防衛機轉可能讓他們無感或是麻木，而表現在繪畫中的細節就很少，像是會有許多重複的線條或是以陰影背景出現（Maclchiodi, 1998, pp. 138-141）。孩子若經歷家人自殺，其對世界的原先假設（如安全、保護與可預測性）都不存在了，承受著突如其來的失去以及自殺的汙名化，可能會發展成複雜性悲慟（complicated grief），處理起來會更棘手（Elder & Knowles, 2002, p. 144）！

　　學校若經歷重大失落，校方的處理很重要，要讓學生了解事件、進行悲傷過程、紀念活動與繼續前行（Fox, 1988, cited in Stevenson, 2002, p. 195），團體治療也是很好的介入方式。Bauer（2001, cited in Heinlen, 2007, p. 268）提到因應危機事件的目標是：減輕情緒反應、重新介入認知過程、協助目標受眾重組與解釋發生事件、整合創傷事件到生命故事中，

以及讓創傷事件衍生意義。若以八週的團體來說，內容可以有：認識彼此、團體規則與保密；討論亡者與個別成員的關係、事件如何發生的；對亡者的正向回憶及自己的改變、支持網路有哪些和對亡者的感謝；運用藝術媒材表達想念與感受；聚焦在死亡的不公平與感受；聚焦在可能有的罪惡感，以引導想像方式原諒自己、討論未竟事務；與亡者象徵性的道別、紀念儀式；討論支持系統的重要性，對亡者與成員的道別（Dane, 2002, p. 278）。

　　另外，近二十年來對於創傷兒童的治療最受重視的就是「眼動減敏與歷程更新」（Eye Movement Desensitization and Reprocessing, EMDR）法，由 Francine Shapiro 所研發，其乃依據「適應性訊息處理」（Adaptive Information Processing, AIP）理論所建構出來。Shapiro 認為大腦裡「存在的經驗獲得高度活化時，會同化新的資訊，並導向適應性的解決」（Adler-Tapia & Settle, 2017/2023, p. 27）；倘若喚起創傷事件的程度難以負荷，甚至對個人形成創傷，AIP 模式就受到阻礙、無法持續更新，就會以當事人當時所經歷的事件來儲存、無法做適當的適應來解決，會影響個人之功能，而 EMDR 就是讓當事人可以存取並溝通這些資訊，身體自然就獲得療癒。兒童是以知覺／動作的形式儲存記憶，EMDR 透過交互刺激兒童身體兩側（雙側刺激）的方式（如拍打兒童大腿兩側或讓兩眼眼球左右移動）、活化大腦兩側，可以觸及兒童的神經網路，讓兒童能夠說出身體的感覺，而遊戲與藝術治療也可達此目的（Adler-Tapia & Settle, 2017/2023, pp. 28-29, p. 42）。

兒童死亡觀點的發展（Seibert, Drolet, & Fetro, 2003, pp. 29-32）

年齡	死亡觀點
三歲以下	語言發展的限制讓他們對於死亡與失落了解有限。
三歲到五歲	認為死亡是暫時性的或可避免的，或是認為死亡是他們所造成的。
六歲到八歲	對死亡很有興趣，想了解細節，許多兒童會問「死後到哪裡去？」
九歲以上	可以從醫學與生物學上定義死亡，認為死亡是不可逆的。

家庭暴力的型態（通常心理／精神虐待與不同形式的虐待是並存的）：
- 肢體暴力或過度體罰（管教失當）
- 言語與精神虐待（通常肢體暴力都伴隨著言語與精神虐待）
- 性虐待（不適當觸摸、窺伺，或是性行為）
- 金錢或行動控制
- 冷暴力（不互動、不溝通、忽略）
- 情緒勒索（藉由對方的愛與關係，要脅對方要為自己做什麼）

兒童創傷諮商注意事項：
（**整理自** Vicario & Hudgins-Mitchell, 2017, pp. 92-93）

- 早期創傷與壓力事件會改變大腦的結構，目前有腦神經修復予以大腦為基礎的諮商介入，可以協助修正這些改變。
- 不良的童年經驗會影響行為與生理健康。
- 諮商師為這些遭受壓力下的兒童與青少年代言（或倡議），不能只見其行為，而是需要從不同系統的層次來協助減輕其壓力與增進其復原力。
- 大腦的發展有五成左右是在出生後開始，且與環境交互作用而產生。
- 若早期經驗不容許正向的互動，邊緣系統就不能適當發展，會影響個體調整／規律的機制。
- 調整／規律、安全與依附是一起發生的，只要針對其中一項作用，其他兩項也會增強。
- 孩子感受到安全是調整／規律的第一步。
- 積極傾聽與安全的環境，讓當事人感受到被了解、有連結。
- 「適時」的介入（或「同頻」）是神經系統發展調整／規律的關鍵。
- 運用引導式想像或正念，可協助孩子建立調整／規律技巧。
- 諮商師需要符合當事人發展與情緒需求，協助其度過創傷經驗並重整生活。

九、與身體障礙兒童工作

　　一般將障礙兒童分為感官障礙（如行動、聽力、視力障礙）、認知障礙（如思考、學習、記憶與溝通障礙）以及心智障礙，這些兒童必須要與其障礙共生存，而諮商師可以做的是：正常化其所經驗的情緒、討論任何因應的困難、賦能與建立他們的優勢、解決人際的複雜情況（Chen & Giblin, 2018, pp. 232-233）。在晤談時還要將「人」放在第一位（如不要說「盲人」而是「看不見的人」）、避免標籤及將他們視為一樣的、避免譴責受害者、要表達出尊重與敬意（Chen & Giblin, 2018, pp. 235-236）。兒童若是因為生病或腦性麻痺造成身體障礙，本身也是失落經驗，聽力、視力與身體活動的缺損，不僅讓生活不便，也可能會遭來異樣眼光；年紀小的孩子，同儕不一定了解其不便利，也容易受到排擠或汙名，兒童本身也會看不起自己，甚至有社會退縮或孤立，或過分倚賴成人的情況。因此在做諮商或治療時，需要納入家人或是主要照顧者，因為只要家中有特殊兒童，都會影響到整個家庭與其運作，當然，既存的社會支持系統與資源也要讓他們都可以接觸到最新訊息！若是有相關的喘息服務，或是家庭／照顧人的自助團體等，這些資訊都有幫助。

> **知識窗**
>
> 家庭暴力牽涉到的主要因素是「親密」與「控制」（Campbell, 1993），而不是情緒不好而已。家庭暴力有個惡性循環模式：暴力行為→降溫、蜜月期→壓力與緊張開始累積→引發事件→暴力行為。這樣的模式如果沒有經過中間介入的處置，會一直循環下去（Gerard, 1991）。

參考書目

王文秀（2011）。兒童諮商與心理治療之理論。收錄於王文秀、田秀蘭、廖鳳池著，兒童輔導原理（第三版）（pp. 93-154）。臺北：心理。

王亦玲等譯（2015）。兒童心理諮商理論與技巧（第八版）。臺北：禾楓。D. A., Henderson, & C. L. Thompson, (2015). *Counseling children.*

方紫薇等譯（2001）。團體心理治療的理論與實務。臺北：桂冠。I. D. Yalom, (1995). *The theory and practice of group psychotherapy.*

田秀蘭（2011）。兒童生涯輔導。收錄於王文秀等著，兒童輔導原理（第三版）（pp. 335-364）。臺北：心理。

田秀蘭、林美珠譯（2006）。助人技巧：探索洞察與行動的催化。臺北：學富。C. E. Hill, (2004). *Helping skills: Facilitating, exploration, insight, & action.*

李淑珺（譯）（2010）。說故事的魔力：兒童與敘述治療。臺北：心靈工坊。White, M. & Morgan, A. (2006). *Narrative therapy with children & their families.*

林美珠、田秀蘭（譯）（2017）。助人技巧：探索、洞察與行動的催化（第四版）。臺北：學富。C. E., Hill (2014). *Helping skills: Facilitating exploration, insight, and action.*

林家興（2014）。諮商專業倫理：臨床應用與案例分析。臺北：心理。

林煜軒譯（2013）。網路成癮個案的臨床評估，收錄於林煜軒等譯，網路成癮：評估與治療指引手冊。臺北：心理。K. Young (2011). In K. S. Young, & C. N. de Abreu (Eds.) *Internet addiction: A handbook & guide to evaluation & treatment* (pp.23-43)。

林煜軒、劉昭郁、陳邵芊、李吉特、陳宣明、張立人譯（2013）。網路成癮：評估與治療指引手冊。臺北：心理。K. S. Young, & C. N. de Abreu (Eds.) (2011). *Internet addiction: A handbook & guide to evaluation & treatment.*

邱珍琬（2001）。國小校園欺凌行為與對應策略。屏東：東陽。

邱珍琬（2013）。大學生生活樣態——以南部一公立大學為例。中正教育研究，12(1)，29-70。

唐子俊、唐慧芳、孫肇玢、陳聿潔、黃詩殷（譯）。（2006）阿德勒諮商。臺北：五南。T. J. Sweeney (1998). *Adlerian counseling: A practical approach for A new decade* (4th ed.).

修慧蘭等譯（2016）。諮商與心理治療——理論與實務（第四版）。臺北：雙葉書廊。G. Corey, (2016), *Theory & practice of counseling & psychotherapy* (10th ed.)

梁培勇（2006）。遊戲治療——理論與實務（第二版）。臺北：心理。

梁培勇（2015）。兒童偏差行為（第三版）。臺北：心理。

張立人（11/6/2014）。認識網路成癮的現象。103 年度網路成癮繼續教育訓練課程（南區）。台灣精神醫學會。高雄：高雄醫學大學附設醫院啟川大樓 6F第一講堂。

張傳琳（2003）。現實治療法：理論與實務。臺北：心理。

陳邵芊譯（2013）。協助網路成癮的青少年。收錄於林煜軒等譯，網路成癮：評估與治療指引手冊。臺北：心理。K. W. Beard (2011). In K. S. Young, & C. N. de Abreu (Eds.), *Internet addiction: A handbook & guide to evaluation & treatment* (pp.225-245).

陳邵芊譯（2013）。線上社交互動、心理社會健康與問題性上網（by S. E. Caplan & A. C. High, 2011）。收錄於林煜軒等譯，網路成癮：評估與治療指引手冊(pp.45-69)。臺北：心理。

黃孟嬌譯（2011）。敘事治療的工作地圖。臺北：張老師文化。M. White (2007). *Maps of narrative practice.*

黃俊豪、連廷嘉（2004）。青少年心理學。臺北：學富。F. P. Rice, & K. G. Dolgin (2002). *The Adolescent: Development, relationships, and culture.*

鄔佩麗、黃兆慧（2020）。諮詢的理論與實務（第二版）。臺北：雙葉。

鄔佩麗、陳麗英（2010）。輔導原理與實務。臺北：雙葉。

鄔佩麗、翟宗悌、陳麗英、黃裕惠（2017）。輔導原理與實務（二版）。臺北：雙葉。

楊康臨、鄭維瑄（譯）（2004）家庭衝突處理：家事調解理論與實務。臺北：學富。A. Taylor (2007). *Handbook of family dispute resolution-mediation theory & practice.*

管理知識中心（2024）。mymkc.com/article/content/24296

新苗編譯小組（1998）。我不再被恐嚇。臺北：新苗。M. Eilliott, (1997). *101 ways to deal with bullying.*

鄭進耀（2024）。戒不掉的癮世代。臺北：鏡文學。

謝馨儀、朱品潔、余芊慧、陳美秀、楊雅婷（譯）（2023）。EMDR 應用於兒童心理治療之藝術從嬰兒到青少年（第二版）。臺北：心靈工坊。R. Adler-Tapia, & C. Settle (2016). EMDR and the Art of Psychotherapy with Children: Infants to Adolescents Treatment Manual, Second Edition: Infants to Adolescents

Treatment Manual (2nd, ed.).

Adams, K. & Hyde, B. (2008). Children's grief dreams and the theory of spiritual intelligence. *Dreaming, 18*(1), 58-67. DOI: 10.1037/1053-0797.18.1.58

Adler-Tapia, R., & Settle, C. (2017). *EMDR and the art of psychotherapy with children: Infants to adolescents* (2nd ed.).

Andersen, H. (2003). *Postmodern social construction therapies.* In T. L. Sexton, G. R. Weeks, & M. S. Robbins (Eds.), *Handbook of family therapy* (pp. 125-146). N.Y.: Brunner-Routledge.

Beck, A. A. & Weishaar, M. E. (1989). Cognitive therapy. In R. J. Corsini & D. Wedding(eds.) Current psychotherapies (4th ed.), (pp. 285-320.). Belmont, CA: Brooks/Cole.

Becvar, D. S., & Becvar, R. J. (2009). *Family therapy: A systemic integration* (7th ed.). Boston, MA: Pearson Education.

Berg, K. I. & Steiner, T. (2003). *Children's solution work.* N.Y.: W.W. Norton & Company.

Bitter, J. R., & Nicoll, W. G. (2013). An Adlerian therapist's perspective on Ruth. In G. Corey, *Case approach to counseling & Psychotherapy* (8th ed.)(pp. 51-67). Belmont, CA: Brooks/Cole.

Campbell, A. (1993). *Men, women, and aggression.* New York: BasicBooks.

Cao, H., Zhang, J., Yao, Y., Geng, X., Lin, X., & Liu, F. et al., (2018). Internet addiction, problematic internet use, nonproblematic internet use among Chinese adolescents: Individual, parental, peer, & sociodemographic correlates. *Psychology of Addictive Behaviors, 32*(3), 365-372. 取自 http: //dx.doi. org/10.1037/adb0000358

Caplan, S. E. (2002). Problematic internet use and psychosocial well-being: Development of a theory-based cognitive-behavioral measurement instrument. *Computers in Human Behavior, 18*, 553-575.

Chang, Y-H., Chang, S-S., Jou, S., Hsu, C-Y., & Goh, K-K. (2023). Revisiting the hidden wound: Impact of the COVID-19 pandemic on domestic violence and divorce in Taiwan (2020-2021). *Psychological Trauma: Theory, Research, Practice, & Policy.* Advance online publication. 取自 https: //dx.doi.org/10.1037/ tra0001539

Chen, M-W., & Giblin, N. J. (2018). *Individual counseling & therapy: Skills & techniques.* N.Y.: Routledge.

Choate, L. (2017). Counseling emerging adults (18-21): A time of uncertainty & hope. In S. Smith-Adcock & C. Tucker (Eds.), *Counseling children & adolescents: Connecting theory, development, & diversity* (pp. 373-396). Thousand Oaks, CA: Sage.

Clarkson, P., & Mackewn, J. (1993). *Fritz Perls*. London: Sage.

Cohen, J. A., & Mannarino, A. P. (1999). Sexual abuse. In R. T. Ammerman, M. Hersen, & C. G. Last (Eds.), *Handbook of prescriptive treatments for children & adolescents* (2nd ed.) (pp. 308-328). Needham Heights, MA: Allyn & Bacon.

Connie, E. (2009). Overview of solution focused therapy. In E. Connie & L. Metcalf (Eds.), *The art of solution focused therapy* (pp. 1-19). N.Y.: Springer.

Corey, G. (2001). *The art of integrative counseling*. Belmont, CA: Brooks/Cole.

Corey, G. (2009). *Theory and practice of counseling and psychotherapy* (8th ed.). Belmont, CA: Brooks/Cole-Thomson Learning.

Corey, G. (2013). *Case approach to counseling & psychotherapy* (International 8th ed.). CA: Brooks/Cole.

Corey, G. (2019). *The art of integrative counseling* (4th ed.). Alexandria, VA: American Counseling Association.

Corey, G. (2024). *Theory & practice of counseling & psychotherapy* (11th ed., global edition). Boston, MA: Cengage Learning, Inc.

Corey, M. S., & Corey, G. (2011). Becoming a helper (6th ed.). Belmont, CA: Brooks/Cole.

Dane, B. O. (2002). Bereavement groups for children: Families with HIV/AIDS. In N. B. Webb (Ed.), *Helping bereaved children: A handbook for practitioners* (2nd ed.) (pp. 265-296). N.Y.: Guildford.

Daniels, D., & Jenkins, P. (2000). *Therapy with children: Children's rights. Confidentiality & the law.* London: Sage.

De Leo, J. A., & Wulfert, E. (2013). Problematic internet use and other risky behavior in college students: An application of problem-behavior theory. *Psychology of Addictive Behaviors, 27*(1), 133-141.

de Shazer, S., Dolan, Y., Korman, H., Trepper, T., McCollum, E., & Berg, I. K. (2007). *More than miracles: The state of the art of solution-focused brief therapy.* N.Y.: Routledge.

Dixon, A. L., Rice, R. E., &Rumsey, A. (2017). Counseling with young adolescents (320-342). In S. Smith-Adcock & C. Tucker (Eds.), *Counseling children*

& adolescents: Connecting theory, development, & diversity (pp. 98-119). Thousand Oaks, CA: Sage.

Dreikurs, R. (1964). Children: The challenge. N.Y.: Penguin Group.

Dryden, W. (1999). Rational emotive behavioral counseling in action (2nd ed.). London: Sage.

Dryden, W. (2007). Rational emotive behavioral therapy. In W. Dryden (Ed.), Dryden's handbook of individual therapy (5th ed.) (pp. 352-378). London: Sage.

Duncan, B. L., Miller, S. D., & Sparks, L. A. (2003). Interactional and solution-focused brief therapies: Evolving concepts of change. In T. L. Sexton, G. R. Weeks, & M. S. Robbins (Eds.), Handbook of family therapy (pp. 101-123). N.Y.: Brunner-Routledge.

Elder, S. L., & Knowles, D. (2002). Suicide in the family. In N. B. Webb (Ed.), Helping bereaved children: A handbook for practitioners (2nd ed.) (pp. 128-148). N.Y.: Guildford.

Edwards, M., & Davis, H. (1997). Counseling children with chromic medical condition. UK: British Psychological Society.

Egan, G., & Reese, R. J. (2019). The skilled helper: A problem-management & opportunity-development approach to helping (11th ed.). Boston, MA: Cengage.

Ellis, A. (1997). The future of cognitive-behavior and rational emotive behavior therapy. In S. Palmer & V. Varma (Eds.), The future of counseling & psychotherapy (pp. 1-14). London: Sage.

Erikson, J. M. (1997). Life cycle completed-Erik H. Erikson (Extended version). N.Y.: W.W. Norton & Company.

Ford, L. L. (2007). Familial protective factors & early indicators of resilience in cases of child neglect (Unpublished doctoral dissertation). IL, Chicago: University of Illinois of Chicago.

Forey, J. P., & Goodrick, G. K. (2001). Cognitive behavior therapy. In R. Corsini (Ed.), Handbook of innovative therapy (2nd ed.) (pp. 95-108). N.Y.: John Wiley & Sons.

Forsyth, D. R. (1999). Group dynamics (3rd ed.). Belmont, CA: Brooks/Cole.

Freedman, J., & Combs, G. (1996). Narrative therapy: The social construction of preferred realities. N.Y.: W.W. Norton & Company.

Geldard, K. & Geldard, D. (1997). Counseling children: A practical introduction. Thoasand Oaks, CA: Sage.

George, R. L., & Cristiani, T. L. (1995). *Counseling theory & practice* (4th ed.). Needham Heights, MA: Simon & Schuster Company.

Gerard, P. S. (1991). Domestic violence. In S. L. Brown (Ed.), *Counseling victims of violence* (pp. 101-116). Alexandria, VA: American Association for Counseling & Development.

Gilliland, B. E., James, R. K., & Bowman, J. T. (1989). *Theories & strategies in counseling & psychotherapy* (2nd ed.). Eaglewood Cliffs, NJ: Prentice Hall.

Gilliland, B. E., & James, R. K. (1998). *Theories & strategies in counseling & psychotherapy* (4th ed.). Needham Heights, MA: Allyn & Bacon.

Glasser, W. (1975). *Reality therapy: A new approach to psychiatry*. N.Y.: Harper & Row.

Glasser, W. (1998). *Choice theory: A new psychology of personal freedom*. N.Y.: HarperCollins.

Glasser, W. (2000). *Counseling with choice theory: The new reality therapy*. N.Y.: HarperCollins.

Glasser, W., & Wubbolding, R. (1995). Reality therapy. In R. Corsini & D. Wedding (Eds.), *Current psychotherapies* (5th ed.) (pp. 293-321).Itasca, IL: F. E. Peacock.

Goldenberg, H., & Goldenberg, I. (1998). *Counseling toay's families* (3rd ed.). Pacific Grove, CA: Brooks/Cole.

Golly, C., Riccelli, D., & Smith, M. S. (2017). Healing adolescent trauma: Incorporating ethical touch in a movement & dance therapy group. In J. A. Courtney & R. D. Nolan (Eds.), T*ouch in child counseling & play therapy: An ethical & clinical guide* (pp. 134-148). N.Y.: Routledge.

Goodwin, K. (2016). *Raising your child in a digital world*. Australia: Finch Publishing Pty Limited.

Grobbel, R., Cooke, K., & Bonet, N. (2017). Ethical use of touch and nurturing-restraint in play therapy with aggressive young children, as illustrated through a reflective supervision session. In J. A. Courtney & R. D. Nolan (Eds.), *Touch in child counseling & play therapy: An ethical & clinical guide* (pp. 120-133). N.Y.: Routledge.

Hackney, H. L., & Cormier, S. (2009).*The professional counselor: A process guide to helping* (6th ed.). Upper Saddle, NJ: Pearson.

Halbur, D. A., & Halbur, K. V. (2006). Developing your theoretical orientation in counseling and psychotherapy. Boston, MA: Pearson Education, Inc.

Hazler, J. R. (2008). *Helping in the hallways: Expanding your influence potential* (2nd ed.). Thousand Oaks, CA: Corwin Press.

Heinlen, K. T. (2007). "We can't believe it happened": Crisis consultation. Response. In S. M. (Hobson) Dugger & L. A. Carlson (Eds.), *Critical incidents in counseling children* (pp. 267-170). Alexandria, VA: American Counseling Association.

Hills, C. E. (2020). *Helping skills: Facolitating exploration, insight, & action* (5th ed.). Washington DC.: American Psychological Association.

Hoza, B., Owens, J. S., & Pelham, W. E. Jr., (1999). Attention-defecity/hyperactivity disorder. In R. T. Ammerman, M. Hersen, & C. G. Last (Eds.), *Handbook of prescriptive treatments for children & adolescents* (2nd ed.) (pp. 63-83). Needham Heights, MA: Allyn & Bacon.

Jacob, E. E., Masson, R. L. L., & Harvill, R. L. (2009). *Group counseling: Strategies & Skills* (7th ed.). Pacific Grove, CA: Brooks/Cole.

Jankowski, M. K., Leitenberg, H., Henning, K., & Coffey, P. (1999). Intergenerational transmission of dating aggression as a function of witnessing only same sex parents vs. opposite sex parents vs. both parents as perpetrators of domestic violence. *Journal of Family Violence, 14*(3), 267-279.

Johnson, D. W. & Johnson, F. P. (1994). *Joining Together: Group theory & group skills*. Boston, IL: Allyn & Bacon.

Johnson, R. (2013). *Spirituality in counseling & psychotherapy: An integrative approach that empowers clients*. Hoboken, N. J.: John Wiley & Sons.

Joyce, P., & Sills, C. (2001). *Skills in Gestalt counseling & psychotherapy*. London: Sage.

Kahn, M. (1997). *Between therapist & client: The new relationship* (Rev. ed.). N.Y.: W. E. Freeman.

Kameguchi, K., & Murphy-Shigematsu, S. (2001). Family psychology & family therapy in Japan. *American Psychologist, 51*(1), 65-71. DOI: 10.1037/0003-066X.56.1.65

Kearney, C. A. (2006). *Casebook in child behavior disorders* (3th ed.). Belmont, CA: Thomson Higher Education.

Kearney, C. A., Chapman, G., & Cook, C. L. (2005a). School refusal behavior in young children. *Internatial Journal of Behavior Consultation & Therapy, 1*(3), 216-222. DOI: 10.1037/t20929-000

Kearney, C. A., Chapman, G., & Cook, C. L. (2005b). Moving from assessment to treatment of school refusal behavior in youth. *Internatial Journal of Behavior Consultation & Therapy, 1*(1), 46-51. DOI: 10.1037/h0100733

Kellogg, S. H., & Young, J. E. (2008). Cognitive therapy. In J. L. Lebow (Ed.), Twenty-first century psychotherapies: Contemporary approaches to theory & practice (pp. 43-79). N. J.: John Wiley & Sons.

Kensit, D. A. (2000). Rogerian theory: A critique of the effectiveness of pure client-centered therapy. *Counseling Psychology Quarterly, 13*(4), 345-351.

Kincade, E. A., & Kalodner, C. R. (2004). The use of groups in college & university counseling centers. In J. L. DeLucia-Waack, D. A. Gerrity, C. R. Kalodner, & M. T. Riva (Eds.), *Handbook of group counseling & psychotherapy*(pp. 366-377). Thousand Oaks, CA: Sage.

Ko, C. H., Yen, J. Y., Yen, C. F., Chen, C. S., Chen, C. C. (2012).The Association between internet addiction & psychiatric disorder: A review of the literature. *European Psychiatry, 7*(1), 1-8.

Koffman, Y. B., & Garfin, D. R. (2020). Home is not always a haven: The domestic violence crisis amid the COVID-19 pandemic. *Psychological Trauma: Theory, Research, Practice, & Policy.* Special Issue: COVID-19: Insights on the Pandemic's Traumatic Effects and Global Implications. *12*(S1), S199-S201. Advance online publication. DOI: 10.1037/tra0000866

Kraut, R., Kiesler, S., Boneva, B., Cummings, J. N., Helgeson, V., & Crawford, A. M. (2002). Internet paradox revisited. *Journal of Social Issues, 58*(1), 49-74.

Kronenberger, W. G., & Meyer, R. G. (2001). *The child clinician's handbook* (2nd ed.). MA: Allyn & Bacon.

Landreth, G. (2012). *Play therapy: The art of the relationship.* N.Y.: Routledge.

Lewis, J. A., Lewis, M. D., Daniels, J. A., & D'Andrea, M. J. (2011). *Community counseling: A multicultural-social justice persoective.* Belmont, CA: Brooks/ Cole.

Lipchik, E. (2002). *Beyond technique in solution-focused therapy: Working with emotions & the therapeutic relationship.* N.Y.: Sage.

Lister-Ford, C. (2002). *Skills in transactional analysis counseling & psychotherapy.* London: Sage.

Lougy, R. A., DeRuvo, S. L., & Rosenthal, D. (2009). *The school counselor's guide to ADHD: What to know & do to help your students.* Thousands Oaks, CA: Corwin.

Mackewn, J. (1997). *Developing Gestalt counseling*. London: Sage.

Malchiodi, C. A. (1998). *Understanding children's drawings*. N.Y.: Guilford Press.

McCormack, L., Lantry, N. (2022). Patriarchy, transgenerational trauma, and passion for change: Vicarious exposure to domestic violence in facilitators of men's behavior change programs. *Traumatology*, Advance online publication. DOI: 10.1037/trm0000428

Mearns, D., & Thorne, B. (2007). *Person-centered counseling in action* (3th ed.). London: Sage.

Micucci, J. A. (1998). *The adolescent in family therapy: Breaking the cycle of conflict and control*. N.Y.: Guilford.

Mitrani, V. B, & Perez, M. A. (2003). Structural-strategic approaches to couple and family therapy. In T. L. Sexton, G. R. Weeks, & M. S. Robbins (Eds.), *Handbook of family therapy* (pp. 177-200). N.Y.: Brunner-Routledge.

Moorey, S. (2007). Cognitive therapy. In W. Dryden (Ed.), *Dryden's handbook of individual therapy* (5th ed.) (pp. 297-326). London: Sage.

Morgan, A. (2000). What is narrative therapy? 10/2/11 Retrieved from http://www. dulwichcentre.com.au/what-is-narrative-therapy.html

Moritsugu, J., Vera, E., Wong, F. Y., & Duffy, K. G. (2016). *Community psychology* (5th ed.). NY.: Routledge.

Mosak, H. H. (1995). Adlerian psychotherapy. In R. Corsini & D. Wedding (Eds.), *Current psychotherapies* (5th ed.)(pp. 51-94).Itasca, IL: F. E.Peacock.

Murphy, J. (1997). *Solution-focused counseling in middle & high schools*. Alexandria, VA: American Counseling Association.

Nelson-Jones , R. (2005). *Introduction to counseling skills: texts & activities* (2nd ed.). London: Sage.

Nichols, M. P. (1992). *The power of family therapy*. Lake Worth, FL: Gardner.

Nichols, M. P. (2010). *Family therapy: Concepts & methods* (9th ed.). Boston, MA: Allyn & Bacon.

Nowakowski-Sims, E., & Gregan, A. (2017). Touching autism through DIRFloortime®. In J. A. Courtney & R. D. Nolan (Eds.), *Touch in child counseling & play therapy: An ethical & clinical guide* (pp. 76-88). N.Y.: Routledge.

Nystul, M. S. (2006). *Introduction to counseling: An art & science perspective* (3rd ed). Boston, MA: Pearson.

O'Connell, B. (2007). Solution-focused therapy. In W. Dryden (Ed.), *Dryden's handbook of individual therapy* (5th ed.) (pp. 379-400). London: Sage.

Okun, B. F., & Suyemoto, K. L. (2013). *Conceptualization & treatment planning for effective helping.* Belmont, CA: Brooks/Cole.

Oldfield, A. (2006). *Interactive music therapy-a positive approach: Music therapy at a child development centre.* London: Jessica Kingsley Publishers.

O'Leary, C. J. (1999). *Counseling couples and families: A person-centered approach.* London: Sage.

Padesky, C. A. (2004). Aaron T. Beck: Mind, man, & mentor. In R. L. Leahy (Ed.), *Contemporary cognitive therapy: Theory, research, & practice*(pp. 3-24). N.Y.: Guilford.

Paladino, D. & DeLorenzi, L. (2017). Counseling with older adolescents (15-19). In S. Smith-Adcock & C. Tucker (Eds.), *Counseling children & adolescents: Connecting theory, development, & diversity* (pp. 343-372). Thousand Oaks, CA: Sage.

Parlett, M. & Denham, J. (2007). Gestaly therapy. In W. Dryden (Ed.), *Dryden's handbook of individual therapy* (5th ed)(pp. 227-255). London: Sage.

Payne, M. (2000). *Narrative therapy: An introduction for counselors.* London: Sage.

Payne, M. (2007). Narrative therapy. In Dryden, W. (Ed.), *Dryden's handbook of individual therapy* (5th ed.) (pp. 401-423). London: Sage.

Peabody, M. A. (2020). Parent involvement in children's game play: Accelerating the therapeutic impact. In J. Stone & C. E. Schaffer (Eds.), *Game play: Therapeutic use of games with children & adolescents* (3rd ed.)(pp. 9-25). N.Y.: John Wiley & Sons, Inc.

Perls, F., Hefferline, R., & Goodman, P. (1951/1994). *Gestalt therapy: Excitement & growth in the human personality.* Highland, NY: Gestalt Journal Press.

Peters, S. W. (2007). "When home is not a haven": Addressing domestic violence. In S. M. Dugger & L. A. Carlson (Eds.), *Critical incidents in counseling children* (pp. 216-219). Alexandria, VA: American Counseling Association.

Pos, A. E., Greenberg, L. S., & Elliott, R. (2008). Experiential therapy. In J. L. Lebow (Ed.), Twenty-first century psychotherapies: Contemporary approaches to theory & practice (pp. 80-122). N. J.: John Wiley & Sons.

Presbury, J. H., McKee, J. E., & Echterling, L. G. (2007). Person-centered approaches. In H. T. Prout & D. T. Brown (Eds.)(2007), *Counseling & psychotherapy with children & adolescents: Theory & practice for school & clinical settings* (4th ed.)(pp. 180-240). N. J.: John Wiley & Sons.

Prout, S. M. & Prout, H. T. (2007). Ethical & legal issues in psychological interventions with children & adolescents. In H. T. Prout & D. T. Brown (Eds.) (2007), *Counseling & psychotherapy with children & adolescents: Theory & practice for school & clinical settings* (4th ed.) (pp. 32-63). N. J: Joha Wiley & Sons.

Raskin, N. J., & Rogers, C. R. (1995). Person-centered therapy. In R. Corsini & D. Wedding (Eds.), *Current psychotherapies* (5th ed.) (pp. 128-161).Itasca, IL: F. E.Peacock.

Reid, H. (2011a). Using motivational interviewing to engage young people in timely interventions(pp. 113-127). In H. Reid & J. Westergaard, *Effective counseling with young people.* Exeter, UK: Learning Matters Ltd.

Reid, H. (2011b). Working with solution-focused approaches for counseling young people. In H. Reid & J. Westergaard (Eds.), *Effective counseling with young people* (pp. 128-145). Exeter, UK: Learning Matters Ltd.

Reid, H. (2011c). Engaging young people through the use of a narrative approach to counseling people. In H. Reid & J. Westergaard (Eds.), *Effective counseling with young people* (pp. 146-162). Exeter, UK: Learning Matters Ltd.

Richards, D. (2007). Behavioral therapy. In W. Dryden (Ed.), *Dryden's handbook of individual therapy* (5th ed.) (pp. 327-351). London: Sage.

Richardson, C. (2016). *Expressive arts therapy for traumatized children & adolescents: A four-phrase model.* N.Y.: Routledge.

Schneider Corey, M. & Corey, G. (2011). *Becoming a helper* (6th ed.). Belmont, CA: Brooks/Cole.

Schneider Corey, M., Corey, G., & Corey, C. (2014). *Groups process & practice* (9th ed.). Belmont, CA: Brooks/Cole.

Schonfeld, D. J., & Demaria, T. P. (2018). The role of school psychologists in the support of grieving children. *School Psychology Quarterly, 33*(3), 361-362. 取自 http: //dx.doi.org/10.1037/spq0000286

Schreibman, L., Loos, L. M., & Stahmer, A. C. (1999). Autistic disorder. In R. T. Ammerman, M. Hersen, & C. G. Last (Eds.), *Handbook of prescriptive treatments for children & adolescents* (2nd ed.) (pp. 10-30). Needham Heights, MA: Allyn & Bacon.

Seibert, D., Drolet, J. C., & Fetro, J. V. (2003). *Helping children live with death & loss*. IL: Southern Illinois University Press.

Selekman, M. D. (1997). *Solution-focused therapy with children: Harnessing family strengths for systemic change*. N.Y.: Guilford.

Selekman, M. D. (1999). *Pathways to change: Brief therapy solutions with difficult adolescents*. N.Y.: Guilford.

Seligman, L. (2006). *Theories of counseling & psychotherapy: Systems, strategies, & skills* (2nd ed.). Upper Saddle River, NJ: Pearson Prentice Hall.

Sethi, S. & Bhargava, S. C. (2003). Child & adolescent survivors of suicide. *Crisis, 24* (1). 4-6. DOI: 10.1027//0227-5910.24.1.4

Shaefer, C. E., & Stone, J. (2020). Game play therapy: Theory & practice. In J. Stone & C. E. Schaffer (Eds.), *Game play: Therapeutic use of games with children & adolescents* (3rd ed.) (pp. 3-8). N.Y.: John Wiley & Sons, Inc.

Sharf, R. S. (2012). *Theories of psychotherapy & counseling concepts & cases* (5th ed.). Belmont , CA: Brooks/Cole.

Sharp, S., & Cowie, H. (1998,). *Counseling & supporting children in distress*. London: Sage.

Sharry, J. (2004). *Counseling children, adolescents & families: A strengths-based approach.* Thousand Oaks, CA: Sage.

Sheppard, T. L. (2024). Interpersonal theoretical foundations. In Sheppard, T. L., & Thieneman, Z. J. (2024). *Group psychotherapy with children: Core principles for effective practice* (pp. 78-96). N.Y.: Routtledge.

Sherman, L. (2015). *Skills in counseling & psychotherapy with children & young people.* Thousand Oaks, CA: Sage.

Simpson, L. R. (2007). "I don't know": Helping reluctant children tell their stories. Response. In S. M. (Hobson) Dugger & L. A. Carlson (Eds.), *Critical incidents in counseling children* (pp. 98-100). Alexandria, VA: American Counseling Association.

Smith-Adcock, S., & Pereira, J. (2017). The counseling process: Establishing a therapeutic alliance. In S. Smith-Adcock & C. Tucker (Eds.), *Counseling children & adolescents: Connecting theory, development, & diversity* (pp. 98-119). Thousand Oaks, CA: Sage.

Staton, A. R., Benson, A. J., Briggs, M. K., Cowan, E., Echterling, L. G., Evans, W. F., et al., (2007). *Becoming a community counselor: Personal & professional explorations*. Boston, IL: Lahaska Press.

Stevenson, R. G. (2002). Sudden death in schools. In N. B. Webb (Ed.), *Helping bereaved children: A handbook for practitioners* (2nd ed.) (pp. 194-213). N.Y.: Guildford.

Swank, J, & Anthony, C. (2017). Counseling with older children (9-11), In S. Smith-Adcock & C. Tucker (Eds.), *Counseling children & adolescents: Connecting theory, development, & diversity* (pp. 295-319). Thousand Oaks, CA: Sage

Sweeney, T. J. (1989). *Adlerian counseling: A practical approach for a new Decade* (3th ed.). Muncie, IN: Accelerated Development.

Tarragona, M. (2008). Postmordern/postructturalist therapies. In J. L. Lebow (Ed.), *Twenty-first century psychotherapies: Contemporary approaches to theory & practice* (pp. 167-205). N. J.: John Wiley & Sons.

Thieneman, Z. J. (2024). Child development for the group psychotherapists. In T. L., Sheppard, & Z. J. Thieneman, (2024). *Group psychotherapy with children: Core principles for effective practice* (pp. 17-52). N.Y.: Routtledge.

Tolan, J. (2003). *Skills in person-centered counseling & psychotherapy*. London: Sage.

Toronto, E. (2009). Time out of mind: Dissociation in the virtual world. *Psychoanalytic Psychology, 26*(2), 117-133.

Tudor, K., & Worrall, M. (2006). *Person-centered therapy: A clinical philosophy*. London: Routledge.

Tucker, C. (2017). Counseling with young children (5-8) & their families. In S. Smith-Adcock & C. Tucker (Eds.), *Counseling children & adolescents: Connecting theory, development, & diversity* (pp. 270-294). Thousand Oaks, CA: Sage.

Tuominen, J., Kaittila, A., Halme, V., Hietamäki, J., Hakovirta, M., & Olkoniemi, H. (2023). Changes in frequency and form of domestic violence in calls to violence helping during COVID-19 in Finland. *Psychology of Violence, 13*(6), 447-455. DOI: 10.1037/vio0000474

Utz, S., Jonas, K. J., & Tonkens, E. (2012). Effects of passion for massively multiplayer online role-playing games on interpersonal relationships. *Journal of Media Psychology, 24*(2), 77-86.

van den Eijnden, R. J. J. M., Meerkerk, G-J., Vermulst, A. A., Spijkeman, R., & Engles, R. C. M. E. (2008). Online communication, compulsive internet use, & psychological well-being among adolescents: A longitudinal study. *Developmental Psychology, 44*(3), 655-665.

Varshneya, N. B., Dunn, K. E., Grubb, C. J., Okobi, S. I., Huhn, A. S. & Bergeria, C. L. (2023). Can initial experiences with drugs predict future drug abuse risks？ *Experimental & Clinical Psychopharmacology, 31*(1), 186-193. 取自 https: //doi. org/10.1037/pha0000559

Vicario, M., & Hudgins-Mitchell, C. (2017). Attachment, trauma, & repair from infant to adolescent development: Counseling implications from neurobiology. In S. Smith-Adcock & C. Tucker (Eds.), *Counseling children & adolescents: Connecting theory, development, & diversity* (pp. 59-97). Thousand Oaks, CA: Sage.

Walton, F. X., & Powers, R. L. (1974). *Winning children over: A manual for teachers, counselors, principals & parents*. Chicago, IN: Practical Psychology Associates.

Warner, J., & Baumer, G. (2007). Adlerian therapy. In W. Dryden (Ed.), *Dryden's handbook of individual therapy* (5th ed.) (pp. 124-143). London: Sage.

Webb, N. B. (2002). The child & death. In N. B. Webb (Ed.), *Helping bereaved children: A handbook for practitioners* (2nd ed.) (pp. 3-18). N.Y.: Guildford.

Welfel, E. R. (2010). *Ethics in counseling & psychotherapy: Standards, research, & emerging issues* (4th ed.). Belmont, CA: Brooks/Cole.

West, J. D., & Bubenzer, D. L. (2002). Narrative family therapy. In J. Carlson & D. Kjos (Eds), *Theories & strategies of family therapy* (pp. 253-381). Boston, MA: Allyn & Bacon.

Westbrook, D., Kennerley, H., & Kirk, J. (2008). *An introduction to cognitive behavior therapy: Skills and applications*. London, UK: Sage.

Westergaard, J. (2011). Understanding adolescent development. In H. Reid & J. Westergaard (Eds.), *Effective counseling with young people* (pp. 7-22). Exeter, UK: Learning Matters Ltd.

Westergaard, J. (2011). Exploring person-centered principles & developing counseling skills. In H. Reid & J. Westergaard (Eds.), *Effective counseling with young people* (pp. 40-58). Exeter, UK: Learning Matters Ltd.

Whelley, J., Raasch, A., & Sutriasa, S. (2017). Healing touch: Working with children impacted by abuse & neglect. In J. A. Courtney & R. D. Nolan (Eds.), *Touch in child counseling & play therapy: An ethical and clinical guide* (pp. 91-105). N.Y.: Routledge.

Worden, J. W. (1991). *Grief counseling & grief therapy*. London: Routledge.

Yalom, I. D. (1995). *The theory & practice of group psychotherapy* (4th ed.). N.Y.: BasicBooks.

Young, K. S. (1998). *Caught in the net: How to recognize the signs of internet addiction & a winning strategy for recovery*. New York: John Wiley & Sons.

Zimmerman, J. L., & Dickerson, V. C. (2001). Narrative therapy. In R. J. Corsini (Ed.), *Handbook of innovative therapy* (2nd ed.)(pp. 415-426). N.Y.: John Wiley & Sons.

國家圖書館出版品預行編目資料

兒童輔導與諮商／邱珍琬著. －－初版.－－
臺北市：五南圖書出版股份有限公司,
2025.01
　面；　公分
ISBN 978-626-423-057-5（平裝）

1.CST: 兒童心理學　2.CST: 心理輔導
3.CST: 心理諮商

173.1　　　　　　　　　　113019477

1B3Z

兒童輔導與諮商

作　　　者 ― 邱珍琬（149.2）

編輯主編 ― 王俐文

責任編輯 ― 金明芬

封面設計 ― 姚孝慈

出 版 者 ― 五南圖書出版股份有限公司

發 行 人 ― 楊榮川

總 經 理 ― 楊士清

總 編 輯 ― 楊秀麗

地　　　址：106臺北市大安區和平東路二段339號4樓

電　　　話：(02)2705-5066　　傳　　真：(02)2706-6100

網　　　址：https://www.wunan.com.tw

電子郵件：wunan@wunan.com.tw

劃撥帳號：01068953

戶　　　名：五南圖書出版股份有限公司

法律顧問　林勝安律師

出版日期　2025年1月初版一刷

定　　　價　新臺幣420元

經典永恆・名著常在

五十週年的獻禮——經典名著文庫

五南，五十年了，半個世紀，人生旅程的一大半，走過來了。

思索著，邁向百年的未來歷程，能為知識界、文化學術界作些什麼？

在速食文化的生態下，有什麼值得讓人雋永品味的？

歷代經典・當今名著，經過時間的洗禮，千錘百鍊，流傳至今，光芒耀人；

不僅使我們能領悟前人的智慧，同時也增深加廣我們思考的深度與視野。

我們決心投入巨資，有計畫的系統梳選，成立「經典名著文庫」，

希望收入古今中外思想性的、充滿睿智與獨見的經典、名著。

這是一項理想性的、永續性的巨大出版工程。

不在意讀者的眾寡，只考慮它的學術價值，力求完整展現先哲思想的軌跡；

為知識界開啟一片智慧之窗，營造一座百花綻放的世界文明公園，

任君遨遊、取菁吸蜜、嘉惠學子！